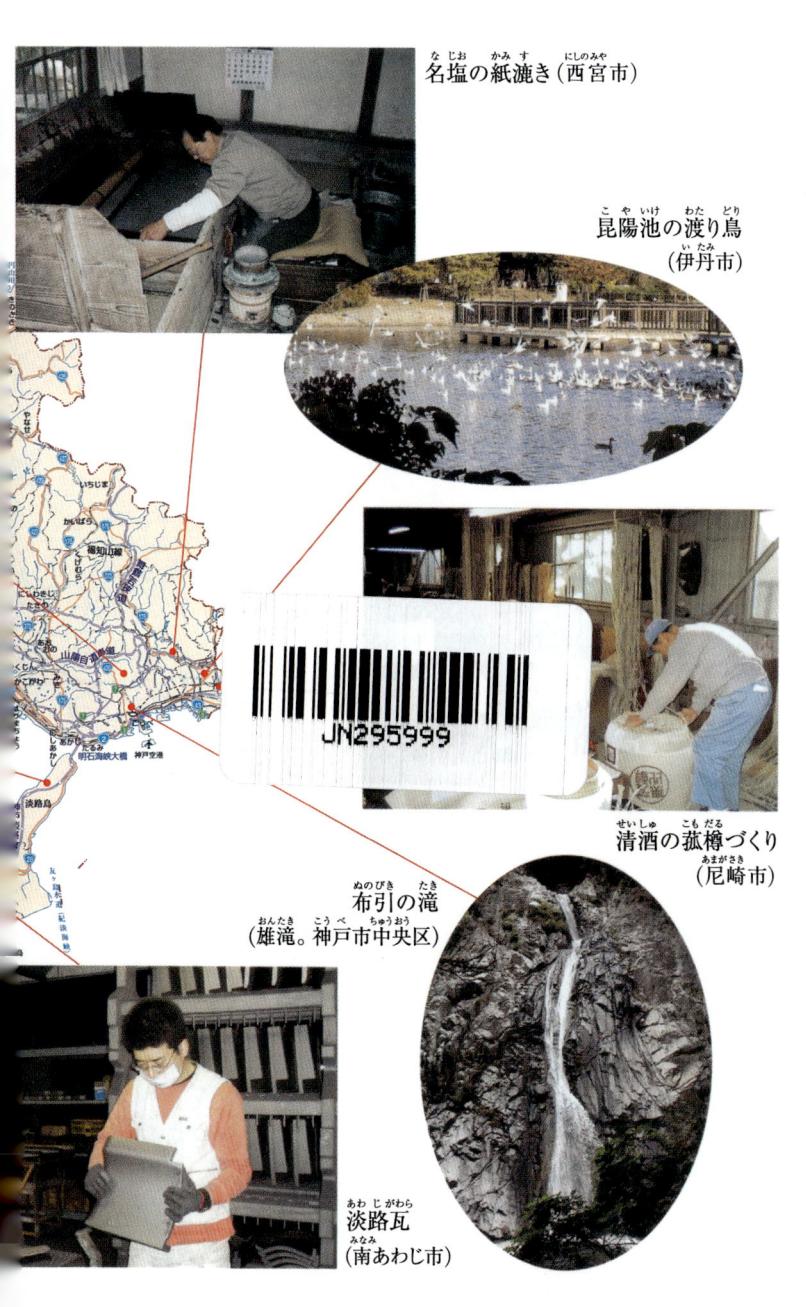

祭りと芸能

西宮神社の十日戎
(西宮市)

南京町の春節祭
(神戸市中央区)

淡路人形浄瑠璃
(南あわじ市)

だんじり祭
(淡路島各地)

宝塚歌劇(宝塚市)
(Ⓒ宝塚歌劇団)

川西市源氏まつり(川西市)

長田神社の古式追儺式
(神戸市長田区)

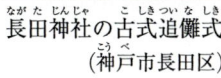
海神社の神幸祭
(神戸市垂水区)

:::建造物:::

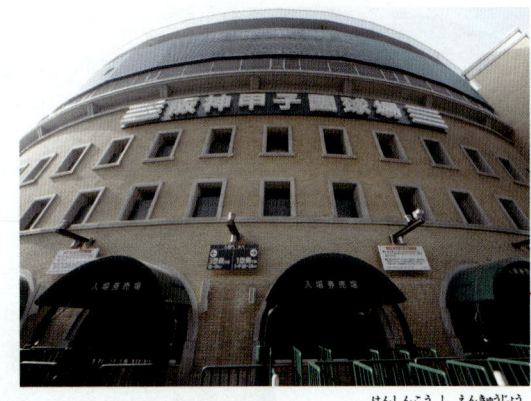

阪神甲子園球場
(西宮市)

うろこの家
(神戸市中央区)

神戸ムスリムモスク
(神戸市中央区)

洲本城の石垣
(洲本市)

武庫川女子大学
甲子園会館
(旧甲子園ホテル)
(西宮市)

西宮神社の大練塀
(西宮市)

移情閣(孫文記念館。
神戸市垂水区)

明石海峡大橋
(淡路市・神戸市)

美術・工芸・考古

富岡鉄斎筆「円通大師呉門隠棲図」(左隻)と

桜ケ丘遺跡出土の銅鐸・銅戈(神戸市灘区)

フランシスコ・ザビエル像
(神戸市立博物館。神戸市中央区)

泰西王侯騎馬図四曲屏風(神戸市立博物館。神戸市中央区)

「阿倍仲麻呂明州望月」(右隻)
(辰馬考古資料館。西宮市)

伊丹廃寺出土の水煙
(伊丹市)

田能遺跡の復元住居
(尼崎市)

成相寺木造薬師如来立像
(南あわじ市)

ノ島古墳出土の海人族の遺物(南あわじ市)

もくじ　　赤字はコラム

神戸

❶ 異国情緒あふれるみなと神戸-- 4

北野の異人館／大震災と文化財／生田神社／三宮神社／旧居留地／神戸市立博物館／海軍操練所跡／東遊園地／元町通／メリケンパーク／南京町／花隈城跡／相楽園／布引の滝／徳光院／泉隆寺／大龍寺／湊川神社

❷ 伝説と酒造り伝統の灘-- 26

西求女塚古墳／沢の鶴資料館／旧西国街道（浜街道）／酒造りの伝統，灘／処女塚古墳／処女塚伝説／白鶴酒造資料館・菊正宗酒造記念館／本住吉神社／保久良神社／弓弦羽神社／白鶴美術館／六甲八幡神社／切利天上寺／六甲山の開発／旧ハンター住宅／敏馬神社

❸ 平家の夢追う兵庫・長田-- 43

祇園神社／雪見御所旧跡／荒田八幡神社／柳原（西）惣門跡／能福寺／平家関連の遺跡を掘る／札場の辻跡／兵庫大仏／来迎寺（築島寺）／兵庫城跡／清盛塚・琵琶塚／湊川のつけ替え／真光寺／薬仙寺／和田岬砲台／長田神社／戦災・震災の生き証人／源平勇士の墓／宝満寺／平忠度の腕塚・胴塚

❹ ひらけゆく北神戸-- 60

天彦根神社／無動寺・若王子神社／六条八幡神社／丹生神社・明要寺跡／箱木千年家／石峯寺／淡河八幡神社／善福寺／温泉寺／極楽

寺と秀吉の湯山御殿／有馬の3羽カラス／瑞宝寺公園／有馬温泉の入初式／多聞寺

❺ 歴史と海の町，須磨・舞子周辺-- 77
村上帝社／須磨の関屋跡／綱敷天満宮／須磨寺／須磨離宮公園／松風村雨堂／安徳宮／皇女和宮／敦盛塚／海神社／一の谷合戦／五色塚古墳／孫文記念館周辺／舞子の海を愛した宮さん／大歳山遺跡公園

❻ 庶民の町からニュータウンへ-- 94
勝福寺／妙法寺／多井畑厄除八幡宮／転法輪寺／多聞寺／太山寺／太山寺磨崖不動明王／車大歳神社の翁舞／如意寺

阪神

❶ 尼崎藩城下町から中国街道へ-- 108
寺町／尼信記念館／阪神電鉄旧発電所／尼崎城跡／旧尼崎警察署／ユニチカ記念館／残念さんの墓／中国街道に沿って／旧大庄村役場(尼崎市立大庄公民館)

❷ 近衛家領伊丹郷町から西国街道へ------------------------------------ 117
有岡城跡／旧岡田家・旧石橋家(伊丹郷町館)／柿衞文庫／西国街道に沿って／伊丹廃寺跡／街道沿いの町並み保存と伊丹緑道／昆陽寺

❸ 弥生の田能遺跡から近松の里へ-------------------------------------- 124
田能遺跡(田能資料館)／猪名寺廃寺跡／近松門左衛門の墓／塚口御坊／御願塚古墳／富松城跡／尼崎の農業と名産

❹ 源氏のルーツから埋蔵金伝説の地へ---------------------------------- 131
多田神社／小童寺／満願寺／川西・猪名川の歴史資料館／東光寺の木喰仏／多田銀銅山の青木間歩

もくじ

❺ 巡礼街道からタカラジェンヌの町へ------------------------------ 136
　加茂遺跡／栄根寺廃寺遺跡史跡公園／中山寺／中山荘園古墳／売布神社／清荒神清澄寺／毫摂寺と小浜の町並み／宝塚歌劇と宝塚温泉／名塩の文化／浄橋寺と生瀬宿

❻ 球児の聖地と酒造りの町--- 148
　阪神甲子園球場／今津小学校六角堂／今津灯台／宮水発祥の地／西宮神社／白鹿記念酒造博物館／西宮砲台／神呪寺／広田神社／阪神間の学校近代建築

❼ いにしえの歴史とモダンの交錯する町----------------------------- 158
　阿保親王塚古墳／朝日ケ丘遺跡／ヨドコウ迎賓館（旧山邑家住宅）／会下山遺跡／阪神間の土地開発と文化／芦屋廃寺跡／芦屋市立美術博物館と芦屋市谷崎潤一郎記念館

淡路

❶ 東浦の辺り ---------- 172

　松帆の浦／明石海峡大橋と大鳴門橋／石の寝屋古墳群／絵島／岩屋城跡／植村文楽軒の供養塔／妙勝寺／御井の清水／円城寺／淨瀧寺／引攝寺／淡路の金石文 ― 石造品と金工品／志筑神社

❷ 西浦の辺り ---------- 183

　野島断層（北淡震災記念公園）／常隆寺／東山寺／郡家古墳／淡路の遺跡／伊弉諾神宮／岩上神社／江井／白巣城跡／鳥飼八幡宮／高田屋嘉兵衛

❸ 洲本の辺り ---------- 194

　洲本城跡／城下町洲本／庚午事変（稲田騒動）／炬口八幡神社／洲本の近代化とその後／春陽荘／由良港／千光寺／南海道

❹ 三原平野をめぐる ---------- 205

　天明志士の碑／成相寺／養宜館跡／国分寺／平等寺／大和大国魂神社／市周辺／淡路人形浄瑠璃／志知城跡／高麗陣打死衆供養石碑／銅鐸と銅剣／日光寺／淳仁天皇と淡路／賀集八幡神社と護国寺

❺ 南海岸に沿って ---------- 222

　諭鶴羽神社／沼島／亀岡八幡神社／鳴門海峡と沖ノ島／福良港／平家伝説

兵庫県のあゆみ／地域の概観／文化財公開施設／無形民俗文化財／おもな祭り／有形民俗文化財／無形文化財／散歩便利帳／参考文献／年表／索引

もくじ

[本書の利用にあたって]

1. 散歩モデルコースで使われているおもな記号は，つぎのとおりです。なお，数字は所要時間(分)をあらわします。

    ・・・・・・・・・・・・・・ 電車　　　　━━━━━━ 地下鉄
    ──────── バス　　　　▬▬▬▬▬▬ 車
    ------------ 徒歩　　　　～～～～～～ 船

2. 本文で使われているおもな記号は，つぎのとおりです。

    🚶 徒歩　　　　🚌 バス　　　　Ⓟ 駐車場あり
    🚗 車　　　　　⛴ 船　　　　　✈ 飛行機

    〈M ▶ P.○○〉は，地図の該当ページを示します。

3. 各項目の後ろにある丸数字は，章の地図上の丸数字に対応します。

4. 本文中のおもな文化財の区別は，つぎのとおりです。

    国指定重要文化財=(国重文)，国指定史跡=(国史跡)，国指定天然記念物=(国天然)，国指定名勝=(国名勝)，国指定重要有形民俗文化財・国指定重要無形民俗文化財=(国民俗)，国登録有形文化財=(国登録)
    都道府県もこれに準じています。

5. コラムのマークは，つぎのとおりです。

    泊　歴史的な宿　　憩　名湯　　　食　飲む・食べる
    み　土産　　　　　作　作る　　　体　体験する
    祭　祭り　　　　　行　民俗行事　芸　民俗芸能
    人　人物　　　　　伝　伝説　　　産　伝統産業
    ‼　そのほか

6. 本書掲載のデータは，2017年4月1日現在のものです。今後変更になる場合もありますので，事前にお確かめください。

神戸 *Kōbe*

みなと神戸のシンボル，ポートタワーと帆船をイメージした海洋博物館

兵庫県最大の古墳，五色塚古墳

①北野の異人館	⑨メリケンパーク	⑰湊川神社	㉔本住吉神社
②生田神社	⑩南京町	⑱西求女塚古墳	㉕保久良神社
③三宮神社	⑪花隈城跡	⑲沢の鶴資料館	㉖弓弦羽神社
④旧居留地	⑫相楽園	⑳旧西国街道(浜街道)	㉗白鶴美術館
⑤神戸市立博物館	⑬布引の滝	㉑処女塚古墳	㉘六甲八幡神社
⑥海軍操練所跡	⑭徳光院	㉒白鶴酒造資料館	㉙忉利天上寺
⑦東遊園地	⑮泉隆寺	㉓菊正宗酒造記念館	㉚旧ハンター住宅
⑧元町通	⑯大龍寺		㉛敏馬神社

◎神戸散歩モデルコース

神戸市東部コース 　1.JR東海道本線三ノ宮駅_5_生田神社_8_北野物語館_4_ラインの館_6_うろこの家_3_北野天満神社_1_風見鶏の館_1_萌黄の館_7_シュウエケ邸_15_JR三ノ宮駅

2.地下鉄海岸線旧居留地・大丸前駅_1_三宮神社_3_南京町_5_海岸ビル_3_旧神戸居留地十五番館_1_神戸市立博物館_3_海軍操練所跡_4_東遊園地_10_JR東海道本線三ノ宮駅

3.阪神電鉄本線西灘駅_5_西求女塚古墳_10_沢の鶴資料館_20_処女塚古墳_20_東求女塚古墳_8_白鶴酒造資料館_8_菊正宗酒造記念館_10_倚松庵_5_阪神電鉄本線魚崎駅

4.阪急神戸本線六甲駅_1_六甲八幡神社_20_,_30_切利天上寺_30_,_15_河内國魂神社_25_旧ハンター住宅_15_敏馬神社_8_兵庫県立美術館芸術の館_3_人と防災未来センター_10_阪神電鉄本線岩屋駅

5.JR東海道・山陽本線神戸駅_10_祇園神社_6_雪見御所旧跡_12_荒田八幡神社_13_新開地_12_柳原(西)惣門跡_4_福厳寺_5_能福寺_5_来迎寺_5_兵庫城跡_3_清盛塚・琵琶塚_1_真光寺_4_薬仙寺_20_和田岬砲台_10_地下鉄海岸線和田岬駅

神戸市北部コース 　神戸電鉄有馬線有馬温泉駅_2_湯けむり広場_3_ねねの像_3_善福寺_2_金の湯_5_温泉寺・念仏寺・太閤の湯殿館_2_銀の湯_7_炭酸泉源_10_天神泉源_5_有馬温泉駅

神戸市西部コース 　1.JR山陽本線須磨駅_5_村上帝社_5_綱敷天満宮_5_菅の井_3_松風村雨堂_7_須磨離宮公園_10_須磨寺_10_関守稲荷神社_3_現光寺_3_平重衡とらわれの松_1_山陽電鉄須磨寺駅

2.地下鉄西神・山手線妙法寺駅_15_車大歳神社_18_妙法寺_7_那須神社・北向八幡神社・那須与一墓所_20_板宿八幡神社_20_勝福寺_15_地下鉄西神・山手線,山陽電鉄板宿駅

㉜祇園神社	㊺源平勇士の墓	㊺善福寺	㊽海神社
㉝雪見御所旧跡	㊻宝満寺	㊼温泉寺	⑦五色塚古墳
㉞荒田八幡神社	㊼平忠度の腕塚	㊽極楽寺	⑦孫文記念館
㉟柳原(西)惣門跡	㊽平忠度の胴塚	㊾瑞宝寺公園	⑦大蔵山遺跡公園
㊱能福寺	㊾天彦根神社	⑥多聞寺	⑦勝福寺
㊲札場の辻跡	㊿無動寺・若王子神社	⑥村上帝社	⑦妙法寺
㊳来迎寺(築島寺)		⑥須磨の関屋跡	⑦多井畑厄除八幡宮
㊴兵庫城跡	㊿六条八幡神社	⑥綱敷天満宮	⑦転法輪寺
㊵清盛塚・琵琶塚	㊿丹生神社・明要寺跡	⑥須磨寺	⑦多聞寺
㊶真光寺	㊿箱木千年家	⑥須磨離宮公園	⑦太山寺
㊷薬仙寺	㊿石峯寺	⑥松風村雨堂	⑦如意寺
㊸和田岬砲台	㊿淡河八幡神社	⑥安徳宮	
㊹長田神社		⑥敦盛塚	

① 異国情緒あふれるみなと神戸

神戸港開港に伴い居留地を設置。さらに貿易商の邸宅は山手へと広がり、異国情緒豊かな神戸の街が誕生した。

北野の異人館 ❶ 〈M▶P.2,5〉神戸市中央区北野町・山本通 P
JR東海道本線三ノ宮駅🚶20分

エキゾチック神戸 山手に広がる異人館

　三ノ宮駅の北側，北野町一帯に異人館街がある。開港から20年たった1887（明治20）年以降になると，経済的に安定した外国人たちは，居留地の山手にある見晴らしのよい北野町一帯に住居を構えるようになった。1980（昭和55）年，国の重要伝統的建造物群保存地区に指定された。

　三ノ宮駅から生田神社東の東門街をとおり，ハンター坂をのぼると，異人館通り（山本通り）との交差点にでる。その通りを東に進むと北野坂との交差点で，この一角に，現在は喫茶店となっている北野物語館（国登録）がある。この建物は1907（明治40）年に建築され，当初の所有者はアメリカ人のM.J.シェーである。1995（平成7）年の阪神・淡路大震災までは北野町1丁目（現在地より北東300m）にあったが，震災後この地に移築・復元された。木造2階建て，西洋の植民地の建築様式（コロニアルスタイル）の特徴であるバルコニーを，東南角の玄関上部に設けている。

　ここから北野坂をのぼり，交差点を右にまがると道の両側に異人館がたち並ぶ北野通りにでる。この一角にラインの館もある。旧ドレウェル邸のラインの館は1915（大正4）年の建築。寄棟造で2階建ての，張り出し窓（ベイ・ウインドー）や開放されたベランダなどが明治時代の異人館の様式をうけついでいる。名称のラインは，地名のライン河とは関係がなく，細長い板を水平に少しずつ重ね

北野物語館

た壁(下見板張り)のライン(横線)がきれいなことから名づけられた。

　脇の石段をのぼり，おらんだ坂をのぼりきるとうろこの家(国登録)がある。1885(明治18)年に旧居留地付近に建築され，1905(明治38)年に現在地に移築と伝えられる。記録に残る最後の住人は，ドイツ人教師E. ハリヤーの子息R. ハリヤーとなっている。木造2階建て・切妻造・黒桟瓦葺きの建物で，中央部の展望塔と，建物の

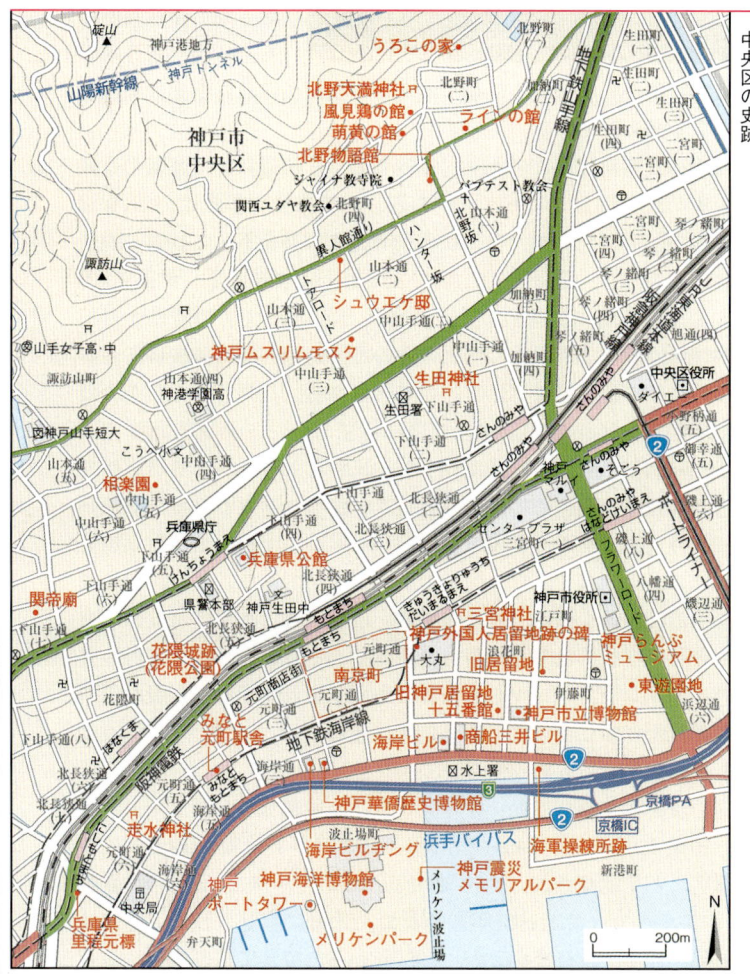

中央区の史跡

異国情緒あふれるみなと神戸

風見鶏の館

名前の由来となった粘板岩(ねんばんがん)を板状に剥離(はくり)加工した天然石スレートを,魚の鱗状(うろこ)に貼った外壁が大きな特徴となっている。異人館街の最高所にあり,展望塔3階からは神戸港を一望できる。神戸市内で最初に公開された異人館としてもよく知られている。

円形の北野町広場に向かって南へくだり,広場のすぐ北側の小高い丘をのぼると北野天満神社(きたのてんまんじんじゃ)がある。この神社の拝殿は1742(寛保2)年に建立(こんりゅう)され,神戸市の伝統的建造物に指定されている。神社の境内にたつと,眼下に風見鶏の館(かざみどりのやかた)(旧トーマス住宅,国重文)がみえる。風見鶏の館は,ドイツ人貿易商G.トーマスの自邸として1909(明治42)年ごろにたてられたもので,北野の異人館街にあるレンガの外壁の建物としては唯一のものである。設計にあたったのは,明治30年代後半から大正時代初期に活躍した,ドイツ人建築家のG.D.ラランデである。1983(昭和58)年から3年間かけて解体修理が行われ,築造当初の姿に戻された。色あざやかなレンガの色調,石積みの玄関ポーチなど重厚な雰囲気をもつ。尖塔(せんとう)の上にたつ風見鶏がその名の由来であり,北野のシンボルでもある。風見鶏は風向きを知る役目をもつが,雄鶏(おんどり)は警戒心が強いことから,魔除け(まよけ)の意味やキリスト教の教勢を発展させる効果があるといわれてきた。室内のデザインは,ドイツの伝統様式を取り入れながら,19世紀末期から20世紀初頭にかけての新しい芸術運動(アール・ヌーヴォー)の動きを感じさせるものがある。

道をはさんで斜め向かいに萌黄の館(もえぎのやかた)(小林家住宅,旧シャープ住宅,国重文)である。1903(明治36)年にアメリカ総領事H.シャープの邸宅として建築され,1944(昭和19)年に小林秀雄(こばやしひでお)(元神戸電鉄社長)の住宅となった。1980年国の重要文化財に指定された。当時は白い異人館とよばれていたが,1987年からの修理で建築当初の萌黄

大震災と文化財

コラム

失われる文化財の保護修復と、震災の記憶をとどめる文化財

　1995（平成7）年1月17日午前5時46分，淡路島の北部を震源とするマグニチュード7.3の巨大地震が阪神・淡路を中心とした地域をおそった。死者は6400人をこえ，未曾有の大災害が人びとの命と生活を一瞬にして奪い去った。阪神・淡路大震災である。

　巨大地震は文化財にも大きな被害をもたらした。日々の生活もままならぬ被災地域において，被災した文化財の確認や一時的な保管といった作業を，地元の人びとだけで行うことはきわめて難しい状況にあった。そんななか，自治体・大学・研究機関・ボランティアの人びとが，つぎつぎと被災地にはいり，失われようとしている文化財の救出を行った。

　また復興作業が進むにつれて，文化財のあつかいであらたな問題が生じた。埋蔵文化財である。予想される膨大な調査件数だけでなく，今に生きる人びとの生活再建と文化財の保護という大きな問題を提起した。しかしこれも全国の自治体職員の支援・協力体制がとられ，地元自治体職員と一体になって，被災地域の人びとの理解を得ながら調査が進められた。

　今，神戸市内の神社を訪ねると，震災以降に地域の人びとによって再建された真新しい鳥居にまず目がいく。境内にはいっても，もっとも弱い部分である石灯籠の火袋部分のみが新しい石材で補われていて，時を積み重ねたほかの部分との色調の違いが際立ち，みるからに痛々しい。

　異人館を歩く。異国情緒あふれる景観は，みなと神戸を象徴するおしゃれで華やかな場所である。しかし裏手にまわってみると，レンガ造りの煙突がさかさまになって地面に落下している。いくつかの場所で同じ光景にでくわす。

　大震災から10年。全壊した建物や損壊した石造物の多くは，後世にその文化財のもつ価値を伝えるために，修復され復興した。一方で人びとは，被災した文化財をありのままにおく。大震災の記憶をとどめ，後世にその教訓を伝えるために。

落下した煙突（旧ハッサム住宅）

色の外壁に復元され，この名でよばれるようになった。木造2階建て・寄棟造・桟瓦葺きで，西側の異なる2つのベイ・ウインドー，アラベスク風模様の階段，重厚な暖炉（マントルピース）がその特徴である。

異国情緒あふれるみなと神戸

萌黄の館西側の道をくだり，北野通りにでてしばらく西に進むと，ジャイナ教寺院がある。さらに西へ進むと関西ユダヤ教会，トアロードからパールストリートにはいって東へ進むと，1935年に日本最初のイスラム教モスクとして建立された神戸ムスリムモスクやカトリック神戸中央教会があり，異文化共生の町・神戸らしいさまざまな宗教の施設が点在する。

　トアロードと異人館通りがまじわる山本通3丁目交差点から東にはいると，シュウエケ邸がある。イギリス人建築家A. N. ハンセルが1896(明治29)年に自邸として建築した。現在も住居として使用され，1階と庭は公開している。白壁にグリーンのラインが映え，屋根にはシャチホコがあり，和様折衷のユニークな意匠が目を引く。

生田神社 ❷
078-321-3851　〈M ▶ P. 2, 5〉神戸市中央区下山手通1-2-1　P
JR東海道本線三ノ宮駅 徒 5分

都心に鎮座するいくたさんいにしえの合戦場生田の森

　三ノ宮駅を北にでて鉄道の高架に沿って西へ400m進むと，南北方向のいくたロードに至る。参道にあたるこの道を北へ200m進むと生田神社（祭神稚日女尊）がある。神社の由来は，『日本書紀』によると，神功皇后が朝鮮半島から帰還の際，神戸の沖で船が進むことができなくなったので，神意を問う占いにより，海上五十狭茅に命じて稚日女尊を活田長峡国の地にまつることになったとある。もともと社地は，生田川の上流布引の砂子山（新神戸駅北方の山）にあったが，布引の渓流が氾濫し，その危急に際し刀禰七太夫が神体を背負って現在地にこれを移したと伝える（『摂津名所図会』ほか）。この水害の際の「マツは水にもっとも弱い」とする神意をうけて，現在でも生田神社では，マツをいっさい用いないこととし，正月も門松のかわりにスギを使う門杉を用いている。

生田神社と生田の森

境内の北方，社殿の背後には清少納言が『枕草子』に，「森は……生田の森」と記した生田の森がある。ここは古来，大きな戦乱の舞台となっており，1184（寿永3）年の源平一ノ谷合戦では源範頼率いる源氏の軍勢と，ここを東の城戸としてまもる平清盛の4男知盛を大将とする平氏の軍勢との間で激戦が繰り広げられた。このとき源氏方の梶原景時の長子梶原景季が，境内に咲き誇るウメの一枝を折って箙（矢をいれて背に負う武具）にさし，奮戦したとされ，のちに謡曲「箙」にもとりあげられている。その後も14世紀に楠木軍・新田軍と足利軍との戦い，16世紀に花隈城を攻める織田軍と荒木軍との戦いが行われるなど，当地は軍事上の要衝に位置しているため，歴史の転換点となる大きな出来事の舞台となってきた。1995（平成7）年の阪神・淡路大震災で，生田神社の拝殿は完全に崩壊したが，その後あざやかな朱色の拝殿が再建された。

三宮神社 ❸
078-331-2873

〈M ► P.2,5〉神戸市中央区三宮町2-4-4
地下鉄海岸線旧居留地・大丸前駅 すぐ

幕末の神戸事件の舞台 繁華街の名となる三ノ宮

　大丸神戸店の北東角の斜め向かいに三宮神社（祭神湍津姫命）がある。天照大神の子の神々をまつる生田神社の裔神八社（一宮から八宮まで市内の氏子区域内に鎮座する）の1つにあたる。旧西国街道に面する位置にあり，明治維新のころまで，辺りは田園風景が広がっており，うっそうと樹木が生いしげった鎮守の森は，行き交う人びとの目印になったという。

　境内には史蹟神戸事件発生の地の石碑がたつ。神戸開港からまもない1868（慶応4）年，鳥羽・伏見の戦いがおこると，新政府は岡山藩に西宮の警備を命じた。これに向かう途中の藩行列が三宮神社付近にさしかかったとき，藩行列を横切ろうとしたフランス人兵士がいた。制止を命じたが言葉がつうじず，その兵を藩兵が傷つけたこ

神戸事件発生の地の碑（三宮神社）

異国情緒あふれるみなと神戸　9

とで，停泊中の軍艦から外国兵が上陸して砲火をまじえる事態を招いた。付近一帯は一時外国兵に占領され，結局，藩の第三砲兵隊長滝善三郎(たきぜんざぶろう)が責任をとることになり，新政府の命令で外国側立ち会いのもと，兵庫の永福寺(えいふくじ)で切腹(せっぷく)し，事態は収拾した。これが神戸事件で，境内には外国兵との交戦で岡山藩が応戦したとき使用した大砲と，ほぼ同時代の大砲が参考資料としておかれている。

また境内には河原霊社(かわられいしゃ)がある。一の谷合戦の際，生田の森に陣取る平氏方に先陣をきって攻め込み討ち死にした，武蔵国(むさしのくに)河原太郎高直(たかなお)と弟の河原次郎盛直(もりなお)の霊をまつっている。もとは神社の近くにあったものを，1971(昭和46)年に境内に移してまつったものである。

旧居留地(きゅうきょりゅうち) ④

〈M ▶ P. 2, 5〉神戸市中央区京町(きょうまち)ほか P
地下鉄海岸線旧居留地・大丸前駅 すぐ

旧居留地・大丸前駅の南側一帯が旧居留地である。1868年1月1日(慶応3年12月7日)神戸港の開港に伴い，外国人のための住居や通商の場として外国人居留地を設けた。1899(明治32)年に返還されるまでは日本の司法権・警察権がおよばず，外国人の自治が行われた地であった。東は旧生田川(現在のフラワーロード)，西は鯉川(こいかわ)(現在の鯉川筋(すじ))，北は西国街道(市役所北側の花時計前から元町(もとまち)商店街へと続く道路)，南は海岸までとし，その内側を範囲としていた。居留地内はイギリス人土木技師J. W. ハートの設計により格子状の街路で整然と区画され，126区画の敷地割が行われた。旧居留地40番に位置する大丸神戸店西北角には，神戸外国人居留地跡の碑と旧居留地時代に使用されたガス灯がある。

三宮神社からトアロードを南下すると，国道2号線との交差点の両側に，2つの近代建築をみることができる。交差点西側には海岸ビル(国

たち並ぶ近代建築 居留地時代の商館十五番館

海岸ビル(左)と商船三井ビル

旧神戸居留地十五番館

登録)がある。旧三井物産神戸支店として，1918(大正7)年にたてられたものである(河合浩蔵設計)。縦横の直線的な線を基調としながら，唐破風のような曲線的な意匠を組み合わせている。鉄筋コンクリート造りで，大震災により大きな被害をうけたが，解体して4階部分までの外壁を残し，上層階部分を増築した。建築当初の外観をそこねることなく，全体としては15階建てのビルとなって再建された。交差点東側の 商船三井ビル は渡辺節の設計で，1922年旧大阪商船神戸支店として建築された。優雅なアメリカ・ルネサンス様式の外装をもつ7階建ての建物である。

浪花町筋をはさんで神戸市立博物館の西側に，旧神戸居留地十五番館(国重文)がある。1880(明治13)年ごろにたてられ，以来，現在まで建築時からの位置(旧居留地15番)を保ち，唯一残った旧居留地時代の商館である。当初はアメリカ領事館として使用された。木の骨組みの間にレンガを積む構造で，南側の2階部分にベランダをもつコロニアル・スタイルとなっている。大震災により全壊したが，その歴史的価値をかんがみ，同じ場所に復元され，旧居留地の風景をしのばせている。建物東側の道路脇には，1872年ごろに居留地内に設置された，煉瓦造下水道(国登録)が公開されている。

神戸市立博物館 ❺
078-391-0035
〈M▶P.2,5〉神戸市中央区京町24
JR東海道本線三ノ宮駅 7分

旧横浜正金銀行神戸支店重要文化財を多数所蔵

旧居留地内を東西にわけるメインストリートである京町筋に面して，神戸市立博物館(国登録)がある。ギリシア建築を思わせるどっしりとした柱列の建物は，旧横浜正金銀行神戸支店として1935(昭和10)年にたてられたものである。第二次世界大戦後は東京銀行神戸支店として使用されていた。外装はすべて御影石からなり，重厚感がただよう。1982年に内部を改修して西側増築部分を加え，それまで市内に点在していた神戸市立南蛮美術館(灘区，現在建物は

異国情緒あふれるみなと神戸

神戸市立博物館

神戸市文書館として利用されている)と神戸市立考古館(須磨区,須磨離宮公園内)を統合し,神戸市立博物館として開館した。

こうした経緯から,神戸市立博物館には大きく3分野からなる数多くの資料が収蔵されている。まず考古・歴史資料では,1964(昭和39)年,灘区桜ケ丘町から出土し,考古館で保存・展示されていた銅鐸14口と銅戈7口を有している。銅鐸のなかには,作業する人の姿や動物などを表面に描いた絵画銅鐸2口も含まれ,これら銅鐸・銅戈は一括して国宝に指定されている。

つぎに6点の重要文化財に代表される南蛮・紅毛美術の優品を収蔵しており,これが博物館の大きな特色となっている。南蛮・紅毛美術資料の中心は,池永孟によって昭和時代初めに収集された約4500点のコレクションである。兵庫区に生まれた池永は,1940(昭和15)年池永美術館を開館し,収集した美術資料を一般に公開した。戦火を免れた美術館は,1951年に収蔵品とともに神戸市に寄贈され,神戸市立南蛮美術館として長年市民に親しまれてきた。著名なものとして,「紙本金地著色泰西王侯騎馬図四曲屏風」,狩野内膳筆「紙本金地著色南蛮人渡来図六曲屏風」や「紙本著色フランシスコ・ザビエル像」(いずれも国重文)がある。また伊能忠敬が作製した「伊能小図(西日本図)」とよばれる正確な日本地図やさまざまな世界地図など,質・量ともに日本で有数の古地図も収蔵している。

諸外国との文化交流とその歴史を基本テーマに,内容豊かな資料を収蔵・展示する博物館であり,特別展として毎年大規模な海外との交流展を開催している。

同じ京町筋に面して,市立博物館の北東に神戸らんぷミュージアムがある。古典的なともしびから文明開化のあかりまで,暮らしに欠かせない各時代の照明器具を展示している(現在,休館中)。

海軍操練所跡 ❻

〈M ▶ P. 2.5〉神戸市中央区海岸通17
JR東海道本線三ノ宮駅🚶10分

勝海舟が開いた操練所 日本海軍発祥の地

　市立博物館前の京町筋を南にくだり，国道2号線の京橋交差点に進む。そこからすぐ，阪神高速道路に至る道路東側の歩道脇に，錨形の史跡旧海軍操練所跡の碑がたっている。海軍操練所は，大阪湾岸防衛の必要から江戸幕府が許可し，1864(元治元)年軍艦奉行勝海舟によって，海軍士官養成のため，この地から東の神戸税関本庁舎にかけて開設された。操練所において教育をうけた者のなかには，坂本龍馬や陸奥宗光ら幕末維新期に名をはせた人物がいる。日本海軍発祥の地ともいえる場所であったが，思想的立場や出身藩にこだわらず人材を集めたため，ここで学ぶ者のなかに反幕府的な動きをする者もいるとして，幕府により1年足らずで閉鎖された。

旧海軍操練所跡の碑

東遊園地 ❼

〈M ▶ P. 2.5〉神戸市中央区加納町6
JR東海道本線三ノ宮駅🚶5分

近代スポーツ発祥の地 生田川をつけかえた加納宗七

　神戸市役所のすぐ南，フラワーロードに面した広場のような一画が東遊園地である。震災に見舞われた1995(平成7)年から，毎年12月に行われている神戸ルミナリエの会場の1つとしても知られるようになったが，もともとは旧生田川の堤防であった場所を居留地内の外国人のために，1875(明治8)年内外人公園の名称で設けたレクリエーションの場であった。1922(大正11)年からは，居留地内の西の公園に対して，東遊園地とよばれるようになった。園内で外国人がラグビー，サッカー，テニス，野球などに興じ，園内南西部にある「ボーリング発祥の地」の碑に象徴されるように，日本におけるスポーツ発祥地のような役割をになった。

　また園内東側のフラワーロードに面した場所に，旧生田川つけ替えに尽力のあった加納宗七の像と，加納町の由来を記す説明板があ

る。いく度も氾濫をおこしていた旧生田川は、西に隣接する外国人居留地設置も契機となって、つけ替えが行われることになった。紀伊国(いのくに)(現、和歌山県)出身の加納はこの工事を請け負い、1871(明治4)年、現在の新幹線新神戸駅付近から南東方向にまっすぐのびる新生田川につけ替えた。もとの生田川は埋め立てて道路とし、周辺を宅地として開発した。旧生田川の川筋は現在フラワーロードとなり、これに沿った新神戸駅から東遊園地にかけての地名である加納町に、加納の名を残している。

　園内にはほかにも、居留地消防隊の功労者で、今も続く外国人スポーツクラブKRACの創設者であるイギリス人A.C.シムの記念碑、日本に移住し、日本の風物を西洋に紹介したポルトガル人の文豪モラエスの胸像、1869年居留地16番においてはじめて洋服店が開かれたことを記す「日本近代洋服発祥の地」の碑など、数々の記念碑や像が設置されている。

元町通(もとまちどおり) ❽ 〈M ▶ P. 2, 5〉神戸市中央区元町通1〜6　P　阪神電鉄神戸高速線西(にし)元町駅 すぐ

神戸と三ノ宮を結ぶ通り 駅舎となったレンガ造り建物

　西元町駅で下車し西口をでると、交差点西側角に旅人が里程(りてい)を知る兵庫県里程元標(げんぴょう)の石柱がある。1873(明治6)年、最初の元標が相生橋(あいおい)西詰の南側にたてられ、1910年、現存する石柱にたてかえられた。1931(昭和6)年の鉄道高架化に伴い相生橋がなくなると、その後里程元標は場所を転々とし、1960年に湊川神社(みなとがわ)正門前に移された。さらに2004(平成16)年にこの場所に移設されている。

　やや南にくだると、神戸中央郵便局の西向かいに、大型のマンションがある。ここは、1918(大正7)年の米騒動の際、焼打ちにあい、さらに昭和時代初期、金融恐慌(きょうこう)の因をなした商社鈴木商店の本店があった場所である。

　再度、駅西口に戻り、元町商店街を東へ歩く。アーケードが続くこの道がかつての西国街道で、商店街をでると大丸神戸店、三宮神社、三ノ宮駅へと続く。明治時代にはいると、元町商店街は西の神戸駅と東の三ノ宮駅を結び、居留地に接していたこともあって、洋服店・写真店・洋食店などが早くからたち並び、神戸を代表する商店街となった。元町通5丁目にある走水神社(はしうど)(祭神天照大神、応神(おうじん)

みなと元町駅(旧第一銀行神戸支店)

天皇，菅原道真)は，菅原道真の旧跡に祠を建立したことが起源と伝えられる。1875(明治8)年近隣の八幡神社を合祀し，旧走水村の地名をとり走水神社とよばれるようになった。

元町商店街のまちづくり会館がある角から，マリンロードとよばれる南北の道を南へ向かうと，2001(平成13)年に開業した地下鉄海岸線みなと元町駅がある。赤レンガの地に白い御影石の縁取りが映える駅舎の外壁は，同じ赤レンガ造りの東京駅の設計で知られる辰野金吾が設計し，1908(明治41)年にたてられた旧第一銀行神戸支店である。その後1985(昭和60)年までの20年間は大林組神戸支店として使用されていたが，阪神・淡路大震災で大きな被害をうけた。全面取り壊しも検討されたが，歴史的景観の保全をはかるため，西・南2面の外壁を残し，あらたに駅舎としてうまれかわったものである。

メリケンパーク ❾

〈M▶P.2.5〉神戸市中央区波止場町
JR東海道本線・阪神電鉄本線元町駅🚶10分

歴史をきざむメリケン波止場 神戸開港120年記念事業

みなと元町駅の東端から南北方向のタワーロードを南下し，国道2号線との交差点を東に進むと，海岸ビルヂング(国登録)がある。神戸の数多くの商業ビルの設計を手がけた河合浩蔵の設計で，1911(明治44)年にたてられた。レンガ造り3階建で，窓の上に唐破風状の曲線をいれた装飾をもつ，神戸に現存するもっとも古い商業ビルの1つである。その東にある神戸華僑歴史博物館は，神戸開港とともにはじまった神戸華僑の活動とその歴史を，美術品から生活用具まで，貴重な文物・文献・資料の展示をとおして紹介している。

神戸華僑歴史博物館から国道2号線にかかる歩道橋を渡り，阪神高速道路の高架をくぐりぬけると，その南側がメリケンパークである。阪神電鉄元町駅からは，鯉川筋を南に約10分歩いたところに位置する。この鯉川筋の南端に，かつてメリケン波止場とよばれる埠頭があった。メリケン波止場という呼称は，鯉川尻にアメリカ領事

異国情緒あふれるみなと神戸

神戸震災メモリアルパーク

館が設けられ、その前の波止場を意味するアメリカ波止場がなまってついたという。国道2号線のメリケン波止場前交差点西北角にたつ郵船ビルの外壁には、そこにアメリカ領事館があったことを記す銘板が設置されている。そのメリケン波止場と高さ108mの神戸ポートタワー(国登録)がたつ中突堤(なかとってい)との間の海を、1987(昭和62)年に神戸開港120年の記念事業として埋め立てて公園としたのが、メリケンパークである。公園中央には、開園と同時に開館した帆船(はんせん)をイメージした神戸海洋博物館があり、神戸港の歴史、港や船舶に関することをテーマに、各種船舶の模型・船具・航路図などを用いて展示している。

その南の広場には、1896(明治29)年神戸において、日本最初の映画(活動写真)が上映されたことを記念した「メリケンシアター」の碑や、1908年4月28日の第1回ブラジル移民船笠戸丸(かさどまる)の出航を記念して建立(こんりゅう)された、神戸港からの海外移住者の歴史を伝える「希望の船出」の碑がある。

また、公園の東寄りの海に面したところには、阪神・淡路大震災の際被災したメリケン波止場の一部約60mの区間が、神戸震災メモリアルパークとして当時の状態のまま保存されており、震災の教訓と復興の様子を後世に伝える施設となっている。

南京町(なんきんまち) ⑩

〈M▶P.2,5〉神戸市中央区栄町通(さかえまちどおり)・元町通 P
地下鉄海岸線旧居留地・大丸前駅 2分

華僑が築いた中華街 新春をよびこむ春節祭

旧居留地・大丸前駅から西へ100m歩くと、中華料理店や食材店、雑貨店が並ぶ南京町とよばれる神戸の中華街がある。北は元町商店街、南は栄町通、東は鯉川筋(メリケンロード)、西はパークロードに囲まれた区域を範囲とし、そのなかを大きな街路が十字にとおる。この町の誕生は神戸開港直後といわれる。清国と日本が国交を結んだのは1871(明治4)年であり、開港当時はまだ条約を結んでいなか

南京町南楼門

った。そのため，中国人は開港時に設けられた外国人居留地に住むことができなかったが，当時外国人が居留地以外に居住を認められていたところがあった。東は旧生田川（現在のフラワーロード）から西は宇治川（JR東海道・山陽本線神戸駅東約300mで，現在は暗渠），北は山麓までの範囲で，雑居地とよばれていた。条約締結前の中国人は，居留地の西側に隣接するこの雑居地に集まって住むようになり，昭和時代初期には大変な賑わいをみせていたが，1945（昭和20）年の空襲で大きな被害をうけた。

1982年から街路や広場などの環境整備が進められ，1985年，南京町の東入口に長安門が完成し，1988年には中国獅子像，1993（平成5）年には臥龍殿ができた。1995年の大震災で長安門は半壊したが，翌年復興し，1997年には細街路も石畳にうまれかわった。

毎年春節（旧正月）に中国で行われる春節祭は，1年をつうじてもっとも盛大に行われている祝祭日で，これをこの地で祝うのが南京町春節祭である。南京町の活性化と日中友好を目的に，1987（昭和62）年にはじめて開催され，以来毎年1月末から2月にかけて行われている。この祭りでは，豊作祈願を意味する龍舞，駆邪と降福を祈る獅子舞をはじめ，中国民族舞踊，中国楽器の演奏，太極拳の演武，仮装行列などがみられる。今では神戸の町に新春を告げる，市内の代表的な祭りとなっている。

花隈城跡 ⑪

〈M▶P.2,5〉神戸市中央区花隈町 P
阪急電鉄神戸高速線花隈駅🚶3分

街道と海を押さえた城 華僑のよりどころ関帝廟

JR東海道本線元町駅・神戸駅間の車窓北側に，高い石垣がみえる。これが花隈城跡であり，現在は花隈公園になっている。花隈駅からは200m北東に位置し，城の石垣の一部がくりぬかれて，内部は地下駐車場に利用されている。

花隈城は中国地方への勢力伸張を進めるために，織田信長が荒木村重に命じて，1574（天正2）年に修築・完成させた城とされる。

異国情緒あふれるみなと神戸

関帝廟

村重は信長の配下であり、信任も厚く、摂津一国をまかされていた。花隈城が築かれた場所は、ハナクマの名が示すとおり台地の先端にあたり、東の旧生田川、西の宇治川の間にあって、南は眼下に西国街道と海を見渡すことができる要衝の地であった。現在の花隈公園は城全体の一部にすぎず、東西約350m・南北約200mが城の範囲と推定されている。本丸を中心にその西北隅に天守閣、東南隅に櫓を設け、二の丸、三の丸と北に続き、その東に侍町と足軽町を、さらに西には花隈町を配する近世城郭の形態を示すものであったと伝えられる。

のちに荒木村重は、中国地方の毛利氏につうじ、有岡城に拠って信長に反旗をひるがえしたが、落城した。その後、1579(天正7)年に村重は花隈城にはいり、本願寺勢力とともに信長勢とたたかうが、池田信輝に攻められ、翌年落城した。落城後の石材などの一部は、兵庫城構築に使用されたという。現在公園高台の広場には、阪神・淡路大震災のとき崩壊した碑を模造して復旧した「花隈城址」の碑がたっている。

花隈駅から西へでて歩道橋のある交差点を北へ進み、広い車道の山手幹線をこえてつぎの大きな交差点を西へ少しいくと、関帝廟がある。山門をくぐると、朱塗りの柱と黄色の屋根瓦の上に向かいあう、2頭の青い龍が目にはいってくる。そこに関帝像、天后聖母像、観音菩薩像をまつっている。

関帝とは、『三国志演義』で知られる蜀の劉備を助けて活躍する関羽のことである。1888(明治21)年、大阪布施(東大阪市)にあった長楽寺(黄檗宗万福寺の末寺)が廃寺となるのを機に、呉錦堂らがこの地に移し、神戸華僑の人びとの寺院としたものである。関帝をまつる寺院はほかにも2カ所あったが、1945(昭和20)年に長楽寺が空襲で全焼したのを機に、1947年それらを統合し関帝廟として再

建された。現在はどの宗派にも属さず独立しており，神戸華僑の人びとの篤い信仰を集め，心のよりどころとなっている寺院である。

相楽園（そうらくえん）⑫
078-351-5155
〈M ▶ P.2.5〉神戸市中央区中山手通5-3-1
地下鉄西神・山手線県庁前駅 ★ 3分

都心にある日本式庭園現存唯一の川御座船

県庁前駅から北西方向に200m進むと，面積2haにおよぶ日本式庭園の相楽園がある。もと神戸市長小寺謙吉の父泰次郎が，1885（明治18）年ごろ私邸として築造に着手し，明治時代末期に完成したものである。1941（昭和16）年神戸市に譲渡され，その年の11月から相楽園として公開されるようになった。園内にあった豪壮な邸宅やその付属施設は，第二次世界大戦の戦火で焼失し，欧風スタイルの厩舎（きゅうしゃ）などがわずかに残るのみとなった。その後，旧ハッサム住宅や船屋形（ふなやかた）が移築され，これらの建物とクスの大木，蘇鉄林，季節の花々，庭園などが調和して，都心のなかにあっておちついた景観をつくりだしている。

旧小寺家厩舎（国重文）は，相楽園の所有者であった小寺謙吉が，1910（明治43）年ごろにたてたものである。設計者は，神戸地方裁判所の設計でも知られる河合浩蔵である。平面L字型を呈し，北側1階には馬車をいれる車庫，2階には厩務員（きゅうむいん）のための宿舎が，東側には高い吹き抜けをもつ馬房が設けられた。厩舎西隣の洋風建築が旧ハッサム住宅（国重文）である。イギリス人貿易商のハッサムが1902（明治35）年ごろに自邸としてたてたものである。もとは北野町（きたのちょう）にあったが，神戸市が寄贈をうけ，1963（昭和38）年にこの地に移築した。木造2階建て・寄棟造・桟瓦葺き，開放的なベランダをもつ典型的なコロニアル・スタイルの様式である。前庭にある2基のガス灯は，1874（明治7）年ごろ外国人居留地にたてられていたものを移したもので，街灯用ガス灯としては初期のものである。住宅

旧ハッサム住宅

船屋形

内部は，春と秋の年2回，期間をかぎって一般公開される。船屋形(国重文)は，江戸時代に姫路藩主が河川での遊覧用に使っていた川御座船の屋形部分で，江戸時代前期(1682〜1704)に建造されたと推定される。明治時代初めに屋形のみが陸揚げされたのち，1941(昭和16)年に垂水区舞子の牛尾吉朗邸へ移された。その後神戸市が寄贈をうけ，1980年にこの場所に移築した。木造2階建て・切妻造・檜皮葺き，内部は1・2階とも3室に分かれている。内部の木部はすべて漆塗りで，春慶塗りと黒漆塗りとに塗り分けられている。長押や垂木の先端などには，金箔をほどこした飾り金具を打つなど，非常に華麗で繊細な造りとなっている。現存する川御座船としては唯一のものである。

相楽園正門前の交差点から少し東に進むと，竹中大工道具館があったが，2014(平成26)年新神戸駅近くに移転した。日本の伝統的な木造建築をささえてきた大工道具とその歴史を知ることができる施設である。兵庫県庁すぐ南には，現在兵庫県の迎賓館と県政資料展示施設の役割をになう兵庫県公館(国登録)がある。東京音楽学校(現，東京芸術大学)の奏楽堂などを手がけた山口半六の設計で，1902(明治35)年に第4代兵庫県庁舎としてたてられた。レンガ造り3階建て，平面形はロの字型を呈する。第二次世界大戦の空襲で外壁を残すのみとなったが改修され，1983(昭和58)年まで庁舎として使用された。フランス・ルネサンス様式の華麗な外観を呈する。

布引の滝 ⓭ 〈M ▶ P. 2.21〉 神戸市中央区葺合町
JR山陽新幹線，地下鉄西神・山手線新神戸駅🚶10分

生田川にかかる新幹線新神戸駅のガード下をくぐり，北側の裏山に向かう。レンガ造りの砂子橋を渡り左折すると，滝への散策路である。布引の滝は，下方から雌滝・鼓滝(鼓ケ滝)・夫婦滝・雄滝の4つの滝からなる。登り道の散策路にいかず，その脇をまっすぐ

古人も訪れた名瀑 神戸を見下ろす滝山城

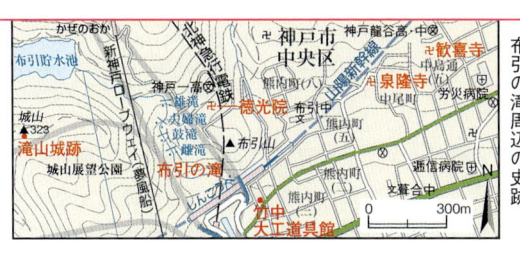

布引の滝周辺の史跡

進むと，高さ19mの雌滝がある。そこから脇の石段をのぼって散策路に戻る。途中鼓滝（鼓ヶ滝）・夫婦滝を経て，雌滝から約200mさきで雄大な雄滝が眼前に姿をあらわす。最高所にある雄滝は，高さが43mあり，その名にあるように，白布をさらしたようにみえる滝の流れは，いく度か方向をかえながら，激しくも美しく流れおちる。

布引の滝は古くから名所として知られ，『伊勢物語』では在原業平が，『栄華物語』では藤原師実（藤原頼通の子）が滝を訪れた様子が描かれるなど，多くの物語に登場する。また大勢の貴族や歌人がこの滝を訪れ，情景を歌に詠んでいる。散策路のかたわらには，1872（明治5）年ごろにたてられた，いにしえの歌人たちの歌碑がある。

新神戸駅ガード下をぬけて砂子橋までの間に，「滝山城跡」の道標がある。ここを左折し山道をのぼる。雌滝の水のおちる音を耳にしながらつづら折りをのぼっていくと，尾根筋に点々と郭を構成していた削平地があり，主郭近くには防御のための堀切や土塁の跡がみえる。

道標から約30分で主郭があった山頂に到着する。滝山は大阪湾を一望できる戦略上重要な拠点であった。滝山城の築城年代ははっきりしないが，14世紀初めには，赤松則村（円心）がこの城に拠り，挙兵している。16世紀になると三好長慶の家臣松永久秀の支配下となり，1556（弘治2）年，久秀は長慶を招いて猿楽をもよおし，千句の連歌を詠んでもてなしたと伝えられる。

その後城主は複雑な変遷をたどるが，1568（永禄11）年には摂津に進攻した織田信長の手におちた。その後信長配下の荒木村重が城をまもるが，村重謀反により1579（天正7）年信長勢がこれを攻めて落城した。今は標高323mの城山の山頂に「史蹟瀧山城址」の碑がたち，歴史に名をはせた武将たちが拠った城の存在を伝えている。

異国情緒あふれるみなと神戸

徳光院 ⑭
078-221-5400

〈M ▶ P. 2, 21〉神戸市中央区葺合町布引山2-3
JR山陽新幹線, 地下鉄西神・山手線新神戸駅 🚶10分

川崎正蔵開基の菩提寺
県内最古の多宝塔

徳光院多宝塔

雄滝すぐ脇の道を進み, 茶屋を経て散策路をくだっていくか, 新神戸駅から砂子橋を右折して山道をのぼっていくと, 静寂な雰囲気のなかに徳光院(臨済宗)の山門がみえてくる。寺の南にある独立山塊は丸山(砂子山)とよばれ, 生田神社のもとの社地があった場所とも伝えられるところである。徳光院がある場所は, 滝勝寺(真言宗, 現在は中央区熊内町にある)の跡地である。滝勝寺は, 7世紀末役小角によって創建されたと伝えられ, 主要伽藍のほか多くの僧房や末寺を有し, 布引の滝とも関係が深い滝寺とよばれた寺であった。滝をはさんで西にある滝山城落城の際, 兵火によって伽藍は失われたとされる。1906(明治39)年, この地に川崎造船所の創立者である川崎正蔵が開基となって徳光院を建立し, 菩提寺とした。

境内には多宝塔(国重文)や鐘楼があるが, これらはほかから移築されたものである。神戸市内唯一の多宝塔は, 垂水区名谷町の明王寺(真言宗)にあったものを, 1900年に川崎正蔵の自邸(現, 新神戸駅の地)に移し, さらに1938(昭和13)年に現在地に移築したものである。多宝塔の柱にある墨書銘から, 1478(文明10)年に建立されたものであり, 建立の年代があきらかな多宝塔としては県内でもっとも古い。平安時代に制作された一木造の木造持国天立像と木造増長天立像(ともに県文化)がある。

泉隆寺 ⑮
078-221-1730

〈M ▶ P. 2, 21〉神戸市中央区中尾町11-21
JR東海道本線三ノ宮駅🚌阪急六甲行熊内5丁目 🚶5分

熊内5丁目バス停でおり, 少し東へ進んだあと案内板にしたがい左折して北へ進むと, 若菜寺とよばれる泉隆寺(浄土真宗)がある。

若菜の里阯の碑(泉隆寺)

蓮如上人の遺跡
若菜の里の寺

泉隆寺は1262(弘長2)年に真言宗の道場として創建されたが，1471(文明3)年，この地を布教に訪れた蓮如に教化された住職によって本願寺の末寺となった。そのため，神戸における真宗寺院発祥の地とされる。境内には蓮如上人腰掛石や蓮如の歌碑がある。

寺の入口には史蹟若菜の里阯の碑がたっている。若菜とは，春の七草の1つスズシロ(大根)をさす。この辺りはかつて大根の産地であり，現在も阪急神戸線沿いに若菜通の地名を残す。平安時代から宮中には，この地の若菜を献上していた。『西摂大観』(1911年)では，畿内各地の若菜を調べた結果，布引の滝付近からのものがよいので，慣例となって若菜の里とよばれたという古老の随筆を紹介している。泉隆寺から若菜を宮中におさめていた故事に由来し，今でも正月7日に若菜法要を営み，参詣者に七草粥をふるまっている。

熊内5丁目から東へ1つさきの野崎通5丁目バス停を北へ進むと，春日野墓地がある。この墓地のすぐ西の道をのぼりきったところに歓喜寺(曹洞宗)がある。1897(明治30)年に開創され，本尊は木造十一面観音立像(国重文)である。この像は，周防国(現，山口県)岩国藩主吉川監物の念持仏と伝えられ，平安時代後期の一木造であるが，一般には公開されていない。

大龍寺 ⓰
078-341-3482

〈M ▶ P.2〉神戸市中央区神戸港地方再度山1-3 P
JR東海道本線三ノ宮駅🚌森林植物園行大龍寺🚶すぐ

再度山の霊場
弘法大師ゆかりの寺

標高470mの再度山中腹に，大龍寺(真言宗)がある。768(神護景雲2)年に，和気清麻呂によって創建されたと伝えられる。延暦年間(782〜806)，入唐に際し空海(弘法大師)が求法を祈り，帰国後再び入山したので再度の名がおこったといい，寺の山号ともなっている。また，和気清麻呂が，この山で僧道鏡の刺客におそわれたとき，大蛇(龍)が救ってくれた話や，空海が渡唐の際，大海からあらわれた龍にまもられ航海し，帰国後の入山の際にもこの龍が姿をみせた

大龍寺

ことなどの話から，寺号となったと伝えられている。

中世，大龍寺一帯は多々部城という山城であった。建武の争乱により兵火に焼かれたが，1351（観応2）年，赤松範資が再興した。現在の堂宇は江戸時代の初めに再興されたものである。本尊の木造菩薩立像（伝如意輪観音像，国重文）は，奈良時代に制作された神戸市内で確認できる仏像のなかで，最古の木造仏である。高さ1.8mの一木造で，背面などには一部朱の彩色が残る。

大龍寺から北へさらに10分ほどいくと，神戸市北区にはいり，大龍寺の僧たちが修法を行ったことにちなむという修法ケ原がある。現在は修法ケ原池を中心に再度公園となっている。また，そこからさらにバス道を北へ5分ほど進むと，外国人墓地がある。外国人居留地設置にあたり，1869（明治2）年に現在のフラワーロードをはさんで東遊園地の東向かいに小野浜墓地が設置され，1899年には春日野墓地が設けられた。この2つの墓地に余裕がなくなったことから，現在地で1952（昭和27）年造成が行われ，1961年までかけて移転が進められて，同年開園式が行われた。神戸市の許可がないとはいれないが，展望台が入口奥に設けられているので，様子はうかがうことができる。

湊川神社 ⑰ 〈M ▶ P.2〉 神戸市中央区多聞通3-1-1 P
078-371-0001
阪神電鉄神戸高速線高速神戸駅 🚶 5分

大楠公をまつる神社 光圀建立の正成墓碑

高速神戸駅のすぐ北側に，楠木正成ゆかりの湊川神社がある。1868（明治元）年，明治天皇が神社創始の御沙汰書をくだし，1872年，楠木正成（大楠公）を祭神とし，別格官幣社として創建された。1336（建武3）年，九州に一時敗走した足利尊氏・直義軍を迎え撃った正成であったが，しだいに戦況不利に追い込まれ，弟正季と刺し違え，一族は自害してはてた。境内西北隅に楠木正成戦没地がある。その

湊川神社表神門

後、墓所は豊臣秀吉の検地の際に免租地とされ、江戸時代にはいって尼崎藩領となると、藩主青山幸利によってマツとウメが植えられ、供養のための五輪塔も建立された。1692(元禄5)年には、水戸の徳川光圀が墓碑を建立した。境内東南隅に楠木正成墓碑(国史跡)がある。碑面の「嗚呼忠臣楠子之墓」の8文字は徳川光圀の筆によるもので、碑背面には、光圀につかえた明の儒学者朱舜水の撰文が彫られている。

境内西南隅には、1963(昭和38)年に開館した宝物殿がある。奉納された楠木正成ゆかりの品々である刀剣・武具類約100点、書画・工芸・歴史資料約300点が収蔵されている。紙本墨書法華経奥書(国重文)は、楠木正成が恩にむくいるため法華経を写経し、巻末に願意を記したもので、現在残る真筆のうち楷書のものとして唯一のものである。段威腹巻(国重文)は正成着用と伝えられるもので、龍野藩主脇坂家の家宝として所蔵されていたが、1891(明治24)年に湊川神社に奉納された。

湊川神社の東の通りを北へ400m進むと、地下鉄西神・山手線大倉山駅に至る。駅から少し東へ進んだのち、宇治川の西沿いを北へあがり、清風橋を渡るとまもなく徳照寺(浄土真宗)がある。縁起によると、1575(天正3)年ごろ、ある浪人が出家得度してこの地に草庵を営んだのが寺の始まりという。江戸時代の松平定信の『集古十種』にも載せられている梵鐘(国重文)を有する。もとは大和国(現、奈良県)添上郡の成身院(真言宗)にあったもので、天保年間(1830〜44)に本堂造営の際、大坂の古道具商から買い入れたものという。1129(大治4)年鋳物師多治比頼友が鋳造し、1164(長寛2)年尊智聖人が改鋳した経緯が陽鋳されている。また内面にも梵字と五輪塔が陽鋳されている。拝観については問い合わせが必要である。

② 伝説と酒造り伝統の灘

処女をめぐる悲恋の伝説は，海岸部の古墳と結びついた。灘の生一本で知られる酒造りの伝統を今に伝える。

西求女塚古墳 ⑱ 〈M▶P.2,27〉神戸市灘区都通3-61
阪神電鉄本線西灘駅 🚶 5分

7面の三角縁神獣鏡大地震で崩落した石室

西求女塚古墳(国史跡)は，西灘駅から南東へ5分，古墳時代の海岸線からわずか100mほどに位置する古墳である。古墳は，奈良時代の『万葉集』に詠まれた，菟原処女の悲恋伝説にまつわる菟原壮士の墓と伝えられている。現在古墳は，地域の公園として利用されている。

この地区の町づくり事業の一環として古墳の再整備が計画され，1992(平成4)年から発掘調査が行われ，伝説のみだった古墳の全容があきらかとなってきた。全長は約95mで，従来その墳形が判然としなかったが，東に前方部を向けた前方後方墳であることがわかった。築造当初は，古墳の斜面全体が葺石でおおわれていたようである。調査された西側の後方部に，色あざやかな朱を塗布した竪穴式石室があり，三角縁神獣鏡7面を含む中国製の鏡12面，鉄剣・刀・槍など多数の副葬品がおさめられていた。これらの出土品(国重文)から，古墳時代前期の3世紀後半〜4世紀初めごろに，畿内政権と深い関わりをもったこの地方の有力豪族の墓としてつくられたと考えられている。これだけの副葬品がみつかったのは，1596(慶長元)年の慶長の大地震の地滑りによって竪穴式石室が崩落し，その後，盗掘などからも免れたことによる。

三角縁神獣鏡をはじめとする豊富な副葬品をもつ古墳というだけでなく，過去の大地震の痕跡を残す古墳としても，後世に伝えるべき文化財である。

崩落した石室(西求女塚古墳)

沢の鶴資料館 ⑲
078-882-7788

〈M ► P. 2, 27〉 神戸市灘区大石南町1-29-1 P
阪神電鉄本線大石駅🚶10分

　大石駅をでて都賀川西岸を南へ歩くと，川の東岸に近代的な酒造工場がみえてくる。川をはさんでちょうどその西側に位置するのが沢の鶴資料館である。門をはいって正面に東西方向の建物が，その西側に南北方向の建物がある。1965(昭和40)年まで，沢の鶴株式会社が酒蔵として使用していた大蔵と前蔵である。1978年に酒造りの歴史を伝えるため，この古い酒蔵を利用し，資料館として公開した。1980年に大蔵と前蔵は，酒造用具一式とともに県の重要有形民俗文化財に指定された。

沢の鶴資料館

昔の酒蔵の資料館
地下構造の槽場跡

　1995(平成7)年の阪神・淡路大震災により，大蔵と前蔵は全壊したが，瓦礫のなかから酒造用具を取りだし，建物も1999年にあらたに免震システムをほどこして復興・再建された。全壊した建物の部材を取りだす際，木組みの内部より墨書が発見され，酒蔵が1839(天保10)年に改築されたことがわかった。現在，資料館には指定文化財181種2800点余りを含む酒造用具が保存・展示されており，近世の酒造りの様子をうかがい知ることができる。

　また，建物の復興・再建にあたって発掘調査が行われ，全国でも珍しい地下構造の槽場跡がみつかった。醪から液体の酒をしぼり，大きな垂壺でうける作業をしやすくするために，地下構造にしたと考えられる。槽場跡は，近世の酒造工程とその技術を，目で確認し感じとる

西求女塚古墳周辺の史跡

伝説と酒造り伝統の灘　　27

ことができる貴重な遺構として，発掘調査時の状態で保存され，館内で公開されている。

旧 西国街道（浜街道） ⓴

〈M ► P. 2. 27〉神戸市灘区新在家南町1～5
阪神電鉄本線大石駅🚶10分

酒造地帯をつらぬく浜街道バイパス的な庶民の道

沢の鶴資料館をでてすぐ南に，住吉神社がある。同じ灘区の敏馬神社の御旅所となっている神社である。江戸時代中期から栄えた酒造業者や，江戸へ酒を運ぶ廻船業者の庇護を得ようと，多くの文人が灘の地を訪れた。その1人与謝蕪村の「畑打ちの　眼にはなれずよ　摩耶ケ嶽」の句碑が境内にある。住吉神社から川沿いを北に戻り西郷橋へいくと，旧西国浜街道の碑がたっている。旧西国街道は，市内においては海岸部を東西につらぬく本街道と，その南を東西に走る浜街道からなる。

浜街道は江戸時代中期以降，西国街道のバイパス的な機能をもち，庶民の道として利用されるようになった街道である。三宮神社付近で西国街道と分かれた浜街道は，西国街道の南をほぼ平行して走り，西郷・御影郷・魚崎郷といった酒造地帯をつらぬくようにして東に進み，芦屋市打出付近で再び西国街道と合流する。処女塚古墳や敏馬神社はこの街道に面しており，古地図や『摂津名所図会』（1796年刊）などにも，街道沿いの名所・旧跡とともにその道筋が描かれている。明治時代以降，その大部分が国道43号線となり，大石南町・新在家南町・御影本町（東灘区）辺りに往時の面影をわずかに残していた。しかし阪神・淡路大震災以降，歴史的な町並みも姿を消しつつある。

今，復興再開発にあたり，酒蔵風の建物をたてたり，浜街道にかかわる石碑や説明板を設置したりすることによって，浜街道を中心とする歴史的な景観を取り込んで，町づくりにいかす努力が進められている。

旧西国浜街道の碑（西郷橋）

酒造りの伝統，灘

コラム 産

酒造りの歴史と灘五郷　かわりゆく酒造業地帯

　神戸市の東部には，東灘区・灘区がある。これらの区名は，灘五郷にちなむものである。灘五郷は，西摂の海岸部に点在する酒造業地の総称である。『西摂大観』（1911年刊）には，「東武庫川より西生田川に至る凡六里許の海村を灘五郷の地とする」と記されており，武庫川から生田川までをおおよその範囲としている。現在，灘五郷という場合は，西から西郷，御影郷，魚崎郷，西宮市内の西宮郷，今津郷をさす。これは1886（明治19）年に，摂津灘酒造組合が結成されてからのことである。江戸時代における灘五郷は，今津郷・上記神戸市内の3地域（上灘郷と総称）・下灘郷と称した現在の中央区南部をさし，現在のものとは地域を異にする。

　灘と酒にまつわる話は古代にさかのぼる。新羅からの使者が入朝する際，敏馬の浦（灘区）において，生田神社（中央区）で醸造した酒をふるまってもてなしたと伝えられている。生田神社では，境内に大山咋命を祭神とする松尾神社を末社としてまつっており，かたわらには灘五郷発祥の地の石碑がたてられている。

　灘で酒造りが行われるようになったのは，江戸時代前期の寛永年間（1624〜44）のことといわれる。本格的に酒造業がおこるのは，江戸時代中期の1754（宝暦4）年，いわゆる酒造制限令が撤廃されて以降のことである。さらに天保年間（1830〜44）には，西宮において醸造に適した宮水が発見されたことも追い風となって，幕末には，江戸にはいる酒樽の総数の6割を占めるまでとなり，酒どころ灘の名を高めた。

　山田錦をはじめとする酒米，宮水，六甲の急流を利用した水車精米，六甲おろしの冷気，丹波杜氏の技と勘，海上輸送に適した立地，といった周辺地域をも取り込んで，自然条件・立地条件を巧みに利用したことが，灘の酒造り隆盛の要因としてあげられる。

　阪神・淡路大震災によって多くの酒蔵が失われ，代表的な灘の景観は一変した。各酒造会社は酒造にかかわる資料館を，伝統的な酒造りの工程を楽しみながら学べる施設に一新した。また酒蔵の意匠を建物に取り入れることで，酒蔵の続く町並みを再現しようとする試みもある。酒造りの伝統を礎にしたあらたな町づくりがはじまっている。

処女塚古墳 ㉑　〈M ▶ P.2, 35〉神戸市東灘区御影塚町2-10-13
阪神電鉄本線石屋川駅 🚶 5分

　旧西国浜街道を西から進んでくると，旧街道は東明の交差点付

伝説と酒造り伝統の灘　29

近から国道43号線と重なる。かつて旧街道に面していた処女塚古墳（国史跡）は，国道のすぐ北側にあって，うっそうとした茂みのようにみえる。西求女塚古墳と東求女塚古墳のほぼ中間地点に位置して，南北方向に主軸をとる（西求女塚古墳の前方部は東へ，東求女塚古墳の前方部は西へ向く）ため，2人の男性に求愛された菟原処女の墓として，いにしえより語られてきた。1922（大正11）年に国の史跡指定をうけたものの，墳丘の一部はすでに道路で削られていた。整備に伴う発掘調査が1979（昭和54）年から行われ，調査の結果，南に前方部を向けた全長70mの前方後方墳であり，北側の後方部を3段に，南側の前方部を2段に築き，墳丘斜面に葺石があったことがあきらかとなった。壺型土器が出土し，築造年代は古墳時代前期の4世紀と考えられている。

墳丘東側に2つの石碑が存在する。1つは，万葉の歌人田辺福麻呂の「古の　小竹田壮士の　妻問ひし　菟原処女の　奥つ城ぞこれ」の歌を記す碑である。もう1つは，1846（弘化3）年，代官の竹垣三左衛門藤原直道が，東明村の塚本善左衛門・豊田太平・牧野荘左衛門に命じてたてさせたものである。碑文は1336（建武3）年，湊川の戦いに敗れてこの古墳までのがれて敵を防ぐ新田義貞の窮状をみた小山田太郎高家が，これまでの恩義を思いだし，自分の馬に義貞を乗せて東に逃がし，みずから敵を防いだのち討たれたという，『太平記』にある高家の武勇を記したものである。

阪神電鉄住吉駅をでて北東方向すぐにある東求女塚古墳は，伝説では菟原処女をめぐって争った2人の男の1人，血沼壮士の墓とされている。現況は一部を公園のなかに残す程度で，墳丘のほとんどは土取りによって失われている。1982（昭和57）年，西隣の幼稚園の

処女塚古墳

菟原処女の奥つ城　全長70ｍの前方後方墳

処女塚伝説

コラム

伝

奈良時代、すでに語られる処女塚悲恋伝説

　大伴家持をはじめ3人の万葉歌人が、処女塚伝説を歌に残しており、奈良時代からすでに語られていた伝説であることがわかる。なかでも高橋虫麿が、この伝説を詳細に伝え、「菟原処女の墓を見る歌一首」を詠んでいる。

　摂津国葦屋に菟原処女という美しい娘がいて、多くの若者が思いを寄せていた。なかでも同郷の菟原壮士と和泉国の血沼壮士が、菟原処女を妻に迎えたいと思い求婚した。両者はともにゆずらず、太刀や弓をもち、水にもぐり、火をくぐってでも立ち向かい、競いあったので、菟原処女は心を痛めて1人黄泉の国に旅立ってしまった。それを知った血沼壮士が処女を追って亡くなると、残された菟原壮士も、2人を追って命をおとした。

　こののち、若者の死をあわれんだ親族が菟原処女の墓をつくった。それが処女塚であり、その墓をはさむように、等間隔で東西2つの求女塚をつくった。東求女塚が血沼壮士、西求女塚が菟原壮士の墓とされている。

　この伝説は、平安時代にはいると、10世紀ごろ成立の『大和物語』のなかで、はじめて生田川を舞台として語られる。菟原処女の親の提案により、2人の若者のうち、生田川に浮かぶ水鳥を射た者が処女と結婚できることになった。競いあった2人の男の一方は水鳥の頭を、他方は尾を射当てた。処女は決めかねて思い悩み、ついに生田川に身を投じた。2人の男もそのあとを追って入水したとなっている。

　処女塚伝説は、その後も室町時代の謡曲「求塚」や森鴎外の戯曲「生田川」の題材となり、語りつがれている。

園舎改装工事に伴う発掘調査が行われ、地下に前方部の裾部と周濠が残っていることがあきらかとなった。また公園整備に伴う調査で、後円部の裾部も残っていることがわかり、前方部を北西に向けた全長約80mの前方後円墳で、墳丘斜面には葺石があったと推定されている。明治時代の壁土取りの際、遺物が出土しており、三角縁神獣鏡を含む青銅鏡6面・車輪石・剣・玉などは、現在東京国立博物館に保管されている。築造年代は、出土遺物から古墳時代前期の4世紀後半と考えられている。

白鶴酒造資料館・菊正宗酒造記念館 ㉒㉓
078-822-8907・078-854-1029

昔の酒造りを再現
国指定の酒造用具

〈M▶P.2, 35〉神戸市東灘区住吉南町4-5-5 P／神戸市東灘区魚崎西町1-9-1 P
阪神電鉄本線住吉駅🚶10分／六甲ライナー南魚崎駅🚶2分

　阪神電鉄住吉駅から南に進み，国道43号線にかかる歩道橋を渡って交番のあるところから南へ進むと，大きな交差点に至る。そこから西へいくと白鶴酒造資料館が，南東方向へいくと菊正宗酒造記念館がある。

菊正宗酒造記念館

倚松庵

　白鶴酒造資料館では，近代化される以前の酒造りの工程に沿って，工程ごとに蔵人が酒造用具を使って作業する姿を人形で再現している。あわせて，実際に使われていた酒造用具を展示している。人形による作業風景の再現と，昭和時代初期の貴重な映像をまじえながらの説明は，臨場感あふれるものになっている。

　菊正宗酒造記念館は，1659（万治2）年，御影の本嘉納家本宅敷地内にたてられた酒蔵を，1960（昭和35）年に現在地に移し，一般公開していたものであった。しかし，1995（平成7）年の阪神・淡路大震災により建物は全壊，埋もれた酒造用具は手作業で取りだされた。1999年に旧記念館で使用されていた古い柱や梁なども用いながら，全面建て替えを行

い，記念館は復興・開館した。館内では，旧館から引きつがれた国指定の重要有形民俗文化財560点余りを含む酒造用具を保存・展示している。

菊正宗酒造記念館をでて住吉川沿いを北にあがり，六甲ライナー魚崎駅をとおりこしたところに，倚松庵がある。谷崎潤一郎の旧邸で，倚松庵とは，「マツによりかかっている住い」という意味がある。1929(昭和4)年にたてられ，谷崎は1936年から7年間住んで『細雪』を構想・執筆した。もとは約150m南にあったが，六甲ライナー建設に伴い，1990(平成2)年この地に移築され，公開されるようになった。

本住吉神社 ㉔
078-851-3746
〈M ▶ P.2.35〉神戸市東灘区住吉宮町7-1-2
JR東海道本線住吉駅 🚶 3分

大阪の住吉神社の旧地 勇壮なだんじり祭り

住吉駅から南へでてすぐ，国道2号線の北側に本住吉神社がある。江戸時代には，大名が参勤交代などに利用した旧西国街道に面していた。神社の南東角に「西国街道(本街道)」の説明板がたっており，ここから東約400m，西約150mが現在の国道と重なる。神社前には，大名が休息した本陣や休み茶屋が軒を連ねていたという。

『日本書紀』によると，朝鮮半島から難波に向かう神功皇后の船が，大阪湾にはいって進まなくなった際，務古水門に戻って占った。すると表筒男・中筒男・底筒男の3柱の神を大津渟中倉長峡にまつるよう託宣があり，これにしたがったところ，平穏に海を渡ることができたという。そのためこの神社に，伊弉諾尊の子で住吉大神ともいう3神(表筒男命・中筒男命・底筒男命)，そして神功皇后が祭神としてまつられるようになったと伝える。

『西摂大観』(1911年刊)には，「旧地なるを以て本住吉と称す」とあり，大阪の住吉大社との関係をこのように説明している。江戸

本住吉神社

伝説と酒造り伝統の灘

時代後期にはすでに記録にあらわれるだんじり祭りは,現在,毎年5月4・5日に,9地区のだんじりが宮入りして行われている。神社のすぐ東の角に,「有馬道是ヨリ北江九十丁」の道標がたつ。1874(明治7)年の住吉駅開設で,六甲山をこえて有馬に向かう道が便利になって,よく利用されたことを示す道標である。

保久良神社 ㉕
078-411-5135

〈M▶P.2〉神戸市東灘区本山町北畑680
阪急神戸本線岡本駅 🚶 25分

ほくらさんの磐座 船をみまもる灘の一つ火

岡本駅から北へ住宅街をぬけて,浄水場に向かって坂をのぼっていくと,金鳥山(334m)中腹の張りだした台地上に,保久良神社がある。標高185mにあり,鳥居の前から眼下にみえる眺望はすばらしい。神社の創建年代はあきらかでないが,現在も神社の周辺には,磐座(神がおりてくる岩)とよべるような巨石群が散在し,弥生土器や青銅製祭器の銅戈が出土していることから,古くから人びとの信仰対象の地であったと考えられる。平安時代の『延喜式』神名帳にもその名が記されている。鎌倉時代中期の青銅製懸仏の発見や,『摂津志』(1734年刊)に,1250(建長2)年の棟札があることが記載されていることから,古代・中世においても崇敬がたえなかったことがわかる。

この神社は,別名天王宮とも称される。祭神として牛頭天王と同一視される須佐之男命をまつるのをはじめ,大国主命・大蔵御祖命・椎根津彦命をまつっている。氏子である北畑地区の天王講の人びとにより,毎夜社頭の石灯籠に神火が点じられてきた。この地の灯明は「灘の一つ火」として,航海をする者に針路を示し,崇拝されてきた。いわば灯台の役割をはたしてきたこの石灯籠は,1825(文政8)年にたてられたものである。

灘の一つ火(保久良神社)

5月4日の例大祭宵宮は,麓の御

旅所である鷺森八幡神社で、北畑・田辺・小路・中野の4地区のだんじりの宮入りを行う。5日の本宮では、保久良神社から神輿が山をおり、鷺森八幡神社まで神幸する。

弓弦羽神社 ㉖
078-851-2800
〈M▶P.2, 35〉神戸市東灘区御影郡家2-9-27
阪急神戸本線御影駅 🚶 3分

熊野権現をまつる神社 逸品がそろう香雪美術館

　御影駅をでて森がみえる南東方向に歩くと、弓弦羽神社がある。社伝によると、神功皇后が朝鮮半島から帰国の際、忍熊王の反乱を知り、皇后みずからこの地において弓矢甲冑をおさめ、熊野大神をまつって戦勝祈願を続けた。その結果戦いに大勝し、子の応神天皇は誕生後すくすく成長したという。この故事により、神社背後の秀麗な峰を弓弦羽嶽(六甲山)とよぶ。桓武天皇の延暦年間(782～806)に弓弦羽ノ森を神領地と定め、849(嘉祥2)年この地に神祠を造営し遷座したと伝える。

　祭神は伊弉冊命(那智大社)・事解之男命(熊野本宮大社)・速玉之男命(速玉大社)の熊野三所権現である。郡家・御影・平野の旧3村の氏神でもあり、現在では5月3・4日に8地区(東之町・弓場・中之町・西之町・郡家・平野・中御影・西御影)8基のだんじりが町内を巡行し宮入りする。

　神社のすぐ東隣には、香雪美術館がある。1879(明治12)年に『朝日新聞』を創刊した村山龍平が大正時代以前に収集した刀剣・仏画・墨蹟・古筆・茶道具などをもとに、初代理事長村山長挙収集によるものを加え、これらを一般に公開するため、1973(昭和48)年に設立された。香雪は村山龍平の

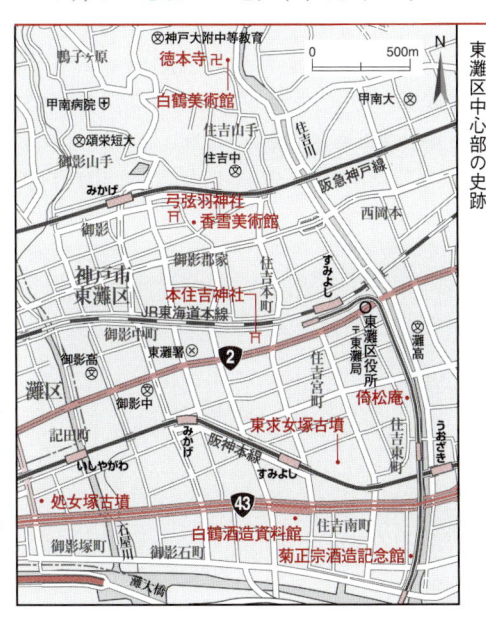

東灘区中心部の史跡

伝説と酒造り伝統の灘　35

雅号(がごう)にちなんだ名称である。収蔵品は日本美術・東洋美術が中心で,各分野にわたり指定文化財を数多く所蔵している。国の重要文化財18点,重要美術品27点を有し,絵画では梁楷筆「踊布袋図」「稚児大師像(こだいし)」,伝周文筆「湛碧斎図」(いずれも国重文)などがある。また敷地内には,洋館・御殿棟・玄関棟・茶室(いずれも国登録)がある。

白鶴美術館(はくつるびじゅつかん) ㉗
078-851-6001

〈M▶P.2, 35〉神戸市東灘区住吉山手(すみよしやまて)6-1-1 P
阪神電鉄本線御影駅🚌渦森台(うずもりだい)行白鶴美術館前🚶すぐ

中国文物の宝庫
遺徳をしのぶ徳本寺

バスで住吉川沿いの道をあがっていくと,山を背にし堂々とした和風建築の白鶴美術館がみえてくる。本業の酒造業に力をそそぐ一方,美術への造詣(ぞうけい)が深かった白鶴酒造7代嘉納治兵衛(かのうじへえ)(鶴翁(かくおう))が,1931(昭和6)年古希を記念して設立し,1934年に開館した私立美術館の先駆けともいえる美術館である。所蔵品の大半は,鶴翁が長年にわたり収集した美術・工芸品の寄贈によるが,その後も歴代理事長の寄贈をうけ,現在数多くの指定文化財を含む約1400点を所蔵している。

所蔵品の中心は中国と日本の古美術で,愚賢経残巻(ぐけんきょうざんかん)・大般涅槃経集解(だいはんねはんきょうしゅうげ)(附(つけたり))大般涅槃経後分の国宝2点,絵画・工芸品・書跡・考古資料の重要文化財22点を有する。なかでも,中国殷(いん)・周(しゅう)時代の古銅器類は秀逸である。1995(平成7)年には本館南側に新館が開館し,ここに中近東の絨毯(じゅうたん)があらたにコレクションとして加わった。白鶴美術館本館・事務棟・土蔵・茶室は,いずれも国登録文化財である。

白鶴美術館の西隣には,1916(大正5)年に徳本上人(とくほんしょうにん)の百回忌を記念してたてられた徳本寺(浄土宗(じょうど))がある。徳本上人は1798(寛政(かんせい)10)年,住吉の吉田道可(よしだどうか)に招かれ,寺の北方の赤(あか)

白鶴美術館

塚山に庵をたてた。修行のかたわら村人を教化し、毎月15日、信者に一万遍念仏の名号をさずけたという。

六甲八幡神社 ㉘
078-851-7602
〈M▶P.2〉神戸市灘区八幡町3-6-5 P
阪急神戸本線六甲駅すぐ

色あざやかな厄神宮本殿 駅前にある鎮守の森

六甲駅すぐ南の森が、六甲八幡神社(祭神八幡大神・天照大神・春日大神)である。1026(万寿3)年、この地に水原氏が八幡神をまつっていたが、1180(治承4)年の福原遷都に伴い、平清盛が石清水八幡宮を勧請したものといわれている。『太平記』の元弘3(1333)年摩耶城合戦の条で、摩耶山にこもる赤松則村(円心)に対し、六波羅の軍勢が「八幡林ヨリゾ寄タリケル」とある八幡林は、この神社の森のこととされる。1795(寛政7)年に本殿などは改築され、さらに領主の石河氏が奈良の春日大社の旧社殿を移したのが、現在の本殿である。

本殿東隣にある厄神宮本殿(県文化)は、安土・桃山時代の三間社流造である。奈良の春日大社の社殿を八幡神社に移築するまでは、この社が八幡神社の本殿であった。戦国の兵乱で荒廃していた社殿を、1592(天正20)年に林播磨と村民が協力して再建したと伝えられ、社内の墨書銘板にも「天正廿年七月廿五日、八幡大菩薩、天照皇大神、春日大明神」が列記され、合祀されていることがわかる。阪神・淡路大震災で全壊したが、彩色もあざやかに復興された。

六甲駅に戻り、六甲ケーブル下行きの市バスに乗り、高羽町バス停で下車。東へ徒歩3分で善光寺(天台宗)に至る。この寺には、鎌倉時代中期の不動明王及び二童子像(県文化)がある。もとは比叡山延暦寺北谷の宝乗院にあったもので、1975(昭和50)年にこの寺に移された。ヒノキの寄木造で彩色がほどこされている。仏像の公開は年2回、1月28日と6月28日の、ともに13時から。

厄神宮本殿(六甲八幡神社)

伝説と酒造り伝統の灘

忉利天上寺 ㉙
078-861-2684

〈M ▶ P.2〉神戸市灘区摩耶山町2-12 P
摩耶ロープウェイ星の駅🚶10分

摩耶山の頂にある霊場
天神をまつる河内國魂神社

灘のすぐ北にそびえ立つ摩耶山(698.6m)は、古来山岳信仰の場であった。真言密教が伝来すると密教寺院が建立された。それが忉利天上寺(真言宗)であり、観音霊場や安産祈願の寺として信仰されてきた。寺の縁起によると、646(大化2)年インドの高僧法道仙人が開山したとされ、その後空海(弘法大師)が唐から帰朝した際、梁の武帝がつくった摩耶夫人の像をもち帰って安置したという。以来、この山を摩耶山とよんで山号とし、摩耶夫人昇天の地となったインドの忉利天という山にちなみ、これを寺号とした。

天上寺に至るには表参道にあたる上野道、西の兵庫方面からは布引の東から山にはいる摩耶道などがあり、さまざまなルートから多くの人びとが参詣した。しかし1976(昭和51)年の火災で、主要伽藍は焼失した。現在の天上寺は、開創の地と伝えられる場所に位置し、旧天上寺からは700m北に移転している。

旧天上寺跡は現在、摩耶山史跡公園となっており、星の駅をでて西に進み、標識にしたがって山道をくだっていくと約10分で到着する。天上寺には鳥羽天皇皇后の待賢門院筆と伝えられる、紺色の紙に金字で書かれた紺紙金字妙法蓮華経(県文化)が存在するが、非公開。書写年代のあきらかな女性の写経として貴重である。

摩耶ケーブル下からJR六甲道駅行き、または、阪急神戸線六甲駅から三宮神社行きの市バスに乗り、五毛天神バス停で下車すると、すぐに鳥居がみえる。その北に続く参道をいくと、河内國魂神社がある。創建年代ははっきりしないが、『延喜式』神名帳に所載されている古社である。社名は、摂津国造凡河内忌寸の祖をまつってい

河内國魂神社鳥居

六甲山の開発

コラム

神戸の自然、六甲山
六甲山開発の歴史

　海にも山にも近く、市街地にいながら身近に自然にふれあうことができる町。それが神戸の大きな特徴であろう。海岸部を走る電車の車窓から北に目をやると、屏風のようにそびえ立つ六甲山系の山々がみえる。なだらかに平坦地が続く山頂部、急峻な斜面、この2つが六甲山のあわせもつ顔である。六甲山地は西は塩屋・須磨間におこり、ゆるやかに弧を描きつつ東は宝塚に至り、武庫川へ向けて低くなる。最高所は931.3m、東西幅は約30km、南北幅は南西部で1km、北東部で8kmある。

　古代においては、山地のなかでもめだつ山が霊峰とされ、修行の場として早くから寺院が開かれた。摩耶山(699m)の切利天上寺(灘区)、再度山(470m)の大龍寺(中央区)などがこれにあたる。また保久良神社(東灘区)、敏馬神社(灘区)、生田神社(中央区)、長田神社(長田区)など、いわゆる式内社とよばれるような古社も背後の山を遥拝するような、六甲山地とは無関係とはいいがたい位置に存在している。

　近代以前においては、肥料に用いる草刈場としての利用のほか、山地を構成する花崗岩を切りだす採石場としての利用があった。切りだされた石を運ぶ道は「石切道」、麓の石工の村は「石屋村(現、東灘区御影石町)」とよばれ、地名を今に残している。切りだされた花崗岩は、積み出し港の名を冠して「御影石」とよばれる。

　明治時代にはいると、寒冷な気候を利用した、おもに北向きの谷をせきとめた人工池や、自然の池での製氷が行われ、人工製氷が行われるようになるまで、麓の市街地へ氷が運ばれていった。

　六甲山の本格的な開発は、イギリス人グルームが、1895(明治28)年に三国池のほとりに山荘をたてたことにはじまるといわれる。これにならって山荘の建設があいつぎ、避暑・休養・登山などさまざまな利用の道が開かれ、1903年には、グルームが日本最初のゴルフ場を六甲山につくった。

　1912(大正元)年に建立されたグルームの業績をたたえる「六甲開祖之碑」は、1942(昭和17)年まではあったが、第二次世界大戦中に破壊された。これにかわる六甲山記念碑が1955年にたてられている。

たことによるという説がある。祭神は大己貴命・少彦名命である。また、バス停の名にあるように五毛天神ともよばれる。五毛という地名は、北方の摩耶山天上寺に献灯するためのゴマを栽培していたことによるとされる。

伝説と酒造り伝統の灘　39

河内國魂神社は菅原道真も祭神とする。社伝では，901（延喜元）年，道真が左遷によって大宰府に向かう途中，見送りにきた延暦寺13代座主の尊意僧正とこの地でわかれた際，道真の応対がていねいであるのを垣間みた村人が，道真没後，その徳を慕って御霊を勧請合祀し，五毛天神とよばれるようになったという。隣接する海蔵寺（曹洞宗）との境に，「菅公御手植松」とされるマツの切り株が残っている。5月2・3日の春大祭では，神幸式・猿田彦踏法の行事が行われ，各地区輪番で未婚の青年が猿田彦を演じ，渡御の先導をつとめる。

旧ハンター住宅 ㉚

〈M▶P.2〉神戸市灘区青谷町1-1-4（王子動物園内）P
阪急神戸本線王子公園駅🚶10分

動物園にある異人館
美しいガラス窓の意匠

　王子公園駅から西へ200mいくと，神戸市立王子動物園がある。動物園内北東隅に，異人館街の中央区北野町から移築された旧ハンター住宅（国重文）がある。この建物は，1889（明治22）年ごろトアロードの高台に建築されたが，1907年ごろ，大阪鉄工所（のちの日立造船所）を創始し，日本精米会社を兵庫に設立するなど多彩な経済活動を行った，イギリス人貿易商E.H.ハンターが買い取り，中央区北野町3丁目に移し改築した。その後，兵庫県に譲渡されたことから，1964（昭和39）年現在地に移築された。

　木骨レンガ造り・2階建て（一部塔付）・寄棟スレート葺きで，南面と東面にベランダがある。ベランダは最初開放式であったが，日本の冬の厳しい寒さに適さないとして，ガラス窓が設けられた。この窓は菱形模様を織りなしていて，とても美しい。内部の意匠にもこっており，大理石のマントルピースや青銅製のシャンデリア，階段

旧ハンター住宅

踊り場に設けられた花模様のステンドグラスなど、当時の豪華な面影を伝える。現存する神戸市内の異人館のうちで、もっとも古い時期の建築様式を残し、かつ最大規模のものとして価値がある。

敏馬神社 ㉛
078-861-2091

〈M ▶ P.2, 27〉 神戸市灘区岩屋中町4-1-8 P
阪神電鉄本線岩屋駅 ⼤ 5分

今昔、歌に詠まれた景勝地 うまれかわる新都心

　阪神電鉄岩屋駅から南へ坂道をくだると、国道2号線にでる。これを左折するとすぐ敏馬神社がある。この神社は岩屋・味泥・大石の旧3カ村の氏神で、素戔嗚命・天照皇大神・熊野座大神を祭神としてまつっている。神社に関するもっとも古い記録は、神社創建にかかわる奈良時代の『摂津国風土記』の記述である。神功皇后が新羅に向かうとき、能勢の美奴売山(三草山)の神のお告げにしたがい、美奴売山のスギで船をつくった。帰国の際、この地で船が動かなくなり、占いの結果、ここに美奴売の神をまつることになったという。

　平安時代の『延喜式』神名帳には、すでに「汶売社」の名で記載されている。神社は海につきだす岬状の高台に位置しており、古代にはこの神社の東側は敏馬泊とよばれ、難波の外港として栄えた。『延喜式』には、新羅使節が来朝の際、生田神社でつくった酒をこの地でふるまったとある。

　『万葉集』には、柿本人麻呂や大伴旅人らが当地をうたった歌を残しているが、外港としての機能が大輪田泊に移ってからも敏馬の浦ともよばれ、景勝地として各時代の多くの歌人がこの地を歌に詠んだ。

　近世においては、社前を東西に浜街道がとおり、人びとが行き交い賑わった。神社の前の海岸は、昭和時代初めまでは白砂青松の地であった。多くの料亭・お茶屋・別荘があり、おおいに賑わったが、海岸は埋め立てられていった。

敏馬神社

伝説と酒造り伝統の灘　41

阪神・淡路大震災以降，付近の工場は撤退し，東部新都心(HAT神戸)としてうまれかわろうとしている。行政区上は中央区であるが，そのなかに，2002(平成14)年兵庫県立美術館芸術の館が開館した。旧近代美術館を継承したもので，洋画の金山平三・小磯良平，日本画の東山魁夷・村上華岳ら兵庫県にゆかりのある芸術家の作品をはじめ，数多くの作品を所蔵している。また国内外の作品の展覧会以外にも，アートスクールやコンサートなど多彩な文化活動を行っている。また同年，その西側には，阪神・淡路大震災を記録し後世に伝え，防災のあり方を考えさせる防災未来館，命の尊さとともに生きることのすばらしさを考え体験させる，ひと未来館からなる人と防災未来センターが開館した。

③ 平家の夢追う兵庫・長田

大輪田泊・福原の都にかけた平家の夢。中世以降兵庫津をかかえた兵庫の町は，近代以前の神戸の中心地として賑わう。

祇園神社 ㉜
078-361-3450

〈M▶P. 2, 45〉神戸市兵庫区上祇園町12-1
JR東海道・山陽本線神戸駅🚌吉田町1丁目行平野🚶5分

牛頭天王をまつる神社
平清盛夢見の丘

　平野バス停のすぐ東，平野交差点から北へ250m歩くと，祇園神社がある。神社所蔵の古文書によれば，清和天皇の時代の869（貞観11）年，都の疫病流行をおさめるため播磨国廣峰神社（現，姫路市）から京都の八坂神社に牛頭天王（素盞嗚尊と同一視される）の分霊を移す途中，その神輿がこの地に1泊し，以来旧平野村においても牛頭天王を祭神としてまつるようになったという。神社西側の谷や川には，牛頭天王にまつわる天王谷・天王谷川という地名が残っている。神社のある小高い丘からは，南に市街化された町並みが広がる。かつて平清盛は，経ケ島を築造する際，海の音を聞きながらこの神社の裏山にあったという潮音山上伽寺で計画を練ったと伝えられる。

　また，境内には，幕末に神戸港開港や外国人居留地設置に尽力した，旧神戸村の大庄屋で豪商でもあった生島四郎（旧奥平野村乾家に生まれ，生島家の養子となる）が奉献した石灯籠がある。

　神社から少し南にくだった平野交差点の歩道脇には，塞神の石碑がたてられている。これは江戸時代後期，この辺りに塞神をまつった塚があったことを示すものである。この地は現在も，北へぬければ有馬につうじる国道428号線（有馬道）に面しているように，古来東西と南北それぞれに走る古道に面した交通の要衝であった。旅の道中の安全を願う人びとの信仰を示す旧跡である。

雪見御所旧跡 ㉝

〈M▶P. 2, 45〉神戸市兵庫区雪御所町2-1
JR東海道・山陽本線神戸駅🚌吉田町1丁目行平野🚶5分

地名に残る御所旧跡
平野にある平家の邸宅

　平野交差点から西へ進み，天王谷川を渡ってすぐの神戸市立湊山小学校北側の歩道脇に，雪見御所旧跡の石碑と説明板がたてられている。

　1180（治承4）年に，平清盛は福原の地に遷都をはかるが，『平家

平家の夢追う兵庫・長田　43

雪見御所旧跡の碑

『物語』によれば，福原にはいくつかの平家の邸宅が存在したと記されている。その1つが雪見御所であり，東の天王谷川，西の石井川にはさまれた湊山小学校を中心とする一帯の字名雪御所の地が，その場所と比定されてきた。

1986(昭和61)年の湊山小学校の校舎建築にさきだつ発掘調査では，石垣が確認されている。一般的に貴族の邸宅は屋敷地の北寄りにたてられ，その南に庭園を配することが多い。このことから雪見御所の南を画する石垣，またはそれを踏襲する字境の石垣と考えられ，邸宅となった建物跡は，小学校の敷地より北側に存在する可能性も指摘されている。なお，「雪見御所旧跡」と彫られた巨石は，1906(明治39)年に小学校の校庭より掘りだされたものである。

荒田八幡神社 ㉞
078-511-2108

〈M ► P.2, 45〉神戸市兵庫区荒田町3-16-1
JR東海道・山陽本線神戸駅🚌吉田町1丁目行大学病院前🚶3分

池大納言頼盛の山荘跡
安徳天皇の行在所跡

大学病院前バス停から西へ少し進むと，小さな丘の上に荒田八幡神社がある。古くは高田神社といい，熊野権現をまつっていた。南西にあった宝地院(浄土宗)の八幡社を，明治時代初めの神仏分離によって1898(明治31)年にここに合祀し，荒田八幡神社となった。安徳天皇の父高倉上皇の『厳島御幸記』に「申の刻に福原に着かせ給ふ……，あした(荒田か)といふ頼盛の家にて笠懸，流鏑馬

荒田八幡神社

44　神戸

など仕うまつらせ，御覧せらる。日暮れ帰らせ給ふ」と記されており，この付近一帯は，平 清盛の弟で池 大納言頼盛(平頼盛)の山荘があった場所と伝承される。『平家物語』にも「池の中納言頼盛卿の山庄あら田まで御覧ぜられる」という記述がある。

また，1180(治承 4)年 6月の福原遷都の際には，まずこの山荘が安徳天皇の行在所となったとされており，境内には「史跡安徳天皇行在所址」の碑が建てられている。しかし，翌日には雪見御所にあった高倉上皇と御所を替わられ，以降その年の10月までは高倉上皇の御所となった。

荒田八幡神社の南西にある宝地院は，壇ノ浦の戦いで平家一族とともに入水した幼帝安徳天皇の菩提をとむらうために1279(弘安 2)年に建立されたものと伝えられる。

荒田八幡神社周辺の史跡

柳原(西)惣門跡 ㉟　〈M▶P.2,51〉神戸市兵庫区西柳原町 5
JR山陽本線兵庫駅🚶5分

町をつらぬく西国街道 兵庫をまもる西の城戸

兵庫駅を南にでてやや東に進むと，柳原蛭子神社がある。神戸の市民からは「柳原のえべっさん」としてよく知られ，毎年 1月 9日は宵えびす，10日は本えびす，11日は残り福と 3日間十日戎として多数の参詣者で賑わう。えびすは七福神の 1つであり，海上・漁業の神としてだけでなく，商売繁盛の神として信仰されている。

この神社の北西角に，西国街道兵庫西惣門跡の碑と説明板がたっている。西の須磨・長田方面からの旧西国街道は，JR兵庫駅の北をとおり，この柳原蛭子神社と足利尊氏が開いた福海寺(臨済宗)にはさまれる位置で兵庫の町にはいる。この兵庫の町にはいる西の柳原口と，東の湊口の 2カ所に惣門が設けられていた。柳原惣門の設置時期は，兵庫城築城に伴う外郭の土塁(外輪堤・都賀堤)が築かれた1580(天正 8)年ごろと考えられ，1696(元禄 9)年の地図には惣門が記載されている。兵庫の町全体が城下町のような縄張りと

平家の夢追う兵庫・長田　　45

柳原(西)惣門跡(左は旧西国街道)

なっており、惣門は重要な場所であった。また門前には高札を掲げる札場があった。撤去されたのは外郭の土塁と同じ1875(明治8)年ごろと考えられている。2002(平成14)年に発掘調査が実施され、その結果とほかの調査も参考にした惣門の推定復元図が説明板にある。

惣門跡から旧西国街道を海側に向かって進み、阪神高速道路手前の三差路を左折すると福厳寺(臨済宗)がある。14世紀初めに仏燈国師が開いたと伝えられる。1333(元弘3)年、後醍醐天皇が隠岐を脱出して京へ向かう途中この寺に立ち寄り、赤松則村(円心)や楠木正成と合流したといわれる場所である。

能福寺 ㊱
078-652-1715

〈M ▶ P. 2, 51〉神戸市兵庫区北逆瀬川町1-39
JR山陽本線兵庫駅 🚶10分

平清盛ゆかりの寺院 わが国最初の英文碑

兵庫駅北東の柳原交差点を起点に、南東に伸びる旧西国街道を300mいくと、阪神高速道路に至る。高速道路をこえてさらに150m進み、大きな交差点を右折して100mのところに能福寺(天台宗)がある。能福寺は805(延暦24)年、唐から帰国したばかりの最澄が開いたとされ、平清盛が剃髪出家して浄海入道となったことで知られる。清盛の墓所については諸説あるが、1181(養和元)年、清盛が逝去すると、その亡骸は能福寺寺領の太平山八棟寺の平相国廟におさめられたという。

寺は明治時代初めの皇室典範の制定によってその職が廃止になるまでは、京都粟田口の青蓮院門跡の院家をつとめてきた格式を有する。院家とは幼少であることが多い門跡(住持となる皇族)に、礼儀作法や学問などを教授する師範役ともいえる役職である。

能福寺は兵庫大仏で知られているが、境内にはさまざまな石造物がある。現在平相国廟としてまつられている場所にある宝篋印塔は、鎌倉時代のものである。能福寺の住持で、平清盛剃髪出家の師

平家関連の遺跡を掘る

コラム

平家栄華の伝承地 新発見あいつぐ遺跡群

祇園遺跡（兵庫区上祇園町）

1993（平成5）年に、国道428号線（有馬道）拡幅整備事業にさきだつ発掘調査が神戸市教育委員会によって行われ、平安時代後期（12世紀後半）の邸宅に伴うと考えられる庭園跡がみつかった。

底に石を敷きつめた池跡からは、宴会で使い捨てたと考えられる大量の土師器の皿が出土した。また池の南方60mの地点でも、大量の瓦や、中国製の白磁や青磁が出土している。瓦は都から移されてきたと考えられる山城産のものが多く、中国製陶磁器にも出土例の少ない最高級品が含まれている。建物跡はみつかっていないが、平清盛の邸宅平野殿をさぐる手がかりとなる遺跡である。

楠・荒田町遺跡（中央区楠町から兵庫区荒田町）

2003（平成15）年、神戸大学医学部附属病院の立体駐車場整備事業にさきだち、兵庫県教育委員会により発掘調査が行われた。この調査では、大型の礎板石をすえた櫓と考えられる建物跡や、12世紀後半ごろの屋敷を取り囲む2本の壕が発見された。

壕は平行して東西方向に約39mにわたってのびており、北側の壕は幅約2.7m、深さ約1.7mで断面V字形、南側の壕は幅約1.8m、深さ約1.6mで断面U字形であった。とくに北側の壕から多くの土師器の皿、中国製の白磁碗、青磁碗・皿などが出土しており、櫓跡の存在などからも、この二重の壕から北側に邸宅があったものと推定される。土師器の皿は、当時京都で大量に使われた京都系土師器とよばれるもので、都にゆかりのある人物が宴会などに使用したものと考えられる。

出土した土師器の内容や二重の壕と櫓を有する大規模な邸宅の存在、そして有馬をはさんで西に位置する荒田八幡神社の伝承から、平清盛の弟頼盛の邸宅跡とする説もある。

庭園跡（祇園遺跡）

二重壕跡（楠・荒田町遺跡）

匠である円実法眼のものとされる。またその左隅にある九重塔も鎌倉時代の作である。平清盛の弟教盛の長子で、円実法眼の弟子とし

平家の夢追う兵庫・長田

ジョセフ・ヒコの能福寺縁起英文碑

て当寺の住持となった忠快法印のものとされる。

平相国廟の左手にある碑は，1868（慶応4）年1月に，三宮神社付近でおこった神戸事件で引責切腹した滝善三郎の供養碑である。もとは切腹した永福寺に建立されていたが，1969（昭和44）年ここに移された。

近代に関するものとしては，わが国最初の英文碑がある。これは神戸開港後，外国人が兵庫大仏を多数参拝するようになったため，住職が新聞の父と称されるジョセフ・ヒコ（浜田彦蔵）に依頼して，寺の縁起を英文できざんだものである。そのかたわらには，官軍とこれに抗する姫路藩との仲裁や兵庫新川の開発事業にも尽力した，兵庫の豪商北風正造の顕彰碑がある。碑は伊藤博文の揮毫で，兵庫県知事であった周布公平が，1896（明治29）年に建立したものである。

なお，寺には平安時代の木造十一面観音立像（ヒノキの一木造，国重文）がある。宝暦年間（1751〜64）に滋賀県甲賀郡の善水寺から兵庫の和田神社に移されたものを，さらに明治時代にはいり能福寺に安置することになったものである。毎年1月18日午前のみ開帳される。

札場の辻跡 ㊲ 〈M ▶ P. 2, 51〉 神戸市兵庫区南仲町
JR山陽本線兵庫駅🚶15分

直角におれまがる旧西国街道 兵庫の中心地の高札場

能福寺から旧西国街道に戻り，150m海側に進むと交差点の角に，札場の辻跡の説明板と道標がある。兵庫の町に北西方向からはいる旧西国街道が，ちょうどこの場所で湊口惣門に向かって，北東方向に直角におれまがるところにある。札場とは幕府の布達などを掲示する高札場のことで，兵庫の町のなかには東西の惣門と来迎寺（築島寺）前，そしてここの4カ所に設けられていた。なかでもこの場所が兵庫の町の中心にあたることから，とくにその名を残すことになった。1868（明治元）年に江戸幕府の高札は廃止されたが，新政

兵庫大仏

コラム

JR兵庫駅から南東方向へ歩いて約10分，兵庫大仏で有名な能福寺がある。明治初年，太政官布告により神仏分離令が発せられ，廃仏毀釈の嵐が吹き荒れた。寺院は破壊され，仏像・経典は焼かれ，仏教界は大打撃をうけた。そのときに廃寺となった寺院が，兵庫でも多数あった。

さらに数年後には，キリスト教が神戸にはいり勢いを強めたので，神戸の将来を危惧した兵庫の豪商南条荘兵衛の発願により，1891（明治24）年に巨大な盧遮那仏が建立された。そのころ，大仏は奈良と鎌倉にしかなかったので，兵庫が加わり，三大仏になったという。イギリスの登山家ウェストンの著書『日本アルプス』（1894年，ロンドン刊）の冒頭に兵庫大仏の写真が掲載され，外国にその名がはじめて紹介された。

しかしこの初代兵庫大仏は，太平洋戦争のさなかである1944（昭和19）年，金属回収令により供出させられた。5月9日，大仏に赤いたすきがかけられて法要が営まれ，1000人をこえる市民が集まった。その後，大仏はハンマーでたたきこわされ，荷馬車で搬出された。

1991（平成3）年，市民の強い要望により，身丈11m，蓮台3m，重さ（蓮台とも）60ｔの2代目平成の兵庫大仏が再建された。

供出された大仏 　　　　　再建された大仏

府になっても太政官の名で掲示された。

札場の辻跡から北東へ進むと，本町公園がある。公園西にある岡方会館の場所は岡方惣会所があった場所である。現在は岡方惣会所跡の碑がたっている。兵庫の町は町部と田園部からなり，町部を地子方，田園部を地方とよび，町部の地子方はさらに三方（岡方・北浜・南浜）に分かれていた。このうち浜に接しない町を岡方と総称した。三方はそれぞれ惣会所を設けており，岡方の名主はここで行政をになった。

平家の夢追う兵庫・長田

来迎寺(築島寺) ㊳　〈M▶P.2, 51〉神戸市兵庫区島上町2-1-3
地下鉄海岸線 中央市場前駅 🚶 5分

難工事だった経ケ島 わが身をささげた松王丸

　札場の辻跡から海側に150m，中央市場前駅からは駅北方の築島交差点から130mほど北に来迎寺(築島寺，浄土宗)がある。寺はもともと現在地の北西にあたる三川口にあった。湊川合戦や第二次世界大戦の空襲によって焼失し，この地に移転してきたものである。

　寺伝によると，平清盛が承安年間(1171〜75)に，南東からの風よけのために海を埋め立てて経ケ島を築造する際，暴風雨によって工事が進まなかった。そこで陰陽博士に占わせたところ，30人の人柱をたてることになったが，清盛の小姓であった17歳の松王丸が人柱にかわって身をささげ，無事経ケ島が築かれたという。経ケ島の名の由来は，経文を書いた石を沈めたことにあるともいわれ，現在の島上町は，その経ケ島の上にできた町という意味である。境内には犠牲となった松王丸の供養塔，清盛が愛した白拍子祇王と祇女の五輪塔がある。

　札場の辻跡から来迎寺に向かう途中，新川運河に面した場所に重量4tもある直方体の巨石と，「古代大輪田泊の石椋」と書かれた説明板がある。巨石は花崗岩製で，1952(昭和27)年に新川橋西方の運河浚渫工事の際，一定間隔で打ち込まれた松杭とともに発見された二十数個の巨石の1つである。その石材発見場所から北西約250mの芦原通1丁目を2003(平成15)年に発掘調査した際，古代の港湾施設の一部と考えられる，奈良時代後半〜平安時代中ごろの大溝と建物跡が発見された。その位置関係から，第二次世界大戦後まもなくみつかったこれらの巨石は，石椋とよばれる石を積みあげた防波堤や突堤の基礎であったと考えられるようになった。

松王丸の供養塔(左)と祇王・祇女の五輪塔(来迎寺)

兵庫城跡 ㊴

〈M ▶ P.2, 51〉神戸市兵庫区切戸町・中之島
地下鉄海岸線中央市場前駅 🚶 8分

池田父子が築いた城郭最初の兵庫県庁の地

　中央市場前駅北の築島交差点から西へ進み，入江橋を渡って新川運河沿いを歩くと，プロムナードの途中に，「兵庫城跡　最初の兵庫県庁の地」の石碑と説明板がたてられている。

　1580(天正8)年，池田信輝・輝政父子は，花隈城攻略の功績をもって織田信長から兵庫の地をあたえられた。以来，兵庫の地は信長の手にあり，これをおさめるため，1581年から花隈城の遺材も用いて兵庫城が築かれた。その場所は，切戸町から中之島の中央市場にかけての東西・南北とも約140mの範囲とされる。周囲には幅3.6mの堀をめぐらしていた。江戸時代にはいり1617(元和3)年尼崎藩領となり，藩の陣屋がおかれた。1769(明和6)年幕府領になると，大坂町奉行所に所属して与力や同心の勤番所となった。

　1868(慶応4)年1月，新政府はこの城跡の一部に兵庫鎮台を設置するが，翌2月には兵庫裁判所と名称をかえ，さらに5月には最初の兵庫県庁がここにおかれ，初代県令に伊藤博文が着任した。しかし，

兵庫城跡の碑

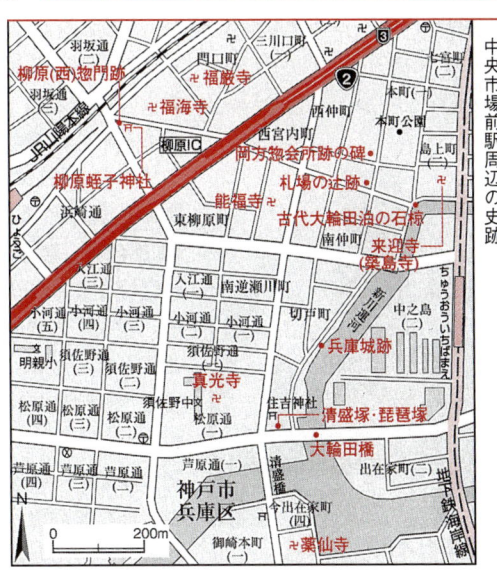

中央市場前駅周辺の史跡

平家の夢追う兵庫・長田　51

その後県庁は半年もたたない同年9月に，現在神戸地方裁判所のある場所に新築移転し，1873(明治6)年に現在地に移った。1874年新川運河の開削が行われ，城跡の中心地はほとんど失われた。

清盛塚・琵琶塚 ❹

〈M ▶ P.2, 51〉 神戸市兵庫区切戸町1
地下鉄海岸線中央市場前駅 🚶10分

清盛を供養する石塔
前方後円墳の琵琶塚

兵庫城跡の石碑から新川運河沿いのプロムナードを南に少し歩いたところ，中央市場前駅からは駅南方の中の島交差点から西へ400mの地に，清盛塚とよばれる石造十三重塔(県文化)がある。清盛の遺骨をもち帰った円実法眼が埋葬した，清盛の墓と信じられてきた石塔である。清盛塚については，1692(元禄5)年の『兵庫寺社改帳』に，石塔の明細と敷地の範囲が記されている。『福原鬢鏡』(1680年刊)には，鎌倉幕府9代執権北条貞時が建立した石塔と記されている。1923(大正12)年，市電松原線の道路拡張工事に伴い，もとの場所(現在地より南西11m)から移転しており，その際，塔を解体し地下も調査したが，墳墓とは確認されなかった。鎌倉時代につくられた供養塔と考えられ，十三重の石塔の台石には，「弘安九(1286)年」の銘がある。高さは8.5m。かたわらの清盛像は，1972(昭和47)年にたてられたものである。

琵琶塚は，以前清盛塚と小道をはさんで北西にあった。前方後円墳と考えられ，古墳の形状から琵琶塚とよばれた。『福原鬢鏡』には，『平家物語』における琵琶の名手平経正(清盛の甥，敦盛の兄)に結びつけて琵琶塚とよばれるようになったと記す。現在，古墳らしいものは目にすることはできず，琵琶塚の石碑は，1902(明治35)年に有志が塚の周辺に大きな石を積んで，その上に碑を建立したものである。1923(大正12)年の道路拡張の際，清盛塚とともに現在地に移された。

石造十三重塔(清盛塚)

湊川のつけ替え

コラム

荒れる湊川の防災工事　新開地の誕生

　明治時代にはいり、兵庫津の発展とともに栄えてきた兵庫において、兵庫運河の開削と並ぶ都市開発事業が行われた。湊川のつけ替えである。かつての湊川は、兵庫区荒田町付近から流路を南東方向にかえ、中央区の東川崎町に向けて流れていた。市内有数の天井川であった湊川は、東の神戸と西の兵庫といった2つの市街地を分ける大きな障害となっており、敷設されてまもない鉄道も、神戸と兵庫の間はまだつながっていなかった。

　1896(明治29)年8月の集中豪雨は大きな被害をもたらし、このときの洪水を機に工事が本格化することになる。翌年、大倉喜八郎以下30人が湊川改修株式会社を設立し、4年の歳月をかけて1901年、会下山の下にトンネルを築き、長田区の苅藻川に合流させる新湊川が完成した。同社の経営により、もとの湊川の堤防は削平され、河川敷は整地された。これが新開地の誕生である。

　新開地は第二次世界大戦前、神戸一の繁華街であった。土地が広いうえ、神戸と兵庫の中間に位置するという立地条件から、多くの人びとを集めた。神戸駅付近の中央区相生町にあった相生座の移転を契機に、劇場・芝居小屋・映画館が軒を並べた。1913(大正2)年には、東京の帝国劇場を模した聚楽館がたてられると、「西の浅草」「映画発祥の地」といわれておおいに賑わった。しかし、1945(昭和20)年の神戸大空襲で瓦礫の山と化し、町の賑わいも戦後は東の三宮へと移っていった。

　往時の賑わいは衰えたが、今も下町的な雰囲気をもつ町である。

会下山トンネル

遊行上人示寂の地　一遍廟所の石造五輪塔

真光寺 ㊶
078-671-1958

〈M ▶ P. 2, 51〉神戸市兵庫区松原通1-1-62　P
地下鉄海岸線中央市場前駅 🚶 10分

　道をはさんで、清盛塚・琵琶塚の西向いに真光寺(時宗)がある。この寺は、神奈川県藤沢市清浄光寺の末寺にあたる。鎌倉時代後期におこった時宗開祖の一遍上人智真が、遊行の末、示寂した地とされる。一遍は1239(延応元)年、伊予国(現、愛媛県)の豪族河野通広の子として生まれ、1248(宝治2)年母の死に無常を感じ、父

平家の夢追う兵庫・長田　53

真光寺の石造五輪塔(一遍廟所)

のすすめもあって出家した。一遍は善人・悪人，信心の有無を問わず，あらゆる人は念仏をとなえることで救われると説き，全国を遊行し踊念仏をすすめて，多くの民衆にその教えを広めた。1289(正応2)年8月23日，51歳で兵庫の観音堂で没し，当地で荼毘にふされた。のちに弟子の他阿上人真教がこの地に寺を建立し，伏見天皇から寺号勅願を賜って真光寺とした。

境内の一角に一遍廟所(県史跡)がある。廟所内の基壇の上には，高さ1.95mの花崗岩製の石造五輪塔(県文化)がたっている。一遍の墓塔といわれるが，南北朝時代のものである。また寺には「紙本著色遊行縁起」10巻(国重文)がある。一遍の弟子宗俊が撰述したもので，絵巻の巻末には，三井寺の僧行顕の詞書が記されている。

薬仙寺 ㊷
078-671-1696
〈M▶P.2.51〉神戸市兵庫区今出在家町4-1-14
地下鉄海岸線和田岬駅 🚶10分

最初の施餓鬼会の寺
後醍醐天皇快癒の霊水

真光寺から兵庫運河にかかる清盛橋を渡って南に300m進むと，薬仙寺(時宗)に着く。746(天平18)年に行基によって開かれたと伝えられる。創建当初は法相宗，のちに天台宗，南北朝時代に時宗の寺院となった。日本で最初に施餓鬼会修法が行われた寺と伝えられ，朝鮮の「絹本著色施餓鬼図」(国重文)を所蔵している。この寺の本尊は，木造薬師如来坐像(平安時代，国重文)である。ヒノキの一木造で，膝裏の墨書銘から，もとは阿弥陀如来ではないかと考えられている。毎年8月8・9日のみ開帳される。

後醍醐天皇が福厳寺の行在所でひどい頭痛に悩まされたとき，この寺の霊水を献上したところ快癒したことから，天皇より医王山の山号をくだされたという。

境内には「後醍醐天皇御薬水薬師出現古跡湧水」の碑のほか，福原遷都の際，平清盛が後白河法皇を幽閉したという萱の御所跡の碑

神戸大空襲戦没者慰霊碑(薬仙寺)

がある。もとは寺の北にあったが，1953(昭和28)年の運河拡張工事の際，境内に移設された。また幕末の1861(文久元)年には，イギリス初代公使オールコックの一行が，兵庫開港予定地を視察するため訪れたときの宿舎になった寺でもある。

さらにこの寺には，1945(昭和20)年3月17日の神戸大空襲で亡くなった犠牲者の霊をまつった神戸大空襲戦没者慰霊碑があり，毎年慰霊祭が行われている。

和田岬砲台 ㊸
078-672-4820

〈M ▶ P.2〉神戸市兵庫区和田崎町1-1-1三菱重工業構内 P
地下鉄海岸線和田岬駅🚶10分

勝海舟設計の砲台 県内最初の国史跡

和田岬駅のすぐ南に三菱重工業株式会社の正面玄関がある。そこから構内を10分ほど海辺近くまで歩くと，和田岬砲台(国史跡)がある。兵庫県内で最初に国の史跡に指定された砲台である。幕末の1854(嘉永7)年9月，ロシアのプチャーチン率いる軍艦ディアナ号が大阪湾にはいったことで海防論が高まると，沿岸防備のため大阪湾岸に砲台が設けられることになった。このとき江戸幕府の勝海舟と弟子らによって設計されたのがこの砲台で，1863(文久3)年工事に着手し，約1年半の歳月と2万5000両をついやし，1864(元治元)年に完成した。

工事期間中には，江戸幕府14代将軍徳川家茂や一橋慶喜らも視察に訪れている。砲台は，中央の円形の石堡塔とそれを囲む星型の土塁からなっていた。東西

和田岬砲台

平家の夢追う兵庫・長田　55

約60m・南北約70mあった土塁は失われ，中央の石堡塔のみが現存する。直径12.12m・高さ10.6mの花崗岩製の石造である。内部は木造の2階建てとなっている。砲門は屋上に12カ所，2階に11カ所設けられる予定だったが，実戦で使用されることはなかった。

幕府は市内の川崎・舞子と西宮，今津にも同型のものを建設したが，石堡塔の内部まで完全に残っているのは和田岬砲台だけで，往時の面影をしのぶことができる唯一のものである。現在は三菱重工業神戸造船所の構内にあるため，見学は事前連絡が必要である。

長田神社 ㊹
078-691-0333
〈M▶P.2,56〉神戸市長田区長田町3-1-1 P
地下鉄西神・山手線長田駅 徒歩5分

国登録文化財の社殿 神社では珍しい追儺式

長田駅から大きな赤い鳥居をくぐって賑やかな商店街の並ぶ参道を進むと，「長田さん」とよばれて神戸市民に親しまれている長田神社(祭神事代主神)に至る。古くからの参道は，苅藻川沿いの道であった。神社は生田神社などと同様に，神功皇后が神託をうけて創始されたと伝える。『延喜式』神名帳にもその名を記す古社である。本殿・幣殿・拝殿など多くの建物が国の登録文化財となっている。本殿を囲む塀の内側にあってみることはむずかしいが，本殿のすぐ西側に「弘安九(1286)年」の銘をもつ石造灯籠(県文化)がある。全面に黒漆をほどこし，金銅の金具で鳳凰をかざる黒漆金銅装神輿(国重文)は，南北朝時代の制作である。室町時代後期の作である2振の太刀拵(県文化)も存在する。

2月に行われる古式追儺式(県文化)

長田神社

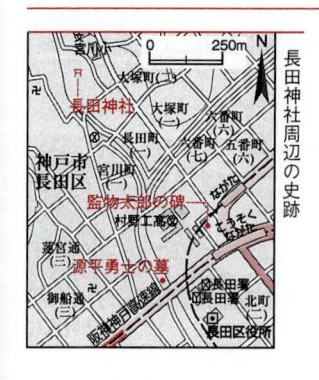

戦災・震災の生き証人

コラム

戦災を経験した大輪田橋 震災をも経験

大輪田橋は，清盛塚のすぐ東，新川運河にかかる石造りの重厚な橋である。阪神・淡路大震災では，両端の親柱がくずれおちたが，橋は残り，救援物資の輸送道になった。崩壊した親柱は，瓦礫として処分されそうになったが，橋に愛着をもつ住民の要望で，近くの薬仙寺に保存された。この橋は戦争の生き証人でもある。神戸大空襲で，市内が火の海となったとき，橋に避難した多くの人びとが犠牲になった。一晩に橋の付近だけで約500人も亡くなったとされる。

神戸市は，市民の強い要望をうけ，1998（平成10）年10月，親柱の1つを震災モニュメントとして復元した。倒壊したもう1つの親柱が横におかれているが，その柱に鎮魂の意をあらわす文字がきざみこまれている。「……大輪田橋は，1924年の竣工以来，2度の大きな災害にあっています。1945（昭和20）年3月17日の神戸大空襲では，水を求め，この橋に避難した多数の市民が，炎にまかれ犠牲になりました。橋には，その時の炎で黒く焼け焦げた跡が今も残っています。そして50年後の，1995（平成7）年1月17日の阪神・淡路大震災により，この橋自体の親柱が崩れ落ちる被害を受けました。ここに戦災と震災を経験した『生き証人』でもある親柱を，モニュメントとして再構成し，その時節の冬の星座をかたどった照明によって，私たちの記憶に永くとどめるとともに，鎮魂の意を示すものです」。

大輪田橋（震災モニュメント）

は，神社で行われるものとして大変珍しい。追儺とは「おにやらい」「おにおい」とよばれるもので，元来，大晦日に宮中・社寺・民間で行われた年中行事である。今日は，暦のうえで新年を意味する立春に行われる。長田神社の鬼は災いをもたらすという一般的な鬼ではなく，神々の使いとして災いを追い払い，よい年を迎えることを祈り踊り舞う鬼で，東北地方の「なまはげ」などと共通する要素をもつ鬼である。この神事の起源ははっきりしないが，鬼面や太刀などの制作年代や古文書などから，室町時代には行われていたようである。

源平勇士の墓 ㊺

〈M ▶ P.2, 56〉神戸市長田区五番町8
阪神電鉄神戸高速線高速長田駅 🚶 3分

敵味方なくまつられた墓 忠義をたたえる碑

源平勇士の墓

　高速長田駅から約200m西へ進むと、道路の北側で新湊川沿いに源平勇士の墓がある。1184(寿永3)年の源平一の谷合戦で北城戸をまもっていた平通盛は、源氏方の木村源吾重章と相討ちとなり、平盛俊とたたかった猪俣小平六もこの付近で戦死したため、彼らを供養する碑がたてられ、まつられている。もとは西国街道沿いにあったものであるが、道路の拡幅工事によって現在地に移された。敗走途中、父平知盛をのがし身代わりに討たれた知章の碑は、『摂津志』(1734年刊)を編纂した並河誠所が、孝子の鑑として顕彰碑を西国街道に面してたて、移築にあわせてたて替えたものである。

　また地下鉄西神・山手線長田駅近くの村野工業高校前の細い路地には、監物太郎の碑がある。平知盛の家臣であった監物太郎頼方(頼賢)は、源平一の谷合戦で源氏方に追い攻められた。敗走途中の平知盛を無事のがし、知盛の子知章とともにたたかうが、知章は討たれ、最後に残った監物太郎は知章の仇と相討ちして亡くなった。この忠義心をたたえ、忠臣としてまつられたのがこの場所である。

宝満寺 ㊻
078-671-2844

〈M ▶ P.2〉神戸市長田区東尻池町2-11-1
JR山陽本線新長田駅 🚌 神戸駅前行大橋 🚶 5分

空海と清盛ゆかりの寺 珍しい技法の鎌倉仏

　大橋バス停から国道2号線沿いに北東方向に進み、郵便局の角を左折してしばらくいくと、宝満寺(臨済宗)がある。この寺は『西摂大観』(1911年刊)の寺記や古文書によると、808(大同3)年に空海(弘法大師)が開山した真言宗寺院とされる。もとは和田山の字寺山(現、兵庫区和田山通付近)にあったが、平清盛が1180(治承4)年の福原遷都の際、この地に移したと伝えられる。

木造大日如来坐像(宝満寺)

1184(寿永3)年の源平一の谷合戦で伽藍の大部分を焼失したが、1266(文永3)年亀山天皇の勅命で禅寺として再建され、臨済宗寺院に改められた。本尊の木造大日如来坐像(国重文)は制作年代と仏師があきらかなうえ、像内部の前部は金箔を、後部は銀箔でおおって仕上げるという制作技法上もほかに例をみない貴重なものである。朱書きされた胎内銘から、1296(永仁4)年に大仏師法眼定運をはじめ、4人の仏師によって制作された仏像であることが判明している。ヒノキの寄木造で、一般への公開はされていない。

平 忠度の腕塚・胴塚 ❹❽

〈M▶P.2〉神戸市長田区駒ケ林町4-5／長田区野田町8-27
地下鉄海岸線駒ケ林駅 🚶10分／🚶13分

風雅な武将薩摩守忠度 長田にもある忠度塚

駒ケ林駅南の駒栄町4丁目交差点から西へ500m進むと、歩道脇に腕塚への案内標識があり、これにしたがって細い路地を南へいくと腕塚に至る。腕塚から大きな道路に戻り、さらに150m西へ進んで長田港北交差点のつぎ、信号がある交差点を北へ80mいくと胴塚がある。

平清盛の末弟で、藤原俊成に師事した歌の名手でもある平忠度について、『平家物語』はこう記載する。西城戸の大将であった薩摩守忠度は、1184(寿永3)年の源平一の谷合戦の敗走中、源氏方の岡部六弥太忠澄に追いつかれ、組み合っているところを、忠澄につかえる郎党に腕を切られ、ついに源氏方に討たれた。箙に結ばれた文を開くと「旅宿の花」という一首の歌が書かれており、そこから、武芸にも歌道にもすぐれた薩摩守忠度であることがわかったとある。

明石市内にも忠度塚や腕塚神社があるが、『福原鬢鏡』(1680年刊)や『摂津名所図会』(1796年刊)に書かれる忠度塚は、旧駒ケ林村にある腕塚である。一方、旧野田村にあるのが胴塚である。

ひらけゆく北神戸

神戸のベッドタウンとして発展し続ける北神戸。そこは古くから都の文化が流入した自然と歴史文化の共存する町である。

天彦根神社 ㊾ 〈M▶P.2,63〉神戸市北区山田町下谷上
神戸電鉄有馬線箕谷駅🚶10分

北神に点在する農民娯楽　農村歌舞伎の舞台

箕谷駅から北へ約700m歩くと，神戸市立山田中学校横に天彦根神社（祭神天津彦根命）がある。境内には，1840（天保11）年にたてられた農村舞台下谷上舞台（国重文）が保存されている。

　農村舞台とは，村で歌舞伎・人形浄瑠璃・能を演じるために，神社の境内などに設けられた建物である。現存する舞台は，全国では約2000棟，兵庫県では約160棟がある。県内には量だけでなく，すぐれた機構を備えた舞台があり，国指定の重要有形民俗文化財も3棟ある。舞台の演者は，ほかから役者や芸人を招くだけでなく，江戸時代末期には，農民自身が出演する地芝居が盛んになっていた。当時，各村の若衆がきそって専門家を招いて稽古したという。

　神戸市の農村舞台は北区に集中し，なかでも山田町に現存しているものは，建築年代の古さ・規模・舞台装置の造りからみてもすぐれている。1841年よりはじまった水野忠邦の天保の改革の風紀引き締め策により，閉鎖された大坂の芝居小屋から，職を失った浄瑠璃太夫や人形遣いたちが，山田の地に流れてきていた。忠邦失脚後は，農村歌舞伎はますます栄え，江戸時代後期から明治30年代まで盛んであったという。

下谷上舞台（天彦根神社）

　下谷上舞台は，当時の農民の知恵と熱意の結晶である。場面をかえるときに使う皿廻し式の廻り舞台，ぶどう棚（舞台の天井に組んだ竹の簀の子で，幕や背景をつりさげるのに使用する）などが完備

され，とくに花道の一部が回転して，反り橋が飛びだす珍しい舞台装置(花道裏返し)は全国唯一である。

なお，下谷上舞台は1977(昭和52)年1月に不審火で焼損したが，1979年9月に修復された。文化庁の視察後，民俗文化財としては，①建造物それ自体よりも民俗資料としての価値を重視する。②舞台としての機能をはたすうえで，必要な部材が残っている。③すでに調査がなされていて，図面が完備し復元可能である。④地元の復元に対する熱意，などを理由に重要文化財の指定が継続された。

かつて山田地区には，仮設のものをのぞいても，山田13カ村といわれた村数を上まわる農村舞台があった。現在は，この下谷上や，上谷上(天満神社)，原野(天津彦根神社)，山田町中(六条八幡神社)，藍那北の町(天津彦根神社)，山田町小河(大歳神社)などに保存されている。淡河町にある北僧尾(厳島神社)の舞台は日本最古の農村舞台であり，下谷上・上谷上の舞台とともに重要文化財に指定されている。

2015(平成27)年度から北区農村歌舞伎上演会実行委員会による主催となり，山田町内の4カ所の舞台(下谷上，上谷上，藍那，小河)を持ち回りで，秋に上演が実施されている。

無動寺・若王子神社 ㊿
078-581-0250(無動寺)

〈M▶P.2,63〉神戸市北区山田町福地字新池100 Ｐ

神戸電鉄有馬線箕谷駅🚌衝原行福地🚶20分

平安時代の仏像を多数保有する農村地帯の古刹

バス停から舗装された山道を北東へ約15分のぼると，無動寺(真言宗)の参道にはいる。参道には数々の石仏が並び，歩くことさらに数分で，境内にたどり着く。開山の年は不明だが，聖徳太子が物部氏討伐の戦勝祈願として，鞍作鳥につくらせた大日如来像を安置したことが起源といわれている。当初は普教寺(のち福寺)と称したが，明治維新後の神仏分離令により，現在地に移転し，現寺号になったという。現在の建物は1752(宝暦2)年に，高野山の高僧真源和尚が郷里の荒廃した寺院の再興を発願し，半生をささげて村人とともに復興したものである。本堂には5体の仏像が安置されている。そのうちの3体は，真言密教系の特異な三尊形式を構成している。

ひらけゆく北神戸　61

木造大日如来坐像(無動寺)

　本尊の木造大日如来坐像(国重文)はヒノキの一木造で,彩色されない素地像や地方色が濃くでた作品である。その右に釈迦如来坐像,左に阿弥陀如来坐像(ともに国重文)が,脇侍として鎮座している。釈迦如来坐像は螺髪が大きいところなど,平安時代初期の特徴を示しているが,彫法が浅く,するどい切味を消している点で後期の作とみられている。阿弥陀如来坐像はほかの4体がヒノキ材であるのに対し,スギ材でつくられている。平安時代に造立された阿弥陀如来像がなんらかの理由で失われたので,その像を補うために室町時代に制作されたものと考えられる。

　また火焰を背に剣をもち,眼を見開いた不動明王坐像(国重文)は,平安時代後期につくられたものである。燃える炎であらゆる障害といっさいの悪を焼きつくす仏であるが,やさしさを感じさせる像である。光背の火焰は,江戸時代の制作である。そして唯一の立像である十一面観音立像(国重文)は,端正で気品があり,衣文中央の渦文,裳すそが足首より上にあるなど,古い形式がみられる。

　無動寺本堂西の自然の巨石を利用した階段をあがると,若王子神社(祭神伊弉諾命・速玉男大神・事解男大神)がある。現在は風雨を防ぐため鞘社におさめられている。1297(永仁5)年に建立され,棟札によれば,室町時代初期の1408(応永15)年に修築されている。無動寺の鎮守社としてたてられたものであり,明治の神仏分離令で独立した。本殿(国重文)は三間社流造の小づくりな社殿で,手挟などの彫刻もきわめて精巧につくられており,室町時代初期の神社建築の様式を知るうえで貴重なものである。

　無動寺から六条八幡神社に向かう坂道の途中に,新兵衛石ときざまれた大石がおかれている。15歳の少年新兵衛が,年貢の軽減を願って直訴して,村人を救ったことへの感謝をあらわす石である。

江戸幕府10代将軍徳川家治の治世(1770年ごろ)のとき，京都所司代であり，当地の領主だった下総古河(現，茨城県古河市)藩主土井大炊頭が，領内巡見のついでに福地に立ち寄ったとき，この石のかげから当時の庄屋の子，村上新兵衛が突然とびだし，年貢の軽減を訴えた。村の年貢が干害にもかかわらず高く，代官に軽減を懇願していたが聞きいれられず，領主への直訴におよんだのである。直訴は大罪であり，命を賭けての行動であった。

　捕らえられた新兵衛は，大炊頭へ直訴におよんだ経緯を話した。大炊頭は15歳の少年の態度をみて大変感心し，罪を問うこともなく許したうえ，年貢の軽減も聞きとどけた。村人は少年の勇気をたたえ感謝して，少年が直訴のとき身をひそませていた石を記念としてすえ，後世に残した。

六条八幡神社 51
078-581-2187

〈M▶P.2, 63〉　神戸市北区山田町中宮ノ片57　P
神戸電鉄有馬線箕谷駅■衝原行山田小学校前★5分

兵庫県内で3カ所、神社のなかの仏教建築

　無動寺から新兵衛石を経て，田園風景のなか，遊歩道を南西に10分ほどくだると，六条八幡神社(祭神応神天皇)がみえる。旧山田村13カ村の総鎮守社である。995(長徳元)年基灯法師により若宮八幡として創祀された。その後『吾妻鏡』によれば，平家滅亡後，源頼朝が，平安時代後期に山田荘を領有していた祖父為義のために，京都六条の旧為義邸に左女牛八幡宮を建立し，その後丹生山田の地を社領地にした。以後，六条八幡神社とよばれるようになった。

　棟札によれば，本殿は1688(貞享5)年に再建されたもので，瓦葺きの入母屋造である。本殿の横に，境内の老杉に囲まれた美しい三重塔(国重文)がそびえたつ。この塔は，1466(文正元)年に地元の有力者鷲尾綱貞によってたてられたものである。高さ17.42mで，檜皮葺きの屋根をもち，室町時代中期の建築様式をよく伝えている。仏教建築である塔が神社にあるのは，かつての神仏習合の姿を伝えるものである。明治時代以降区別され，神社に

山田町周辺の史跡

ひらけゆく北神戸　63

六条八幡神社本殿と三重塔

あった塔の多くは姿を消した。現存する神社の三重塔は、全国で18カ所、県内では3カ所という。この塔は、2002(平成14)年に大規模な屋根の修復が行われている。

　境内には、能舞台や神戸市の銘木に指定された大イチョウ、神功皇后が沐浴したと伝えられる井戸がある。また、薬師堂は円融寺(円融天皇の祈願所、鎌倉時代には仁和寺の一院となったが、やがて廃寺)の遺構である。9月15日の祭りには神輿渡御が、10月10日の例祭には流鏑馬神事がとり行われる。

丹生神社・明要寺跡 ㊾

〈M▶P.2〉神戸市北区山田町坂本
神戸電鉄有馬線箕谷駅🚌衝原行丹生神社前
🚶50分

水銀鉱業を生業とする丹生氏一族

　山田小学校前から再びバスに乗り、丹生神社前でおりる。バス停横の鳥居をくぐり200mほど歩くと、丹生宝庫がみえる。この宝庫は小規模であるが、明要寺の宝物の一部を収蔵しており、寺の伽藍図「当山景画大幅」(平清盛寄進)、秀吉公朱印折紙などの文化財がある。毎年5月5日の申祭にのみ公開。

　宝庫前の登山口から約40分のぼると、丹生山頂(514m)にある丹生神社(祭神丹生都比売命・瓊瓊杵命・月弓命)に到着する。途中の参詣道には、平清盛が1丁ごとにたてたといわれる20ほどの丁石があるが、実際は南北朝時代以降のものであるといわれている。この神社は仏教伝来以前に起源をもち、平清盛が福原京の鎮護として日吉山王権現を勧請してから、山王権現と称した。山王権現は丹生山明要寺の鎮守社であったが、明治初年の廃仏毀釈で明要寺が廃寺となり、丹生神社と改められた。

　祭神の丹生都比売命は、水銀鉱業を生業とする丹生氏一族の氏神である。この丹生都比売について、『播磨国風土記』には「神功皇

64　神戸

丹生神社鳥居

后が新羅へ出兵のとき、丹生山田の丹生都比売から悪霊を追い払う丹土をもらい、それを船体などに塗ってたたかい、無事に帰った」とある。当時、赤色は魔よけの力があるとされていた。丹土は、辰砂(水銀の原鉱で、金メッキをするときに必要)をさすのが一般的であった。丹生山田は、水銀の産地であった可能性が高い。

明要寺は「丹生山縁起」によると、百済の聖明王の王子恵が創建したと伝えられる。王子恵は明石より上陸し、明石川をさかのぼり、勅許を得て丹生山を中心として堂塔伽藍十数棟をたてた。王子恵は童男行者と称し、自坊を百済の年号をとって明要寺または舟井坊とよんだ。王子恵は多くの技術者も引き連れており、彼らによって播磨地方に古くから鍛冶や寺院建築の技術が伝えられた。

南北朝時代には、南朝に味方し、明要寺が多く擁した僧兵をたよりに、新田義貞の武将金谷経氏はこの山に城を築いた。また1579(天正7)年に、明要寺が、三木の別所氏に味方したため、秀吉に攻められ堂塔は焼かれ、数千人の僧や稚児が焼死した。その後、秀吉の厚意で復興したが、かつての繁栄は取り戻すことができなかった。1869(明治2)年の廃仏毀釈で廃寺となった。丹生神社二の鳥居手前10mの台状に、兵庫県のたてた石碑が残っている。

なお、丹生山東側の山は、明要寺奥の院を建立して梵天・帝釈天像を安置したので、帝釈山という。その東の稚児ケ墓山は、秀吉が明要寺焼打ちの際、焼死させた多くの稚児を哀れんだ村人たちが、亡骸を葬り、墓をたて、東の山から花を折ってそなえた。それ以来、墓のある山を稚子ケ墓山、花を折った山を花折山とよぶようになったと伝えている。

箱木千年家 ㊷
078-581-1740

〈M▶P.2〉神戸市北区山田町衝原字道南1-4 P
神戸電鉄有馬線箕谷駅🚌衝原行終点🚶すぐ

箕谷駅から市バスで約15分、衝原バス停に到着する。バス停の向

ひらけゆく北神戸　65

現存する市内唯一の古い民家「千年家」

かい側に、藁葺きの民家箱木千年家(国重文)がみえる。

箱木家は藤原鎌足の末裔といわれ、衝原氏と称し、山田荘の地侍であったという。戦国時代、別所家の家臣である衝原与一左衛門藤豊は、三木城で羽柴秀吉の軍勢とたたかい討死にした。三木城落城後、箱木家は衝原で代々庄屋をつとめた。

中世にたてられた古い民家は、江戸時代中期につけられた呼称で千年家という。ほかよりきわだって古い建築という意味である。かつて県内に千年家とよばれた民家が何棟か存在していたが、現在はこの箱木家と古井家(姫路市安富町)のみである。

現在の建物は、呑吐ダムの建設に伴い、1977(昭和52)年7月に移築工事が行われた。移築の際の解体調査により、現存する日本最古の民家であることが確認され、加えて14世紀ごろ(室町時代)にたてられた母屋と、のちにたてられた離れとを、江戸時代末期に1つ屋根の下におさめた合成家屋であったこともあきらかになった。現在は母屋と離れを建築当初の形に分離して再建し、築山・中庭・納屋・土蔵などを移築前と同じように配している。旧来の場所は現在地より70m西、衝原湖の湖底にあった。

現在みられるもので、建築当時のものは部屋の部分に残る5本の柱と貫と梁、それに床板ぐらいで

箱木千年家

箱木千年家の内部

神戸

ある。たてられたころの部屋も，土間に沿った2室のみという。しかし，鉋を使用せず，打斧削りで仕上げられた黒光りする柱は，重厚さをかもしだしている。農民の支配層・指導層にあった者の住居としては，約30坪（約99㎡）と小規模であり，部屋数も少なく，当時，一般農家の広さが4～5坪であったとはいえ，中世の農民の質素な生活ぶりが感じられる。そのほか，いたるところに，唐箕・千石どおしなどの，現代では珍しい農具が展示されている。

北区には箱木家だけではなく，古い民家として有野町唐櫃に川向家住宅（県文化）がある。由緒などがあきらかでなく，建築年代を直接示す資料を欠くが，建築手法からおよそ18世紀初頭のものと考えられる。

石峯寺 54
078-958-0822
〈M ▶ P.2〉 神戸市北区淡河町神影110-1 P
JR福知山線・神戸電鉄三田駅 ▶ 三木営業所行野瀬 🚶 20分

自然と堂塔とがみごとに調和する古刹

野瀬バス停から，北西方向へ山間の農村風景を眺めながら20分ほど歩くと，石峯寺（真言宗）の仁王門にたどり着く。この神影地区は，古くから植木・苗木の産地として知られている。仁王門をくぐり，舗装された参道をのぼる。沿道には白壁の十輪院と竹林寺がみえる。

寺伝では，651（白雉2）年，孝徳天皇の勅願寺として，インドの渡来僧法道仙人が開き，747（天平19）年には，行基が薬師堂を建立し法相宗の寺院となった。823（弘仁14）年，嵯峨天皇の勅願により三重塔が建立され，弘法大師が来寺して落慶をみた。このとき法相宗から真言宗に改められ，現在も高野山真言宗に属している。『荘園志料』には，金峯山道円寺領淡河荘に石峯寺の名が記載されていることから，かつては石峯寺が金峯山と同じく，山岳修験の霊場であったと考えられている。鎌倉時代に47もの堂塔があったが，今は仁王門と本堂との間に十輪院と竹林寺を残すのみとなっている。

本堂に向かって右手に薬師堂（国重文）がある。聖武天皇の勅願で行基が開眼した薬師如来像，十二神将，日光・月光菩薩がまつられている。室町時代後期のいわゆる中世仏堂で，桁行5間，梁間5間の入母屋造。和様に天竺様をあしらった折衷様である。さらに本堂横の道を奥に向かい進むと，朱塗りの三重塔（国重文）がみえ

ひらけゆく北神戸

石峯寺三重塔

る。県内の三重塔のなかでいちばん大きく，高さは約24.1mあり，建立年代は室町時代中期と推定される。そのほか，1341(暦応4)年に造立された石造五輪塔(県文化)，「正和四(1315)年乙卯十月一日阿闍利性達」の銘がある鰐口(県文化)なども所蔵している。

この寺の背後にはかつて城があったという。1333(正慶2)年，足利尊氏や赤松則村(円心)らが京都の六波羅探題をおとし，鎌倉では新田義貞が北条氏を滅ぼして鎌倉幕府は滅亡した。足利方の円心は播磨守護職に任じられ，播磨や摂津の南朝方と争った。北区では新田一族の金谷経氏が南朝方として赤松氏の攻撃に対抗したので，石峯寺にも南朝方の僧兵がたてこもったといわれている。

淡河八幡神社 55

078-959-0436

〈M►P.2,69〉神戸市北区淡河町勝雄47 P

JR・神戸電鉄三田駅🚌三木営業所行八幡前🚶すぐ

800年の歴史を誇る御弓神事で有名

道の駅淡河から国道38号線を10分ほど西に歩くと，川沿いにこんもりとした森がみえてくる。この森に鎮座するのが，淡河八幡神社である。779(宝亀10)年の創建と伝えられ，当初は表筒男命をまつり，のち，仁安年間(1166～69)に安閑天皇を，ついで鎌倉時代初期の1223(貞応2)年，鎌倉の鶴岡八幡宮より応神天皇の分霊をうけて若宮八幡宮と称するようになった。以後，中世には，時の領主淡河氏・有馬氏，江戸時代には明石藩主から篤い信仰をうけてきた。

神社の伝統行事で，毎年2月17日に行われる御弓神事(県民俗)は，鎌倉時代が発祥と伝えられる。2月は旧暦(太陰暦)の正月にあたるが，豊作を祈願する年頭行事の意味あいがある。まず祈念祭が行われ，これがおわると，鳥居内にたてられた直径2mの的の前で，宮司が祝詞をあげ，鬼ふうじの儀が行われる。宮司が的の最小円(直径約15cm)内に「鬼」という字を書き，すぐにこれを塗りつぶす。そしてこの塗りつぶされたものが的になるのである。

淡河八幡神社

　こののち、射礼の儀が行われる。射手は、氏子の20歳以下の青年男子4人。古式の烏帽子・狩衣姿に身を固め、鎌倉武士の雰囲気をただよわせる。武士の作法にのっとった厳格な所作を繰り返し、太鼓の音の高まりとともに、約23mさきの的に向けて矢を放つ。射られた矢は神前にそなえられる。射礼ののち、神社に伝わる1677（延宝5）年の文書「国次先祖遺書之事」に基づいて、1976（昭和51）年から復活した「36人大的射」が行われる。

　淡河町は北区のなかでは、山田町とともに民俗芸能の盛んな地域である。北僧尾の厳島神社（獅子舞宮）の創建年は1514（永正11）年で、神社に伝えられている獅子舞は、中世に居住していた能の一派福王氏が創設して奉納したものである。類例の少ない雄獅子の舞で、古い伝統を有するものである。境内にある北僧尾農村歌舞伎舞台（県文化）は、1777（安永6）年に建立された、現存する日本最古の農村舞台である。雨戸と舞台拡張をかねた「バッタリ」など、初期の舞台を知るうえで、貴重な遺構である。

　南僧尾観音堂（県文化）は、もとは840（承和7）年の創建と伝えられる新善寺の本堂であった。建築年代は不明であるが、堂内から発見された「堂頭日記」は、1489（延徳元）年から1584（天正12）年までの村人の生活が書かれている貴重な資料である。客殿は、和様と唐様との折衷様である。

淡河町の史跡

ひらけゆく北神戸　69

善福寺[ぜんぷくじ] ㊳
078-904-0127

〈M ▶ P.2, 71〉神戸市北区有馬町1645
神戸電鉄有馬線有馬温泉[ありまおんせん]駅 🚶 5分

有馬温泉[ありまおんせん]一の湯の灯明寺

　有馬温泉から太閤橋[たいこう]を左手にみながら、坂をのぼる。有馬温泉観光総合案内所を目印に、太閤通にはいり、阪急[はんきゅう]バス有馬案内所手前の石段をのぼると、善福寺[そうとう]（曹洞宗）の山門がみえる。

　善福寺は行基が有馬温泉の温泉寺を開いたとき、「落葉山水月庵[おんせんじ][すいげつあん]」として開山した法相宗の寺であった。のちに1191（建久2）年仁西[にんさい]が有馬温泉を再興した際、温泉寺とともに水月庵も再興された。17世紀の初頭、太清宗灌[たいせいそうかん]（豊臣秀吉の寵臣[ちょうしん]薄田隼人[すすきだはやと]の伯父[おじ]）の本願により、海翁宗波和尚[かいおうそうはおしょう]が曹洞宗に改めた。本尊は一光三尊阿弥陀[いっこうさんぞん]如来像である。もとは、インドの月盖長者[げっかいちょうじゃ]が鋳造[ちゅうぞう]し、新羅王[しらぎ]より聖徳太子[しょうとくたいし]に贈られ、のちに多田源氏の祖　源満仲[みなもとのみつなか]の念持仏として、川辺郡多田院[かわべ]に安置させたものである。1333（正慶[しょうぎょう]2）年に移され、善福寺の本尊となった。寺号が善福寺になったのも、このころと考えられている。

　聖徳太子南無仏像[なむ]（国重文）はヒノキの寄木造[よせぎづくり]で、胎内に運慶[うんけい]4代の法印湛幸[たんこう]・湛賀[たんが]の銘があり、鎌倉時代中期の作である。聖徳太子は2歳のときに東に向かって南無仏と唱えたといわれている。日本仏教の開拓者として、聖徳太子を信仰する風潮は鎌倉時代にとくに盛んであり、多くの聖徳太子像がつくられた。

　阿弥陀堂釜[かま]は、阿弥陀堂の住持の頭の形をおもしろがった秀吉がその形に似せ、千利休[せんのりきゅう]に命じ、当時天下一の釜師と評された与次郎[よじろう]につくらせたという、秀吉好みの荒肌の茶釜である。大名・武将に好まれた阿弥陀堂釜の原型である。

　善福寺は、有馬温泉をこよなく愛した秀吉にゆかりの深い寺で、住僧は湯山代官の1人であり、「一の湯」

木造聖徳太子南無仏像（善福寺）

70　神戸

の灯明を献じる寺，「灯明坊主」として，秀吉より扶持米が給されていたという(明治時代以前，湯屋は一の湯・二の湯に二分され，湯屋より南の宿舎は一の湯，北は二の湯と決められていた)。また，境内の推定樹齢250年という一重咲きの枝垂れ桜は「糸桜」とよばれ，神戸市の木に指定されている。

温泉寺 (57)

078-904-0650

〈M ► P. 2, 71〉神戸市北区有馬町1639
神戸電鉄有馬線有馬温泉駅 徒歩10分

正月2日の入初式はこの寺からはじまる

善福寺から湯本坂を経由して愛宕山に向かう。その山の麓に温泉寺(黄檗宗)がある。寺伝によると，724(神亀元)年，行基が有馬温泉を開いたとき，みずから薬師如来像をつくり，堂をたてて安置したのが始まりと伝えられる。鎌倉時代，仁西が再興し，中興の祖とあおがれている。1576(天正４)年火災にあったが，羽柴秀吉によって堂宇の改修が行われ，薬師堂も秀吉の正室北政所によって再建された。元来，真言宗の寺院であったが，元禄年間(1688～1704)黄檗宗に改宗された。その後再び火災にあい，天明年間(1781～89)に現在の薬師堂が建立された。昔は本堂と薬師堂を中心に，境内に湯泉神社や別当権現坊などがあった。しかし明治初年の廃仏毀釈により温泉寺は廃寺となり，この薬師堂だけが残された。奥の院の清涼院が移され，寺名を引きついでいる。

温泉寺の本尊は薬師如来であり，眷属の十二神将の1つである波夷羅大将立像(国重文)は鎌倉時代か室町時代の作といわれている。寄木造で彩色がほどこされ，玉眼をはめこんでおり，逆立つ髪，鋭い目，かっと開いた口は，じつに写実的で力強い。頭上に十二支の辰を付しており，口中や甲冑に彩色の跡がみられる。ほかの11の神将は，1576年の火災以後の作品と思われる。

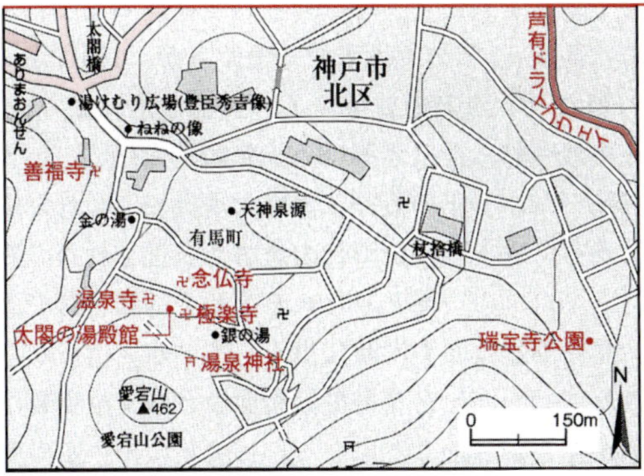

有馬温泉の史跡

温泉寺本堂

黒漆厨子(国重文)は，黒漆塗の小厨子(仏像や経巻を安置する仏具)で，内部は極彩色の諸仏，両扉には文殊・普賢菩薩と四天王の図が繊細に美しく描かれている。鎌倉時代の似絵で有名な藤原信実の作と伝えられている。裏面には1419(応永26)年に，住持尊海が当寺に寄進した旨の朱塗り銘がある。

本堂に向かって右側の長い階段をあがると，湯泉神社がある。歴史は古く，『日本書紀』には舒明天皇，孝徳天皇，白河法皇の参拝も記録されている。祭神は，草創期は大己貴命と少彦名命であったが，鎌倉時代，熊野信仰の影響をうけ，熊野久須美命もあわせて3柱の神をまつるようになり，以後，有馬温泉や町をまもる神社として栄えてきた。元来は，温泉寺の境内にあったが，1883(明治16)年に現在地に移された。当社には，鎌倉時代後期の作といわれる絹本著色熊野曼荼羅(国重文)が伝えられている。

極楽寺と秀吉の湯山御殿 ⑱
078-904-0235/078-904-4304(太閤の湯殿館)

〈M▶P.2,71〉神戸市北区有馬町1642
神戸電鉄有馬線有馬温泉駅🚶10分

今よみがえる太閤秀吉の湯山御殿

温泉神社の左奥に，極楽寺(浄土宗)がある。594年，聖徳太子によって創建された。当時は現在の杖捨橋の東，石倉の地にあった。1097(承徳元)年の大洪水で荒廃するが，1191(建久2)年に温泉復興の際，平清盛の曽孫河上の民部惟清により12坊が創設され，現在の地へ移った。本尊は阿弥陀如来像(厭求上人作)である。

1995(平成7)年の阪神・淡路大震災でこわれた庫裏(寺の調理場)の下から，安土・桃山時代の遺跡が発掘された。豊臣秀吉がつくらせた湯山御殿の一部とみられる湯船や庭園の跡であることが判明した。瓦や茶器なども同時に出土している。古くから湯殿の存在は伝承されていたが，古文書や絵図面などの文献資料はなかった。その伝承が正しかったことになる。1997年に神戸市の史跡に指定された。

有馬の3羽カラス

コラム

カラスが教えてくれた いやしの赤い水

　有馬温泉は、白浜(和歌山県)・道後(愛媛県)と並ぶ日本3古泉の1つであり、歴史は古い。舒明天皇が、飛鳥から有馬に湯治にきたことや、孝徳天皇が群臣とともに来湯したことが『日本書紀』にあらわれている。

　湯泉神社の縁起によれば、神代の昔、大己貴命と少彦名命の2神が、国々を旅し薬草を探しに歩いていたとき、傷ついた3羽のカラスが赤い水を浴び、傷を治療しているのをみて、有馬温泉を発見したと伝えられている。温泉のありかを教えてくれたこの3羽のカラスだけが有馬に住むことを許され、有馬の3羽カラスとよばれている。また温泉を発見した大己貴命と少彦名命の2神は、有馬の守護神として湯泉神社にまつられている。

　山間の温泉で知られる有馬温泉のおもな泉源は、2000万年前からの火山活動でできた鐘状火山の愛宕山(標高462m)付近にある。この山の北斜面には、主として金泉が、南裾には銀泉が湧きでる。さらに、ラジウム泉が六甲川上流で湧出する。

　銀泉とは無色透明の炭酸泉とラジウム泉のことである。炭酸泉は飲料用にも使われ、有馬の名物・炭酸煎餅の原料にもなる。一方、金泉は、含鉄ナトリウム・塩化物強塩高温泉で、湧出のときは透明であるが、空気にふれるとすぐ酸化して赤褐色になるので、タオルなどを湯につけると、赤く染まる。

　1999年4月1日に神戸市立太閤の湯殿館が開館した。館内には蒸し風呂・岩風呂の遺構をそのまま取り込んで展示してあるほか、茶器などの出土品、秀吉と有馬温泉の関係を示す資料などが展示されている。内装には、襖絵や欄間彫刻の複製が取り入れられている。湯殿館から歩いて5分以内のところに、外湯の公衆浴場として、2001年に銀泉の「銀の湯」、翌年に金泉の「金の湯」が開館した。手ごろな値段で利用でき、無料で足湯が楽しめるので、多くの観光客やハイキング客で賑わっている。

　極楽寺の前に摂取山念仏寺(浄土宗)がある。創建は1538(天文7)年で、本尊は阿弥陀如来立像(快慶作)である。ここに秀吉が、北政所のために別荘をたてたという。この寺は、1703(元禄16)年の有馬大火災により焼失したが、1712(正徳2)年に再興された。奥庭には樹齢250年といわれる沙羅双樹の大樹がある。沙羅双樹は釈迦が涅槃にはいる際、その四方に2本ずつあった木である。

ひらけゆく北神戸

瑞宝寺公園 (59)

〈M ► P. 2, 71〉神戸市北区有馬町瑞宝寺山1911
神戸電鉄有馬線有馬温泉駅徒歩15分

秀吉も時のたつのを忘れた紅葉の名勝

有馬温泉の中心街からループバスに乗り，杖捨橋で下車。バス停からは，橋を渡り紅葉坂をのぼる。また有馬温泉駅から東に，徒歩でも15分のところに瑞宝寺がある。

瑞宝寺の山門をくぐると，カエデの木が多く，かすかに滝の音も聞こえる。太閤秀吉が愛した瑞宝寺の庭園である。瑞宝寺は1604(慶長9)年秀吉の死後，大黒屋宗雪がこの地に瑞宝庵をたて，その孫の三七郎(寂岩道空)が，宇治万福寺(黄檗宗)に帰依し，1673(寛文13)年に開基した。その後4代を経て文化年間(1804～18)，華頂文秀により堂塔・伽藍がすべて完成された。その後慧定真戒が境内の整備に尽力し，カエデ・サクラなどを植えた。このころより，時のたつのも忘れるというところから「日暮らしの庭」「錦繍谷」として世間に知られるようになった。秋には，燃えるようなあざやかな彩りが広がる関西屈指の紅葉の名勝として有名である。

瑞宝寺山門

豊臣秀吉愛用の自然石の碁盤

明治時代の初めに，廃仏毀釈の嵐に飲み込まれ，堂宇が滅び去り，1873(明治6)年廃寺となる。山門は，1868年に伏見桃山城から移築したものといわれる。その後1951(昭和26)年神戸市が瑞宝寺跡

有馬温泉の入初式

コラム 行

温泉の繁栄を祈る正月の恒例行事

　毎年正月の２日、有馬温泉では約250年前から続くといわれる、新春恒例の儀式入初式が行われる。有馬温泉を発見した大己貴命・少彦名命と、過去数回にわたる自然災害によってさびれた温泉街を再興した行基・仁西に対して、毎年、旅館関係者らが、報恩と温泉の繁栄を祈念して行う儀式である。

　湯泉神社の神体と、温泉寺に伝わる行基・仁西の木像を輿に乗せて、神職・僧侶・旅館の主人・芸妓のふんする湯女が古式豊かな練行列を組んで式場に向かう。儀式会場では、白衣・赤袴の湯女にふんした芸者６人が「よいと（よい湯）」のかけ声と太鼓のリズムにあわせて泉源からくみあげたばかりの初湯を湯もみする。適温になると、運び込まれた行基・仁西の像に、旅館関係者らがつぎつぎと初湯をかけていく。その後、入初式の歌にあわせ、芸妓が舞を披露し、最後に床にまいた米を若松でかきよせ、白紙につつんでお守りにする。

　儀式が終了すると、再び行基・仁西の像を乗せた輿は帰路につき、温泉寺へ向かう。途中路上において、湯女は帰りゆく輿に向かって「戻せ・返せ」と手招きでよびかけ、その都度、輿は行きつ戻りつする。これは慈悲深い２人を慕い、帰りを惜しむさまをあらわしたものと伝えられている。

を公園として整備し、山門は1976年に一部瓦葺きであったものを銅板葺きに修復し、現在に至っている。この公園で、毎年11月２・３日に、有馬大茶会の野点がもよおされる。有馬温泉を復興した豊臣秀吉をしのぶ茶会であり、茶を愛した秀吉が、千利休らと大茶会をもよおした故事にならったものである。

　公園内には、大きな石塔や、『後拾遺集』におさめられ、「小倉百人一首」に選ばれた大弐三位の歌碑、そして秀吉が愛用したといわれる自然石の碁盤が残されている。

多聞寺 ㊿
078-986-2701

〈M ▶ P.2〉神戸市北区長尾町宅原417
神戸電鉄三田線横山駅 🚶10分

3つの寺院が統合されて誕生した多聞寺

　横山駅から南にとり、三田学園を右にみてくだり県道にでると、三田学園前バス停である。バス停から西へ少し進むと多聞寺（曹洞宗）にたどり着く。多聞寺の草創は、７世紀の中ごろ、この地に建立された長光寺にはじまるといわれている。天正年間（1573〜92）

ひらけゆく北神戸　75

に三木城主別所長治が豊臣秀吉にそむき、別所方の寺院だった長光寺は焼かれた。それでも仏像は焼失を免れたようである。周辺にあった寺院も同様に焼かれ、廃寺となってしまった。

　1895（明治28）年に、廃寺になった長光寺・神福寺・雲禅寺をあわせて、多聞寺が建立された。この寺には、本尊として平安時代作の毘沙門天立像（国重文）が安置されている。毘沙門天は多聞天の別名であり、四天王のなかで北をまもる守護神である。甲冑を身につけ、手には宝塔と戟をもち、足は邪鬼を踏みつけている。開口して怒りの情をあらわしてはいるが、相貌はおとなしい。この像の彩色はほとんど剝落し、素地があらわれている。その脇侍である平安時代後期の吉祥天立像（国重文）は、全体的に彫りが浅く、顔はやさしい童女をあらわしており、その作風は本尊毘沙門天につうじるものがある。吉祥天は、毘沙門天の妻または妹とされ、福徳を司る神として広く信仰を集めた。鎌倉時代後期作の地蔵菩薩立像（国重文）は、さきの2体が一木造なのに対し、寄木造である。丸い頭部は肉づきがよく、ふっくらとしておだやかな顔をしている（拝観は事前連絡が必要）。

　大沢町市原にある豊歳神社本殿（国重文）は、1511（永正8）年に建立された。神社の創設年代は不明であるが、もとは長尾町上津谷の大歳神社の分霊を祠にまつっていた。本殿を建立する際、伊勢の豊受大神を勧請し、豊歳神社と改称したようである。

　現在の本殿は、春日造・檜皮葺で鞘堂内にあったため、柱や組み物、そのほか細部にわたりよく保存され、室町時代後期の貴重な建築様式を伝えている。とくに彩色と彫刻はすばらしい。板壁の外側や柱・扉などは全面極彩色で彩られており、また正面上部の蟇股の雲竜彫刻や本殿正面欄間の透し彫なども精巧であり、室町時代末から桃山時代への移行過程を知ることができる。現在も本殿は鞘堂内におさめられている。

歴史と海の町，須磨・舞子周辺

⑤

旧山陽道沿いに広がる景勝地，須磨・舞子は，古代より歴史にゆかりのある場所が点在する。

村上帝社 ㉑ 〈M ▶ P.2,79〉神戸市須磨区須磨浦通4
JR山陽本線須磨駅 🚶 5分

JR須磨駅から国道2号線に沿って約100m東へいくと千守の信号のすぐそば，小さな社域に村上天皇がまつられている村上帝社がある。こぢんまりとした朱色の鳥居が目印で，謡曲「弦上（玄象）」ゆかりの地である。

村上帝社本殿

村上天皇は，平安時代中期，摂関政治をおさえて天皇親政を行い，「天暦の治」という治世をもたらした。伝説によると，琵琶の名人であった平安時代後期の太政大臣藤原師長が，都をでて須磨まできたとき，村上天皇が神霊となってあらわれ，師長に都に帰ることをすすめ，琵琶の腕前をさずけた。師長は，琵琶の奥義をきわめるため唐に渡りたいと考えていたが，思いとどまり琵琶を埋め，都に帰ったという。琵琶を埋めたとされる塚は境内にあったが，山陽電鉄の線路で二分され，小高い土地の一部が残っている。

謡曲に歌われた村上天皇の伝説

村上天皇にまつわる伝説から，この地に村上天皇をまつり，神社としたものと思われる。また，この地はもと前方後円墳があり，その形が琵琶に似ているので，このような伝説に結びついたともいわれている。帝社への参道の左角に古い標石がたっており，それには正面に「村上帝社琵琶達人師長」ときざまれている。

須磨の関屋跡 ㉒ 〈M ▶ P.2,79〉神戸市須磨区関守町1
JR山陽本線須磨駅 🚶 3分

村上帝社の左側の坂道を200mのぼると，マリスト国際学校前に小さな社の関守稲荷神社がある。ここに須磨の関屋跡の石碑がたっ

須磨の関屋跡碑

畿内と山陽道を結ぶ交通の要衝須磨

ている。また，平安時代末期の歌人源兼昌(みなもとのかねまさ)の歌，「淡路島(あわじ)　かよふ千鳥の鳴くこゑに　いく夜寝覚めぬ須磨の関守」がきざまれている碑がある。その横には，明治初年に千森川(ちもりがわ)の東岸，須磨寺(すまでらちょう)町にある現光寺(げんこうじ)裏でみつかった高さ１mほどの道標がたっているが，その正面には「長田宮(ながたのみや)」，側面には「川東左右関所跡」の文字がきざまれている。1995（平成７）年の阪神(はんしん)・淡路大震災前まで，山陽電鉄のガード南東にたてられていたものを，この神社に移したものである。

646（大化(たいか)２）年にだされた改新(かいしん)の詔(みことのり)で，畿内(きない)を東は名張(なばり)，南は紀ノ川(きのかわ)上流，北は逢坂山(おうさかやま)，西は赤石櫛淵(あかしくしぶち)の間とすると定められた。赤石櫛淵とは，これより西の塩屋(しおや)から垂水(たるみ)にかけて，鉢伏山(はちぶせやま)が海に迫り，櫛のように出入りした荒磯が続く険しい地であったところから，名づけられた。そして，畿内に出入りする重要地点である，愛発(あらち)・不破(ふわ)・鈴鹿(すずか)・須磨などに関所が設けられた。古代の須磨は，畿内と山陽道を結ぶ水陸交通の要衝であった。

畿内の最西端で，須磨浦公園駅から須磨海岸に沿って走る国道２号線を500mほど西にいくと，須磨区と垂水区の境界線を示す標識がたっている。この標識のそばに，鉢伏山の急斜面から流れおち，すぐ海にそそぎこむ幅３mほどの川がある。この小さな川が摂津(せっつ)と播磨(はりま)の国境になっていた境川(さかいがわ)である。

現在，須磨の関の具体的な場所は確定されていないが，関守稲荷神社，現光寺，多井畑厄神(たいのはたやくじん)のいずれかの近くにあったという説がある。しかし「長田宮」の道標から，少なくとも千森川の東側に一時期関屋跡といわれるところがあったと考えられる。

綱敷天満宮(つなしきてんまんぐう) ㊿
078-734-0640

〈M ► P. 2, 79〉神戸市須磨区天神町(てんじんちょう) 2-1-11
JR山陽本線須磨駅🚶10分，または山陽電鉄須磨寺駅🚶3分

綱敷天満宮（祭神菅原道真(すがわらのみちざね)）は，村上帝社からさらに450mほど東，

天神下バス停のすぐ北に鎮座する。鳥居手前の石版には，詩人竹中郁の「綱敷天満宮賛歌」がきざまれている。

901(昌泰4)年2月，菅原道真が左大臣藤原時平の讒言により左遷され，大宰府に向かう途中，海上は風波が高く航海が困難となり，この地に一時上陸した。里の漁師が漁網の綱を敷き，まるめて円座とし，道真を迎えたので，「綱敷」という名称になったという。

道真はこの地でしばらく旅の疲れをいやし，須磨の風光を楽しんだといわれる。道真が死去して76年後の979(天元2)年，時の須磨人らがその当時の道真像を模し，祠をたててまつったのがこの神社の創始である。拝殿東側の梅林では，2月中旬ごろから梅の花の甘い香りがただよう。「学問の神・須磨の天神さま」として，広く神戸市民に親しまれている。

天満宮のすぐ北側，山陽電鉄須磨寺駅から南東へ徒歩5分の場所に，菅の井がある。左遷の途中，道真が須磨に上陸したとき，前田家の者が井戸の水をくんでさしあげたところ，道真はたいそう喜び，自画像を前田家にあたえた。前田家では，その井戸に菅の井と名づけ，この水で銘酒「菅の井」をつくり，毎年太宰府天満宮へ献上したと伝えられている。

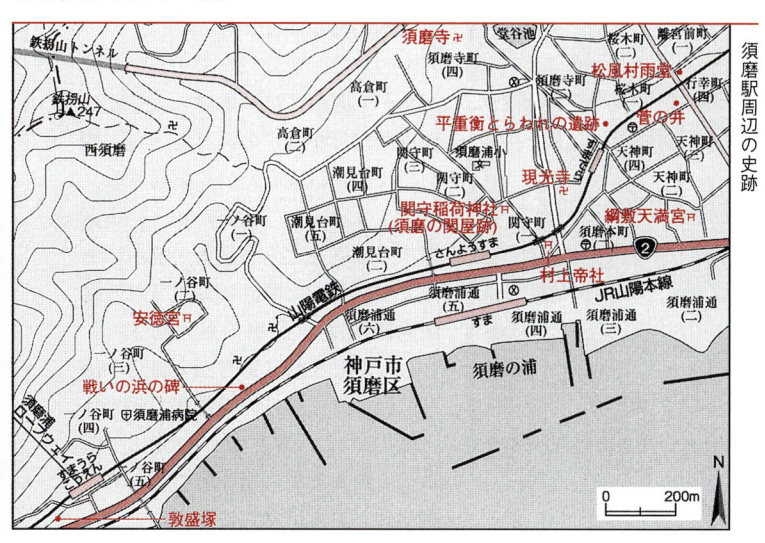

大宰府に向かう途中道真が立ち寄った地

須磨駅周辺の史跡

歴史と海の町，須磨・舞子周辺

須磨寺（すまでら） ⑭
078-731-0416

〈M ▶ P.2, 79〉神戸市須磨区須磨寺町4-6
JR山陽本線須磨駅🚶12分，または山陽電鉄須磨寺駅🚶5分

源平合戦の史跡が多数
須磨の歴史の宝庫

綱敷天満宮から山陽電鉄須磨寺駅をすぎ，商店街をぬけ参道にはいる。朱塗りの欄干（らんかん）の龍華橋（りゅうげばし）をこえれば，須磨寺（正式名称は上野山福祥寺（やさんふくしょうじ））の仁王門（におうもん）にたどり着く。源頼政（みなもとのよりまさ）が再建したとされる。安置されている金剛力士像（こんごうりきしぞう）は，運慶（うんけい）・湛慶（たんけい）の作と伝えられる。

地元では通称須磨寺で親しまれているこの寺は，886(仁和2)年光孝天皇（こうこう）の勅命により，開祖聞鏡上人（もんきょうしょうにん）がこの地に建立したものである。本尊は聖観世音菩薩坐像（しょうかんぜおんぼさつ）(市文化)で，もともと会下山（げやま）の北峯寺（ほっぽうじ）に安置されていたものを，須磨寺に移して本尊としてまつった。真言宗の寺で，1947(昭和22)年に独立して，真言宗須磨寺派の大本山となった。

かつては，7堂12坊の大きな寺だったが，幕末には，本堂・太子堂（たいし）・仁王門だけを残すのみとなった。明治時代中期以降しだいに再建され，本堂・太子堂・護摩堂（ごま）や，十三重塔・三重塔などの建造物が境内にある。本堂横の大師堂（だいし）に安置される弘法大師像（こうぼう）は，「須磨のお大師さん」として親しまれ，毎月20・21日の縁日には，たくさんの参拝客で賑わう。

境内にはいるとすぐ右側に，阪神・淡路大震災の犠牲者をとむらう慰霊碑（いれいひ）がある。さらに本堂に向かっ

源平の庭（須磨寺）

源義経腰掛松（須磨寺）

て進むと、左手に平敦盛と熊谷直実の一騎打ちの姿が再現された源平の庭がある。源平ゆかりの寺としてよく知られている。境内にはほかに、弁慶の鐘・義経腰掛松・敦盛首洗池・敦盛首塚（須磨浦公園の塚は胴塚）などの史跡・伝承地がある。古来より源平のロマンをしのんで訪れた松尾芭蕉・与謝蕪村・正岡子規ら文人墨客も多く、句碑・歌碑が点在している。庭の前に宝物館があり、一騎打ちのときに敦盛が身につけていたという愛用の青葉の笛、敦盛の木像など源平関係の宝物が一般公開されている。小石を人形にみたてて合戦の光景を再現した展示も興味深い。

当寺所蔵の、1368（応安元）年の作とされる宮殿（仏像を安置する御殿）と仏壇（ともに国重文）は下層が唐様、上層が和様の折衷様で、ほかに類例の少ない貴重な遺構である。十一面観音立像（国重文）は寄木造の鎌倉時代の作品。室町時代の作で彩色のみごとな普賢十羅刹女像図（国重文）は天女形ではなく、まったく和様化した十二単の童女で表現されている。当山歴代記（「福祥寺古記録」）・不動明王立像・鰐口・石造十三重塔（いずれも県文化）などもある。

さらに、当寺には須磨琴の保存会がある。須磨琴とは一弦琴のことで、1枚の板に1本の弦を張っただけの珍しいものである。在原行平が須磨に流されたときにつくった琴であり、日々のさびしさをまぎらわせたという伝説がある。須磨琴保存会は1976（昭和51）年、兵庫県の無形文化財保持者に指定され、伝承につとめている。

明治時代の中ごろ、当寺の南、須磨大池（堂谷池）周辺に1000本のサクラが植えられ、明治時代末期には遊園地も設置され、サクラの名所であった。その遊園地も今はなくなり、現在は池も埋め立てられ、いく分小さくなり、池周辺に残るサクラに往時の面影をしのぶのみとなった。

須磨寺駅の北側には、かつて腰掛松といわれた大きなマツがあった。現在は「平重衡とらわれの遺跡」の碑と小さな祠がたっているだけである。平重衡は清盛の5男で、平氏の軍勢の中心として活躍した。1184（寿永3）年一の谷合戦で、平家の副大将として東門生田の森をまもっていたが、源氏の攻撃を防ぎきれず、西へのがれ、源氏の捕虜となった。マツの根に腰をおろして無念の涙を流す重衡

をみて、哀れに思った土地の人が、名物の濁酒をすすめた。すると重衡は大変喜び、「ささほろや　波ここもとを　打ちすぎて　須磨でのむこそ　濁酒なれ」の一首を詠んだと伝えられている。

須磨離宮公園 ⑥⑤
078-732-6688

〈M▶P.2〉神戸市須磨区東須磨1-1　P
JR山陽本線須磨駅🚌妙法寺駅前行離宮公園前🚶すぐ、または山陽電鉄須磨寺駅・月見山駅🚶10分

武庫離宮から市民の憩いの場へ

　須磨寺から北へ徒歩約10分、須磨離宮公園がある。最寄り駅の名称となっている月見山とは、在原行平が須磨に配流されたとき、観月をした場所といわれる。この高台に、中央アジアの探検家で知られる西本願寺の大谷光瑞の別荘があった。別荘は明治天皇の神戸沖での観艦式高覧のための離宮にするため、1907(明治40)年に買いあげられ、1914(大正3)年に完成、武庫離宮となった。『日本書紀』にある、孝徳天皇が有馬温泉から帰る途中に泊まったと記録されている「武庫の行宮」に、その名称は由来する。ただし、その所在地については諸説がある。離宮は、1945(昭和20)年戦火により焼失したが、中門とそれに続く白い壁はそのままの姿で残っており、往時をしのぶことができる。戦後は、一時アメリカ駐留軍が射撃場として接収したこともあった。その後、皇太子(今上天皇)御成婚記念事業として公園の造成が行われ、1967年に完成し、須磨離宮公園として市民に開放された。

　公園内の噴水広場は、ヴェルサイユ宮殿の庭園を連想させる欧風の庭園である。また、子どもたちが遊びながら森林浴と体力づくりができる子供の森もある。約5.2haの植物園には、300種8万株の草木が植えられており、四季おりおりにいろいろな植物が楽しめる。

須磨離宮公園中門

松風村雨堂 ❻

在原行平と姉妹の悲しい恋物語

〈M ▶ P. 2, 79〉神戸市須磨区離宮前町1-2
山陽電鉄須磨寺駅🚶7分、またはJR山陽本線・山陽電鉄須磨駅🚌北須磨団地行村雨堂🚶すぐ

　須磨離宮公園から離宮道を南にくだると、山陽電鉄踏切北側に松風村雨堂がある。この辺りは謡曲「松風」の物語がうまれたところである。在原行平は平城天皇の孫で、『伊勢物語』の主人公とされる在原業平の兄である。886（仁和2）年、行平は光孝天皇の怒りにふれて須磨に流され、3年間をこの地ですごすこととなった。これより北方一里に多井畑村があり、村長に美しい2人の娘がいた。姉の名は「もしお」、妹の名は「こふじ」である。姉妹は毎日須磨の海岸まで潮くみにかよううちに、その途上で行平と言葉をかわす仲となった。行平は2人を、姉を「松風」、妹を「村雨」とよぶなど、愛情が深まっていった。やがて3年の時が流れ、行平は許されて都へ帰ることになり、須磨を去るときにみずからマツを植えた。別れのさびしさから、行平はこれに形見の烏帽子・狩衣を掛け、「小倉百人一首」で知られる「立ちわかれ　稲葉の山の　峰に生ふ　松とし聞かば　今帰りこむ」の一首を添えて、2人への感謝の意をのべた。これを読んで、姉妹はもう一度会いたい気持ちを「稲葉山　峰のもみじ葉　心あらば　今ひとたびの　行幸待たなむ」という一首にこめ送った。この伝説にちなんで、現在でも行平町・松風町・村雨堂・衣掛町などの町名が残る。

　行平が都に帰ったあと、姉妹が行平の旧居跡に庵を結び、観世音菩薩をまつり行平をしのんだ。その庵が松風村雨堂だといわれている。姉妹の悲願もむなしく、行平はその後病いにかかり、ついに帰らぬ人となった。2人の娘は、観世音菩薩に日夜行平の冥福を祈り、何年かののち、多井畑に帰り、むなしく世を去った。現在の観音

松風村雨堂

歴史と海の町、須磨・舞子周辺

堂は庵の跡といい，西に並ぶマツの古株は，行平の衣掛けの松といわれている。また姉妹の墓と伝えられる2基の五輪塔が，多井畑厄除八幡宮鳥居近くの住宅街の片隅にひっそりとたたずんでいる。

安徳宮 ❻ 〈M▶P.2, 79〉神戸市須磨区一ノ谷町2
山陽電鉄須磨浦公園駅🚶20分

須磨の海が見渡せる安徳帝の伝説の地

須磨浦公園駅から北東に20分歩くと，一ノ谷公園に「安徳天皇内裏跡伝説地」のある安徳宮（宗清稲荷社）がある。安徳天皇は1180（治承4）年2歳で即位した。祖父は平清盛，父は高倉天皇，母は清盛の女建礼門院徳子である。

当時，天皇は大輪田沖の平家の軍船にまもられ，船上で生活していた。この一ノ谷町に内裏を設けたと伝えられるが，源義経の奇策に敗れ海路屋島にのがれた。その後1185（文治元）年，安徳天皇は下関壇ノ浦の戦いで祖母二位尼（清盛の妻，建礼門院の母）にだかれ，8歳で海中に身を投じ，三種の神器のうち，宝剣とともに没した。この須磨の地に，安徳天皇の冥福を祈るためにまつられたのが安徳宮である。しかし，今なお各地に，安徳天皇生存の伝説が残り，全国で安徳帝の陵墓と称するものは二十数基ある。

安徳宮前に，もと京都の舞妓で，アメリカの大財閥モルガン家の御曹司と国際結婚し，モルガンお雪とよばれた人物の名をきざんだ石灯籠がある。また安徳宮横には，幕末の政略結婚で知られる皇女和宮像がまつられている。

安徳宮から須磨浦公園の東端近くにくだってくると，源平合戦の古戦場戦いの浜の碑がある。戦いの浜付近は，白砂青松の風光明媚な地で，平安王朝の合戦絵巻を思わせる優雅な場所のため，後世の人びとが物語の舞台にし，やがてここが史跡になったという。

安徳宮（宗清稲荷社）

皇女和宮

コラム 人

女子教育の理想像とされた皇女和宮

安徳宮の横には和宮像がまつられている。この像は，現在地よりさらに300m山上の寄手墳・身方墳のそばにおかれていたが，2000(平成12)年12月，ここに移された。

皇女和宮は，有栖川宮熾仁親王と6歳で婚約した。黒船来航にはじまる幕末動乱期，江戸幕府は，朝廷と一体化して政局の安定化をはかる公武合体策を進めていた。その政策の一環として，幕府の強い要請により，和宮は有栖川宮との婚約を破棄し，14代将軍徳川家茂に嫁いだのである。家茂の死後も，徳川家のためにさまざまに尽力し，家名存続につとめた。戦前の教育では，和宮は，国のため，家のため，わが身を犠牲にして生涯をささげた人物であり，女性の鑑として尊崇され，女子教育の理想像とされた。

安徳宮横の像は，中村直吉が，1934(昭和9)年，兵庫県立第一神戸高等女学校(現，神戸高校)・兵庫県立第二神戸高等女学校(現，夢野台高校)・神戸市立第二高等女学校(現，須磨高校)の3女学校に寄贈したものの1つであり，戦時中の金属供出を免れたものと考えられる。兵庫県立第二神戸高等女学校の教務日誌によると，1934年4月21日に和宮銅像除幕式が行われている。芝増上寺(浄土宗，東京都港区)大僧正ほか3人の僧侶をはじめ，第一神戸高等女学校長・市立第二高等女学校長・教職員，5年生など多数参列した。和宮像は校舎の正面玄関をはいってすぐ右側におかれた。教職員・生徒は，登下校時にその前では，必ず最敬礼をしたということである。

安徳宮横の和宮像 　高等女学校内の和宮像 　兵庫県立第二神戸高等女学校校舎内の和宮像

敦盛塚 ㊹　〈M ▶ P.2, 79〉神戸市須磨区一ノ谷町5
山陽電鉄須磨浦公園駅 🚶 3分

戦いの浜から国道2号線をさらに西に15分ほど歩いていくと，北

敦盛塚

全国2位の規模を誇る中世の五輪塔

側に敦盛塚とよばれる大きな五輪塔がある。平敦盛は、清盛の弟経盛の末子で、合戦当時16歳、笛の名手としても知られていたが、武運つたなく一の谷の合戦で、源氏側武将熊谷次郎直実によって討たれた。この少年武将を供養するために塔を建立したという伝承から、敦盛塚とよばれるようになった。また鎌倉幕府の執権北条貞時が、1286（弘安9）年に平家一門を供養するために建立し、「あつめ塚」といわれていたのが「あつもり塚」と転訛したという説もある。人びとは、これを敦盛の塚と考え、石塔の前を往来する旅人や、参勤交代の大名たちも香花を手向けていたという。

　五輪塔は花崗岩製の総高約4mの大きなもので、中世の五輪塔としては、石清水八幡宮五輪塔（京都府八幡市）につぎ、全国で第2位の規模を誇る。紀年銘はなく、梵字が大きいことや水輪・火輪の様式にやや古い傾向がみられること、風・空輪はあきらかに近世塔の先駆的様式を示していることから、室町時代後期から桃山時代にかけての制作と思われる。

　1985（昭和60）年4月に、神戸市教育委員会が周辺整備のための発掘調査を行ったところ、下半分が埋没した地輪の下に、四角に囲った板石とそのなかに2枚の石からなる基壇遺構があることがわかった。このため、基壇の上部を地表にあらわし、地輪部以上を完全に露出させるように積み直している。

海神社 ㊻
078-707-0188

〈M ▶ P.2, 89〉神戸市垂水区宮本町5-1　P
JR山陽本線垂水駅・山陽電鉄山陽垂水駅 🚶 1分

明石海峡を守護する境の神

　JR垂水駅東口より南にでると海神社（祭神底津綿津見神・中津綿津見神・上津綿津見神）の西口がある。正面は国道2号線に面している。そのさきには垂水漁港があり、1957（昭和32）年にたてられた高さ約12mの朱塗りの浜大鳥居がそびえたつ。

一の谷合戦

コラム

源平合戦の名場面、義経の坂落とし

「この一門にあらざらむ人は皆人 非人なるべし」(『平家物語』)。平時忠(平清盛の義弟)のこの言葉は、平氏の一時の栄華ぶりを如実に語っている。しかし以仁王の挙兵により、各地で反平氏陣営の蜂起、またその中心の清盛の死などにより、一族は衰亡への道を歩みはじめる。

1183(寿永2)年7月、木曽義仲の上洛により、平氏一門は京の都を離れ、幼い安徳帝を奉じ、神戸の福原にのがれた。福原はかつて一時期都がおかれていた場所である。しかし福原をも一夜限りで焼き払い、九州、四国と、転々としながら兵力の回復をはかっていく。そして瀬戸内一帯を制圧して、再び勢力をたくわえた平氏は、1184年1月末に生田の森、一の谷の間に陣をしいて都の形勢をうかがった。当時の海岸線は「赤石の櫛淵」といわれ、多くの谷と尾根が交互に連なっていた。谷は東から一の谷、二の谷、三の谷とよばれていた。当時の一の谷は、鉢伏山が海にせりだし、地形的には前面が海、背後は山肌が絶壁となって迫っていた。西へは道が1本とおっているせまい海沿いであり、東だけが開け平氏が陣を張っていた。平氏が防御に絶対的な自信をもっていたのもわかる。

一の谷から生田の森に陣取る平氏に対し、源氏軍は1184年2月4日早朝、平家陣営をめざして京都を進発、源範頼軍は西国街道を生田の森へ、源義経軍は一の谷をめざすため、丹波路にはいった。義経は6日に自軍を二分して、大半を土肥実平にあずけ一の谷の西に向かわせた。義経自身は少数の兵を連れ鵯越に向かい、7日朝「坂(逆)落とし」を決行、平氏軍の不意をついて大勝利に導いた。

しかし、地元の地理をよく知る人間にとっては疑問が残る。実際は鵯越と一の谷はかなり距離がある。鵯越の下に一の谷はなく、一の谷の上に鵯越はないのである。鵯越の坂落としについての記述は『平家物語』にあるが、『平家物語』は伝本が多く、正確なことは現在でもわからない。またこの戦いの目的の1つであった「三種の神器」と安徳天皇を平氏側から奪いとることができず、総大将の平宗盛を讃岐(現、香川県)の屋島にのがしてしまい、戦略的には大勝利であったが、政略的には目標を達成できなかったといえるかもしれない。

神社の縁起によれば、神功皇后が新羅・高句麗・百済へ出兵帰途のとき、この地の海上で暴風雨にあい、御座船が進めなくなった。そこで皇后みずから綿津見三神をまつったところ、たちまち風雨は

海神社の浜大鳥居

おさまり、無事に帰ることができた。そこでこの地に社殿をたてたのが、鎮座の由来という。

しかし、海神社は、5世紀後半に明石国造（くにのみやつこ）に任じられた海直（あまのあたえ）（五色塚古墳を築いた大倭直（おおやまとのあたい）の一族）による創建と考えられている。また、古代の山陽道（現、国道2号線）に沿い、かつ畿内にはいる関門・明石海峡に面しており、「境の神」としての意味があったともされている。

859（貞観元）年には従五位上を賜り、『延喜式』では明石郡・海神社三座として名神大社に列せられている。940（天慶3）年には正五位下をさずかっている。中世以降、戦乱などのために一時社運が衰えるが、豊臣秀吉より祈禱料として山林の寄進があり、江戸時代には歴代の明石藩主により篤い保護をうけて、祭祀料2石の寄進をうけ、藩主自身も毎年2月に参拝するのを例としていた。江戸時代は日向大明神とよばれていたが、1871（明治4）年国幣中社になったとき、海神社に復称した。のち1897年官幣中社に昇格している。本来祭神の名から社名を「ワタツミ神社」と読むが、古くは「アマ神社」あるいは「タルミ神社」とよばれた。現在、一般には「カイ神社」とよばれることが多い。なお、下畑海神社は当社の本宮とされている。

秋の例祭は、10月11日のフトン太鼓の引きまわし、12日の神幸祭（海上渡御）があり賑わう。神輿を乗せた御座船が、数十隻の守衛船（お供の船）をしたがえ、垂水漁港を出発して、西は舞子沖から東は神戸港沖まで渡御する。

五色塚古墳（こしきづかこふん）❼⓿
078-707-3131（管理事務所）

〈M ► P.2, 89〉 神戸市垂水区五色山4　Ｐ
JR山陽本線垂水駅・山陽電鉄山陽垂水駅🚶15分、または山陽電鉄霞ケ丘駅🚶10分

JR垂水駅西口から霞ケ丘・五色山方面に向かい、道路右手の霞

五色塚古墳上に並ぶ円筒埴輪と朝顔形埴輪

ケ丘交番を目印に左折し，南に少し歩いていくと，明石海峡を眼下にした丘陵地に，県内最大の前方後円墳である五色塚古墳（国史跡）が姿をみせる。4世紀から5世紀にかけてつくられたといわれているが，墓の主が誰であるかは不明である。ただ，瀬戸内海の海上交通の重要地点である明石海峡をのぞむ高台につくられていることから，神戸の西部から隣の明石にかけて相当大きな力をもっていた豪族の墓ではないかと推察される。

兵庫県内最大の前方後円墳

　全長194m，高さは前方部11.5m・後円部18m。3段に築かれ，周囲には空堀をめぐらしている。3段に築かれた墳丘のうち，下段は地山を前方後円形に掘り，中・上段は盛り土をしている。下段の斜面を小さな石で葺き，中・上段の斜面を大きな石で葺いている。3段の斜面に使用された石の総数は223万個，総重量約2784ｔと推定される。墳頂と2段のテラス（小段）には，大部分に鰭付円筒埴輪が配され，数本に1本の割合で朝顔形埴輪などが並べられていた。これらの埴輪は10mに18本の割合でたてられており，古墳全体で推定2200本もの埴輪がめぐらされていたところから，別名千壺古墳ともいわれる。

　五色塚古墳の名称の由来は，葺石が古墳時代に淡路の五色浜付近

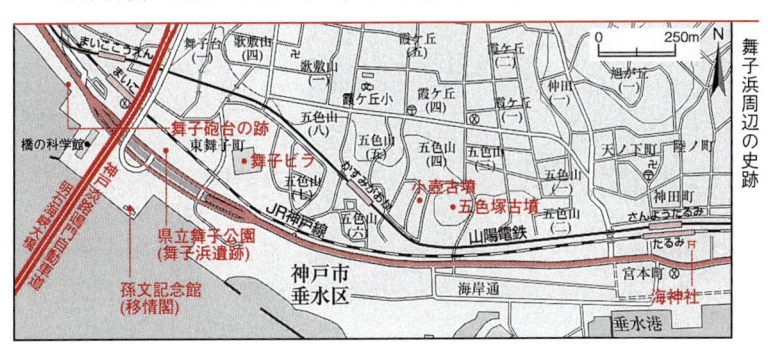

舞子浜周辺の史跡

歴史と海の町，須磨・舞子周辺

から運ばれてきたからという。また，一説には，古墳の形態が炊飯用の甑に似ているので，訛って名づけられたともいう。昔，周囲にいくつかの陪冢（親族や重臣の墓）があったと伝えられている。

また巨大な古墳のすぐ西隣には，五色塚古墳とほぼ同時期に築かれ小壺古墳（国史跡）とよばれる円墳がある。直径67m・高さ9mで，2段に築かれた墳丘には，葺石はなく，墳頂とテラスに五色塚古墳と同じ鰭付円筒埴輪が並べられていた。両古墳の関係は不明である。

五色塚古墳の前方部と後円部が接する東側に，一辺20m・高さ1.5mの方形の盛り土がある。斜面には石が葺かれていた。葺石の上から土師器・須恵器・埴輪などの破片が発見されている。後円部東側にも盛り土があり，円筒棺が2個発見されている。1965（昭和40）年から開始された全国の史跡環境整備計画の一環として，文化庁と神戸市が10年の歳月をかけて復元・整備し，築造当時に近い姿をみることができる。

孫文記念館 周辺 ⑦
078-783-7172（孫文記念館）

〈M ▶ P. 2, 89〉神戸市垂水区東舞子町2051
JR山陽本線舞子駅・山陽電鉄舞子公園駅 🚶 5分

中国革命の父孫文ゆかりの楼閣

JR舞子駅をでると，周囲はマツの林立する兵庫県立舞子公園である。その南地区，舞子海上プロムナードのすぐ東側の岸壁近くに，孫文記念館がある。もともとこの建物は，実業家として活躍した呉錦堂がたてた別荘で，当初は松海別荘と称していた。呉錦堂は，中国浙江省の出身で，1885（明治18）年に来日，行商をしながら蓄財し，苦難の末に成功して関西財界の立役者になった。神戸に学校（中華同文）を建設することにも尽力し，さまざまな社会事業に貢献した。

中国革命の父とあおがれる孫文（号は中山）が，1913（大正2）年3月に来神の際，神戸で活躍している中国人財界有

孫文記念館内の孫文像

舞子の海を愛した宮さん

コラム

明治時代の流行歌、トコトンヤレ節の宮さん

　戊辰戦争時、1868(明治元)年に官軍が江戸城に進軍する際の行進曲、トコトンヤレ節(品川弥二郎作詞、大村益次郎作曲とされ、「宮さん宮さん」との別名もある)の「宮さん宮さんお馬の前にひらひらするのはなんじゃいな」と歌詞のなかで宮さんといわれる人物は、有栖川宮熾仁親王のことである。

　熾仁親王は1851(嘉永4)年、17歳のときに、孝明天皇の妹・和宮親子内親王と婚約し、和宮の和歌指南役をつとめたりしたが、公武合体策の一環として和宮が江戸幕府14代将軍徳川家茂と結婚することになり婚約は破棄された。その後、熾仁親王は戊辰戦争が勃発すると、官軍最高司令官として就任、参謀西郷隆盛に補佐され、江戸に進撃し、江戸城を無血開城させた。このとき旧幕府側の人間として、徳川の家名存続と官軍・旧幕府軍の衝突回避に懸命の努力を重ね、この無血開城に勝海舟とともに尽力したのが、熾仁親王のかつての婚約者和宮であった。

　その後兵部卿、福岡藩知事、元老院議長を歴任。1877(明治10)年の西南戦争では征討総督に就任し、今度は、かつてともに官軍を指揮した西郷隆盛と刃をまじえる皮肉な立場にたった。

　熾仁親王は、柏山(現舞子ビラ)を気にいり、この地に別邸を建造し、1894年秋に竣工した。その年の暮れ、日清戦争(1894〜95)で広島大本営に出仕中病気になり、完成したばかりのこの別邸で療養するが、翌年1月15日、61歳で逝去した。

舞子ビラ(旧有栖川宮舞子別邸跡)

　志の開いた昼食会に招かれ、ここを訪れたことから松海別荘との関わりがはじまる。1924年に孫文自筆の「天下為公」の碑が、現在も邸内にある。

　1915年には八角3層の楼閣移情閣(国重文)が増築された。名の由来は、窓から展望する六甲山系・淡路島・大阪湾などの風景が、刻々と変化するからとも、また呉錦堂が還暦を迎え、故郷への思いをこめ名づけたともいわれる。外観が六角にみえることから、地元では「舞子の六角堂」とよばれ親しまれていた。その後、国道2号

線拡幅のため，本館が撤去され移情閣と附属棟が残された。

戦後は神戸華僑総会により管理されていたが，1982（昭和57）年日中国交正常化10周年を記念して，兵庫県に寄贈された。そして1984年11月より孫中山記念館として一般公開された。1994（平成6）年までは現在地から北東約200mの浜辺にあったが，明石海峡大橋の工事に伴い一時解体され，2000年に現地に移転・復元された。コンクリートブロックを用いた建物としては初期のもので，その構造・技術を伝える大変貴重なものである。この記念館では孫文と神戸の関わりを中心に，呉錦堂の生涯，移情閣の変遷などに関する展示が行われている。2005年10月より孫文記念館と改称した。

舞子公園の西の端の浜側に舞子砲台の跡の碑がたっている。この砲台は，1863（文久3）年，勝海舟の指導のもとに明石藩が築造したものである。現在も下層部分の石垣が残っている。

また舞子公園北側の山上にシーサイドホテル舞子ビラ神戸がある。ここはもと有栖川宮熾仁親王の別荘であった。大正時代中期に，住友の迎賓館として買収され，戦後はオリエンタルホテルの傘下にはいり，さらに1966（昭和41）年には神戸市が買収して，1970（昭和45）年，「市民いこいの家　舞子ビラ」となった。

舞子公園内の浜から，1960（昭和35）年に埴輪棺が発見された。その後，神戸市教育委員会などの発掘調査により，15基の埴輪棺が出土し，公園一帯が古代の墓地であることが判明した。舞子浜遺跡といわれる。1999（平成11）年の発掘調査では，2基の埴輪棺が出土している。

大歳山遺跡公園 ❼❷

〈M▶P.2〉神戸市垂水区西舞子4
JR山陽本線舞子駅🚌学園都市行舞子坂1丁目🚶5分，または山陽電鉄西舞子駅🚶15分

明石海峡に面した古代人の生活の舞台

山陽電鉄西舞子駅から北へ徒歩15分，舞子小学校のすぐ北側に，標高約30mの台地上に広がる大歳山遺跡公園がある。もと，山上に大歳神社（「歳」は穀物，とくに稲を意味する。農耕の神である大歳神をまつる）があったので，大歳山とよばれた。この地は，かつて六甲山系の山裾にあたっていたが，周辺の市街地化によって削られ，東西約280m・南北約150mの，東から西へのびた半島状の台地にな

大歳山遺跡公園の復元された竪穴住居

って残っている。

1922(大正11)年,「明石原人」を発見した直良信夫により縄文時代前期の遺物が発見され,旧石器時代から古墳時代にまたがる複合遺跡であることがわかった。遺跡の中心部4000㎡が現在史跡公園として整備され,復元された約1800年前の弥生時代後期の竪穴住居1戸と,前方後円墳がある。

この竪穴住居は,一辺6.5m,隅に丸みをもった方形の住居である。住居のなかは,4本柱で囲まれた一辺3.5mの中央部と,その周囲に幅約1mの床面の高い部分とがある。そこに壺・甕・高坏・鉢など約50点がおかれていたようである。復元住居は,柱の位置や炭化して残っていた建築材の状態を参考にして設計された。毎年11月1～7日の文化財強調週間には,住居内を見学できる。出土品は神戸市立博物館に保管・展示されている。すぐそばに,住居跡も保存されており,周辺にはまだ同じ時期の住居が5～6戸埋蔵されている。

前方後円墳は,全長約37m・前方部幅13m・後円部直径22m・高さ2.5mで,形や出土品からみて,五色塚古墳よりやや新しく,今から約1450年前の古墳時代後期初めにつくられたものと考えられている。この古墳東側にも,横穴式石室の古墳と木棺を直接土中に葬った古墳時代後期の古墳がいくつか並んでいる。現在墓地になっている辺りにも古墳があったらしく,小形の銅鏡・勾玉・管玉・石釧など,古墳時代前期の遺物が発見されている。

6 庶民の町からニュータウンへ

神戸市西部の庶民的な町からニュータウンをつなぐ，神戸市営地下鉄。その沿線にはさまざまな歴史の名所が現在も残る。

勝福寺 (73)
078-731-1253

〈M ► P. 2, 95〉神戸市須磨区大手町 9-1-1
地下鉄西神・山手線，山陽電鉄板宿駅🚶11分，または山陽電鉄東須磨駅🚶10分

平清盛・足利尊氏ゆかりの寺

板宿駅から北西方向に住宅街をぬけ，急な坂道をあがると勝福寺(真言宗)の山門がみえる。988(永延2)年，太政大臣藤原伊尹の3男英雄丸が勅命により，証楽上人と名を改め，高取山麓に庵を結び，鹿松峠に出没していた鬼人を仏教の力で退散させたのちに開基した寺と伝えられる。本尊は，聖観音菩薩である。開山当時には，36坊を備える七堂伽藍があったという。しかし，996(長徳2)年に山津波で大半を失い，さらに観応の擾乱(1350～52年)で，戦火にあった。観応の擾乱は，足利尊氏が弟直義と敵対関係になり，3年にわたって続いた室町幕府の内紛である。

このとき，足利尊氏は直義の軍と御影の浜でたたかって敗れ，高師直らとともに，寺の背後の丘にある松岡城にたてこもった。城が小さかったので，多くの兵は締めだされて敗兵は四方に散り，手兵わずか500人になってしまった。尊氏は切腹しようとしたが，和議が成立して危ないところを助かり，京都に帰ることができた。山門手前の路地奥にある小さな墓所は，証楽上人以降歴代の住持の墓域だが，尊氏が切腹しようとしたところと伝えられ，「ハラキリ堂」とよばれている。松岡城は，勝福寺そのものだったという説もある。

勝福寺山門

その後もたびたびの災害に見舞われ，とくに1938(昭和13)年には山津波で，またも鐘楼や毘沙門堂などが倒壊してしまった。

勝福寺には，平清盛が経ケ島築造の際，この寺の衆徒たちがおおいに協力したので，金銅製の密教法具，火舎・花瓶・六器（金椀）（いずれも国重文）のほか，築島供養式の際の幡などが寄進されている。

　近くの板宿八幡神社境内には，大宰府に左遷された菅原道真を慕い京都からとんできたといわれる，大きなマツ「飛び松」の切株が残っている。板宿という地名も，大宰府に向かう道真がこの地域に立ち寄った際，地元の民が粗末であるけれども板囲いの宿をこしらえ，道真をあたたかくもてなしたことから名づけられたともいう。

妙法寺 ❼

078-511-2788

〈M ▶ P. 2, 95〉神戸市須磨区妙法寺字毘沙門山1286
地下鉄西神・山手線妙法寺駅🚶10分，または西神・山手線板宿駅🚌若草町 行奥妙法寺🚶2分

　県道神戸三木線の奥妙法寺バス停近くの石柱を目印に住宅街にはいると，その一角に毘沙門山妙法寺（真言宗）がある。境内には，年月を経た木が多くあり，建造物も時代を感じさせ，辺り一面におちついた雰囲気がただよう。

　寺の伝記によると，738（天平10）年聖武天皇の勅願所として，行基により開かれたと伝えられ，また768（神護景雲2）年と書かれた一切経写経84巻が保存されていることなどから，古くからあった寺のようである。昔は七堂伽藍37坊があり，広大な寺域を占めていた。現在は妙法寺側に沿って，100mほど南の飲食店の前に，南大門跡の石柱が残る。平清盛は，この寺院が京都の鞍馬と同じように，都の北西の地にあったので

新京都の鞍馬になぞらえた

板宿周辺の史跡

庶民の町からニュータウンへ

妙法寺宝篋印塔

新鞍馬とよび，福原の都(現，兵庫区平野周辺)をまもる霊場にして，1000石の寺領をあたえた。

本尊の毘沙門天立像(国重文)は一木造で，像高約1.8m，平安時代末期にクス材でつくられたものである。甲冑に身をかためた武将の姿で，左手に宝塔をささげ，右手に三叉戟をとって，邪鬼をふまえてたつ姿に造形されている。面相は忿怒相であるが，目鼻立ちを小ぶりにつくり，体軀はわずかに腰をひねる程度で，ことさら強調したところはない。

なお，境内には，「応安三(1370)年」在銘の宝篋印塔(県文化)がある。これは，もと妙法寺字中田の路傍にあったものであるが，道路拡張の際に，この寺に移転されたものである。南北朝時代に，浄照という僧により建立されたという。また，妙法寺は正月3日に行われる鬼追い式も有名である。

県道神戸三木線をバスで南下し那須神社前バス停で下車すると，西側に那須与一の墓所，道路をはさんで東側に与一が守護神としていた北向八幡神社，与一を神としてまつった那須神社がある。那須与一は屋島の戦いの際に，船上の平家の軍扇をみごとに射ぬいたと『平家物語』に記されている弓の名人である。下野国(現，栃木県)の出身とされ，確実な史料にはその名がみえないので，伝説上の人物かもしれないが，人びとに親しまれ，幸若舞曲や浄瑠璃にも登場する。

摂津・播磨両国間の境の神

多井畑厄除八幡宮 (75)
078-741-0827

〈M►P. 2〉神戸市須磨区多井畑宮ノ脇1 Ⓟ
JR山陽本線須磨駅・山陽電鉄山陽須磨駅バス北須磨団地行多井畑厄神徒歩すぐ，または地下鉄西神・山手線妙法寺駅バス多井畑南町行多井畑厄神徒歩すぐ

多井畑は，塩屋谷川上流の摂津・播磨国境にある。地名どおり山中の畑地が多いところであった。この地に多井畑厄除八幡宮(祭神

多井畑厄除八幡宮拝殿

応神天皇）がある。バス停の目の前に奥須磨公園もみえる。

　この神社の由来は，770（神護景雲4）年6月に，大流行した疫病をしずめるため，畿内の国境10カ所に疫神をまつり，疫祓いが行われた。播磨・摂津国境にあるこの地にも，そのうちの1つとしてまつられたという。拝殿の左手の石段をのぼったところに，このときの厄神祭の跡がある。この地に安元年間（1175～77），男山八幡宮を勧請して社殿をつくったことが始まりとされている。やがて八幡信仰と厄払いとが結びつき，厄除八幡として有名になった。

　古代には，海の「境の神」である海神社に対して，陸の「境の神」として多井畑厄除八幡宮が位置づけられていたという。須磨に流された在原行平や，一の谷合戦の際に，この神社に立ち寄った源義経が祈願したという。1月の厄除祭の3日間（18～20日）には，夜を徹して多くの人びとが参拝する。

転法輪寺 ❼⓺
078-791-7885
〈M▶P.2〉神戸市垂水区名谷町2089
地下鉄西神・山手線名谷駅，JR山陽本線垂水駅🚌名谷・垂水駅行中山🚶10分

阿弥陀如来坐像は平安時代後期の作

　中山バス停から車道を北に10分ほど歩いていくと，左側に参道を示す石柱がある。周辺の新興住宅と趣を異にする苔むした石段やいにしえの姿を残す未舗装の参道の周辺には，原生林（県天然）が広がる。面積は1万㎡でツブラジイ林・ウバメガシイ林からなる。参道をぬけ，庫裏横をとおりすぎると，垂水区内最古の寺である転法輪寺（真言宗）境内にたどり着く。

　平城天皇の病気治療のため，無量寿仏を播磨国明石郡垂水郷の釈迦転法輪の法窟に安置せよという霊夢により，806（大同元）年西尊上人を開山にして在原行平により創建された。もと大同寺と称していたが，910（延喜10）年堂宇の再建に際して，転法輪寺と改称したと伝えられる。

庶民の町からニュータウンへ

マリア灯籠(転法輪寺)

創建時は東垂水の高台にあったようである。その後, 一の谷合戦や火災のため4度の移転を行っている。江戸時代には, 三重塔や僧坊もあり, 寺域も広大であった。現在は墓地の南側の三重塔跡に石塔がたっている。そして坊舎跡と思われる石垣と平坦地が, かろうじて庫裏から本堂にいく道筋に残っている。近年になり, 荒廃した寺を再建する事業がはじまり, 1986(昭和61)年に, 本堂・太子堂・弁天堂が完成した。

本尊である木造阿弥陀如来坐像(国重文)は, ヒノキの寄木造で像高約1.4m, 上品下生印を結び, 蓮華座上に結跏趺坐する半丈六の像である。翻波式衣文や体軀自体の堂々とした量感など, 平安時代前期の作風もみられるが, おだやかな丸顔などから平安時代後期の12世紀に近い時期に造仏されたものとされている。背後に負う光背は当初のものではなく, 鎌倉時代の補作にかかるものである。現在, 本堂に安置されている像は模写像で, 実物は収蔵庫におさめられている。本堂の前庭には, 下部に立像がほどこされたマリア灯籠がある。江戸時代の禁教政策下の隠れキリシタンゆかりのものと思われるが, なぜこの地にあるのかは定かでない。

多聞寺 ⓻

078-782-4455

〈M▶P.2〉神戸市垂水区多聞台2-2-75 P
地下鉄西神・山手線学園都市駅🚍垂水駅行多聞寺前🚶1分, またはJR山陽本線舞子駅🚍学園都市行多聞寺前🚶1分

かつて広大な寺域を誇り村名にもなった寺

多聞寺前バス停をおりるとすぐ, 緑色をした多聞寺(天台宗)の大屋根が目にはいる。新規に改修された仁王門をくぐり, 一面のカキツバタの花の上にかかる弁天池の曲橋を渡って石段をあがると, 境内にはいる。

寺伝によると, 863(貞観5)年, 清和天皇の勅命により, 慈覚大師が毘沙門天像をみずからきざんで安置したのを開創とする。創建後120年で天災のため焼失し, 花山天皇の命で明観上人により再興

多聞寺仁王門

されるが、のちにもたびたび火災にあい、現在の本堂は1712(正徳2)年の再建である。1963(昭和38)年には、阿弥陀堂が建立されている。全盛期には寺域も広大で、寺の名がそのまま村の名になったほどである。

境内の正面の本堂には、本尊毘沙門天立像と脇侍として木造日光・月光菩薩立像(国重文)がまつられている。日光・月光像は寄木造で、左右対称を意識してつくられ、肉づけに張りがある。制作年代は日輪・月輪などの持物が後補であるが、当寺の阿弥陀如来坐像と隔たりがなく、平安時代末期から鎌倉時代初期と推定される。法量も均衡がとれているので、当初は観音・勢至菩薩として阿弥陀如来に随侍していた可能性がある。

本堂に向かって左側の阿弥陀堂には、木造阿弥陀如来坐像(国重文)が鎮座する。制作年代は平安時代末期から鎌倉時代初期。下品中生印を結び像高は87cm、内刳りをほどこし、そこに黒漆を塗っている。中生印の作例は、奈良時代末期から平安時代初期に多く、鎌倉時代初期に復活する。その意味からも、この像は復古的な数少ない遺例の1つと考えられている。

太山寺 ⓻⑧
078-976-6658

〈M▶P.2〉 神戸市西区伊川谷町 前開224 P
地下鉄西神・山手線伊川谷駅🚌名谷駅行太山寺🚶すぐ、または
阪神高速北神戸線前開IC🚗3分

神戸市営地下鉄伊川谷駅から市バスに乗り、宅地開発の進んだ駅前から伊川沿いに、農村風景の広がる道を進み、太山寺バス停で下車すると、すぐに太山寺(天台宗)の仁王門(国重文)が目にはいる。この仁王門は他所にあったものを、現在の場所に移築したもので、建築当初は3間1戸2層の堂々たる門であったが、移築の際に上層部を撤去し、軒まわりも縮小して現在の形になっていることが、1953(昭和28)年の解体修理工事で確認された。移築は室町時代後期と考えられ、創建年代は鎌倉時代末期までさかのぼると推定される。

本堂は神戸市内唯一の国宝指定

庶民の町からニュータウンへ

太山寺本堂

　中央間を開放して、両脇間には正面と内側に金剛柵をまわし、その上に菱欄間をつけて仁王像をおさめている。向かって左側の脇間には、修理の際に発見された古材をもとに、当初の三手先の組物と軒まわりを復元したものがおかれている。

　太山寺は、鎌倉時代から室町時代にかけて隆盛を誇った名刹である。藤原鎌足の長男、定恵和尚の開山で、716(霊亀2)年、その孫宇合(不比等の子)が堂塔伽藍を建立したと伝えられる。宇合が明石浦摩耶谷の温泉で療養中、夢のなかに薬師如来があらわれ、その教えにしたがい七堂伽藍を整備し、薬師如来の尊像を安置したという。元正天皇の勅願寺になり、歴代天皇をはじめ、一般民衆に至るまで広く信仰を集めた。

　太山寺の衆徒は、建武の新政(1334年)のときは、大塔宮護良親王の令旨をうけ、鎌倉幕府討伐のために赤松則村(円心)の軍勢に加わり、都の北条氏を攻め、軍功をあげた。寺の東の背後の山上に、砦であった太山寺城址がある。そのときの大塔宮令旨及注進状(国重文)が現在も所蔵されている。このころ寺運は最盛期を迎え、南北朝時代には支院41坊・末寺8カ寺・末社6社をもち、さらに僧兵も養っていた。しかし、その後の戦いなどによる興亡・浮沈は著しく、現在は龍象院・成就院・安養院・歓喜院の4坊のみとなっている。

太山寺三重塔

太山寺磨崖不動明王

コラム

緑の聖域の川の岸壁にきざまれた不動明王

　太山寺仁王門をでて右へ白川方面に歩き、トンネルの手前の細い舗装された山道を約15分進む。途中如意輪観音などの野仏も散見できる。山道は、木立がしげり、伊川が花崗岩を浸食し、川岸の岩肌が露出している。護岸工事の進んだ下流の風景とは趣をまったく異にする。途中車止めがあり、自動車ではいることはできない。

　磨崖仏の看板が左手にみえるところで、対岸の花崗岩の岸壁を見渡すと、高さ6m・幅4mほどの岩面がやや平坦になった部分に、上下2.36m、左右1.35mの舟形の彫りくぼみがつくられ、そのなかに像高1.75mの不動明王立像がある。彫りが浅く、注意しないと目にとまらない。兵庫県内最古の磨崖仏で、弘安年間(1278～88)の作と考えられる。保存状態もよく全体的にていねいに彫られている。忿怒の不動明王立像は迦楼羅炎光背を背負い、両眼は見開き、牙は向かって左が上、右が下に向く。右手に宝剣、左手に羂索をもつ。頭上に花冠、左肩へたれる弁髪、胸前には条帛を複雑に組み合わせ、臂釧・腕釧などの腕飾りをつけている。

　1994(平成6)年12月、神戸市教育委員会で調査したおり、向かって右側の像容と火炎の間から「方口(弘)安」の年号を検出したが、それに続く銘文は解読できなかったという。

太山寺磨崖不動明王立像

　仁王門から石畳の参道を4分ほど歩くと、安土・桃山時代の枯山水の庭園である安養院の庭園(国名勝)がある。階段をのぼり、境内にはいる。広大な敷地は自然も豊かで、周囲には、縄文時代からの照葉樹の原生林(県天然)が400haもある。

　拝観受付所のすぐ正面に、豪壮であるが、簡素な美しさを感じさせる本堂(国宝)がたたずむ。神戸市内で、唯一国宝に指定されている建造物である。1285(弘安8)年2月に火災で焼失したが、1300年ごろには再建されたものと思われる。内部は本尊の薬師如来を安置する内陣、その側面と背面の脇陣と礼拝をする外陣に区切られ、密

庶民の町からニュータウンへ　　101

教寺院の本堂形式になっている。場所ごとに天井の意匠がかえられている。外部には蔀戸が用いられており，上半分は外側につりあげ，下半分はとりはずすことができる。1964年に解体修理を行ったので，瓦葺きであったものが銅板葺きにかえられ，朱も塗り直されたといわれる。

また，本堂前の片隅には，息游軒の遺跡ときざまれた石碑がある。この石碑は，江戸時代前期の陽明学者熊沢蕃山（号息游軒）の屋敷が近くにあったことを伝えている。蕃山は，岡山藩主池田光政に招聘され，花畠教場（藩校）の中心となって活躍し，一時期ここに住んだという。

本堂を正面にみて，右手には，周囲の自然と調和した三重塔（県文化）がある。この塔は，古い時代のものにくらべて，各層の屋根がほぼ同じ大きさで，江戸時代中期の特徴をよくあらわしている。初重内部には4天柱をたて，天井などには極彩色の装飾がほどこされている。なかには，本尊の金剛界大日如来像と四天王がまつられているが，拝観はできない。建築年代は，心柱の墨書銘から，1688（貞享5）年に，寄進によりたてられたものと考えられる。建物の大きさや，全体のまとまりのよさなど，近世の塔として貴重なものである。

また左手にある阿弥陀堂は，1688年に再建されたものである。本来は，天台宗の修法である常行三昧の修行堂であったが，堂の本尊である阿弥陀如来に対する信仰が高まるにつれて，阿弥陀堂として人びとの礼拝の対象となった。丈六阿弥陀如来坐像（国重文）は鎌倉時代初期のもので，時代は150年ほど違うが，京都府宇治の平等院鳳凰堂にある定朝作の阿弥陀如来坐像とほぼ同じ大きさ（約2.74m）・様式である。そのほかこの寺には，重要文化財指定の絵画11点，鎧などの工芸品9点，墨書3点などがある。

本堂を右に向かって，伊川沿いに進み，朱色の閼伽井橋を渡ると奥の院で，稲荷社・地蔵堂がある。地蔵堂には，1つの願いにかぎってお蔭をいただくという，巷説で名高い一願地蔵がある。

毎年1月7日には本堂内において，走り鬼と3匹の太郎鬼・次郎鬼・婆々鬼が松明をもち，大太鼓の音にあわせて踊り悪霊退治する，

車大歳神社の翁舞

コラム

芸

重要無形民俗文化財の厳粛な神事

　車大歳神社(祭神大歳御祖神)は、646(大化2)年に創建されたといわれている。この神社では翁舞神事が、毎年正月14日に行われる。起源は不明だが、記録では1763(宝暦13)年までたどることができる。地元では「お面式」「能面の式」あるいは「お面の行事」「お面」とよばれることもある。

　現在では翁舞の多くが簡略化され、露払い・翁舞・三番叟の3部構成であるのに対し、車では、他所で演じられなくなった父尉が加わった4部構成となっている点が注目される。その翁舞・三番叟・父尉に使用される3面が、神体として現存している。

　この神事の中心となる翁には、各家の長男から選ばれた、厄年である42歳くらいの人があたることが多かった。つぎの露払いは10歳くらい、また三番叟には12歳くらいの少年が選ばれるが、ともに昔から村に住む家の長男であった。

　この翁舞に関してもっとも負担が大きいのは、「宿」と決まった家である。この地区では、戸主が年齢順に、この神事の世話をする「宿」をつとめなければならない。毎年、1月8日から12日までの5日間、村人たちは、この「宿」において、灯した1本のロウソクを神前に見立て、神事に向け集中した稽古が行われる。13日は休み、そして当日14日の午前、人びとは本殿にまつってある神面3面をうけとって参拝し、「宿」に戻り床の間にかざる。夕刻から「宿」で装束をととのえ、試舞を行い、その後午後7時より「宿」から宮入りし、正装した神職を先頭に、露払い・翁・三番叟があでやかな衣装をつけて行列し、神社に向かう。暗くなった参道から、鳥居をくぐり舞殿に登場し、天下泰平・国土安穏・五穀豊穣を祈願した約1時間の翁舞がはじまる。

　翁舞神事はいく度となく中断・復活を繰り返した。この神事は村全体の行事であったが、第二次世界大戦後は老人会の手に移り、1974(昭和49)年以降、車大歳神社翁舞保存会が伝承している。よく古態をとどめた翁舞は、2000(平成12)年12月、国の重要無形民俗文化財に指定されている。

車大歳神社の翁舞

安土・桃山時代より伝わる伝統行事の追儺式が行われる。また5月12日に行われる練り供養は阿弥陀如来の来迎の様子を僧侶・稚児らによりあらわした珍しい法要である。

如意寺 ⑲ 〈M▶P.2〉神戸市西区櫨谷町谷口259
078-991-0009
地下鉄西神・山手線西神中央駅🚌明石駅行谷口🚶15分

ニュータウンに隣接する天台宗の古刹

　谷口バス停から東へ田園風景が広がる坂道を1kmほど歩くと、比金山如意寺（天台宗）の仁王門に着く。両脇の仁王像は鎌倉時代のものといわれる。掌や下肢部分などにかなり破損が進み、中身の木材などが露出して、塑像の骨組を観察できる。

　さらに舗装された参道を100mほどいくと境内である。自動車でも通行できる。如意寺は、645（大化元）年、法道仙人が毘沙門天のお告げによって、ハゼの木で地蔵菩薩をきざみ、堂を草創したとされる。その後は荒廃したが、平安時代の正暦年間（990〜995）に、願西上人（安養尼）が復興し、鎌倉時代から室町時代には最盛期を迎えた。

　堂塔配置は伊川の太山寺と同じで、天台伽藍配置の典型とされる遺構例である。正面にあるはずの本堂は、江戸時代に一度焼失し、幕末に再建されたが、第二次世界大戦のおりに傾き、修理を待ちながらも戦後解体されてしまった。本尊の地蔵菩薩は、現在、文殊堂にまつられている。鎌倉時代中期ごろ建立された阿弥陀堂、南北朝時代建立の三重塔、室町時代中期建立の文殊堂（いずれも国重文）が現存している。とくに三重塔は、兵庫県内では一乗寺についで古い塔である。境内の宝篋印塔は室町時代のもので、平維盛に関するものといわれる。春には山ツツジ、秋にはノジギクなど、四季折々の花が山を彩る。休日の散策コースから少し足をのばすだけで、古都の風情を味わうことができる。

如意寺三重塔

104　神戸

Hanshin 阪神

武庫川下流，武庫大橋をのぞむ

猪名川上流，屏風岩をのぞむ

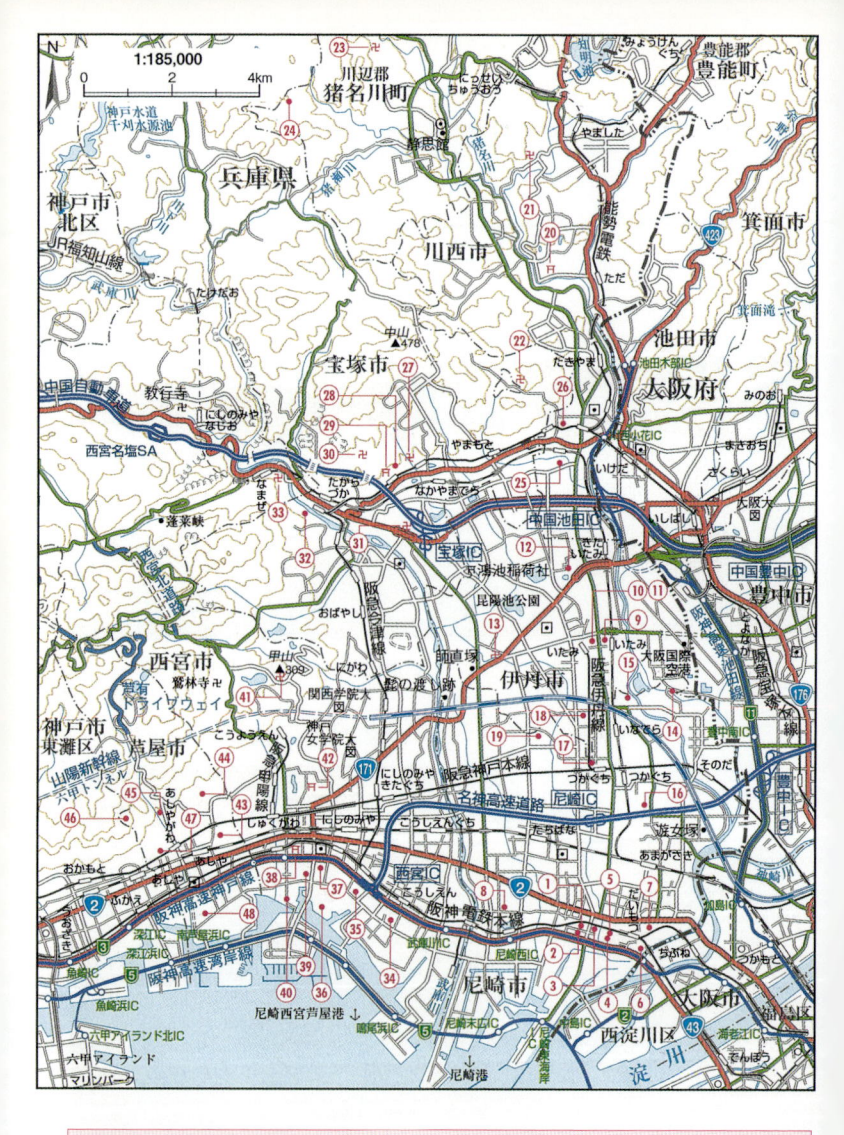

①寺町
②尼信記念館
③阪神電鉄旧発電所
④尼崎城跡
⑤旧尼崎警察署
⑥ユニチカ記念館
⑦残念さんの墓
⑧旧大庄村役場(大庄公民館)
⑨有岡城跡
⑩旧岡田家・旧石橋家
⑪柿衞文庫
⑫伊丹廃寺跡
⑬昆陽寺
⑭田能遺跡(田能資料館)
⑮猪名寺廃寺跡
⑯近松門左衛門の墓
⑰塚口御坊
⑱御願塚古墳

◎阪神地区散歩モデルコース

尼崎藩城下町から中国街道をめぐるコース　阪神電鉄本線尼崎駅_3_寺町・尼信記念館・尼信博物館_5_阪神電鉄旧発電所_2_尼崎城跡・旧尼崎警察署・旧尼崎高等女学校_5_阪神尼崎駅_2_阪神電鉄本線大物駅_10_ユニチカ記念館_10_大物主神社_10_残念さんの墓_5_大物駅_5_阪神電鉄本線尼崎センタープール前駅_10_旧大庄村役場(大庄公民館)_10_尼崎センタープール前駅

近衛家領伊丹郷町から西国街道をめぐるコース　JR福知山線伊丹駅_1_有岡城跡_3_旧岡田家・旧石橋家_2_墨染寺_5_柿衞文庫_3_猪名野神社_15_辻の碑_15_伊丹廃寺跡_15_昆陽池_10_伊丹市立博物館_10_阪急伊丹線伊丹駅

田能遺跡から近松の里をめぐるコース　JR福知山線猪名寺駅_10_ _15_田能遺跡_20_猪名寺廃寺跡_15_JR猪名寺駅_2_JR福知山線塚口駅_15_近松公園_15_JR塚口駅_10_塚口御坊_20_御願塚古墳_15_富松城跡_20_阪急神戸本線塚口駅

多田院から多田銀山をめぐるコース　能勢電鉄妙見線多田駅_15_多田神社_15_多田駅_10_能勢電鉄妙見線・日生線山下駅_25_小童寺_40_川西市郷土館_20_山下駅_5_能勢電鉄日生線日生中央駅_15_東光寺_15_日生中央駅_15_ _25_青木間歩_25_ _10_日生中央駅_20_阪急宝塚本線川西能勢口駅_2_阪急宝塚本線雲雀丘花屋敷駅_25_満願寺_25_雲雀丘花屋敷駅

巡礼街道からタカラジェンヌの町をめぐるコース　阪急宝塚本線川西能勢口駅_10_加茂遺跡_10_川西能勢口駅_5_栄根寺廃寺遺跡史跡公園_5_川西能勢口駅_5_阪急宝塚本線山本駅_25_中山寺_10_中山荘園古墳_15_売布神社_30_清荒神清澄寺_40_毫摂寺・小浜宿跡_25_宝塚大劇場・宝塚温泉_5_JR福知山線・阪急宝塚本線宝塚駅_3_JR福知山線生瀬駅_5_浄橋寺・生瀬宿跡_5_JR生瀬駅_3_JR宝塚駅

球児の聖地と酒造りの町をめぐるコース　阪神電鉄本線甲子園駅_3_阪神甲子園球場_15_今津小学校六角堂_15_今津灯台_30_宮水発祥の地碑_8_西宮神社_10_白鹿記念酒造博物館_15_西宮砲台_10_阪神西宮バス停_30_神呪寺_10_広田神社_15_阪神西宮バス停

いにしえの歴史とモダンの交錯する町をめぐるコース　JR東海道本線芦屋駅_10_阿保親王塚古墳_25_朝日ケ丘遺跡_30_旧山邑家住宅_30_会下山遺跡_20_芦屋廃寺跡_5_阪急神戸本線芦屋川駅_15_芦屋市立美術博物館・芦屋市谷崎潤一郎記念館_10_JR芦屋駅

⑲富松城跡
⑳多田神社
㉑小童寺
㉒満願寺
㉓東光寺
㉔多田銀銅山の青木間歩
㉕加茂遺跡
㉖栄根寺廃寺遺跡史跡公園
㉗中山寺
㉘中山荘園古墳
㉙売布神社
㉚清荒神清澄寺
㉛毫摂寺
㉜宝塚大劇場・宝塚温泉
㉝浄橋寺
㉞阪神甲子園球場
㉟今津小学校六角堂
㊱今津灯台
㊲宮水発祥の地
㊳西宮神社
㊴白鹿記念酒造博物館
㊵西宮砲台
㊶神呪寺
㊷広田神社
㊸阿保親王塚古墳
㊹朝日ケ丘遺跡
㊺ヨドコウ迎賓館(旧山邑家住宅)
㊻会下山遺跡
㊼芦屋廃寺跡
㊽芦屋市立美術博物館・芦屋市谷崎潤一郎記念館

① 尼崎藩城下町から中国街道へ

江戸時代に天守閣をもつ城があったことや、尼崎藩が現市域をこえて神戸まで領地をもっていたことは、案外知られていない。

寺町 ❶

〈M▶P.106, 110〉 尼崎市寺町
阪神電鉄本線尼崎駅 徒 3分

城下町の名残りを今に伝える11カ寺
工業都市の異空間

本興寺開山堂

長遠寺多宝塔

　尼崎駅の南西300mほどのところに、11カ寺が集まる寺町がある。1617(元和3)年、尼崎に転封となった徳川幕府譜代の武将戸田氏鉄は、翌年から尼崎城の築城をはじめた。その際、当時の町衆と寺院とを分離して勢力をおさえる宗教的理由や、西国の外様大名からの攻撃に対する防衛的理由から、町場にあった寺々を集めたといわれる。現在、高架になっている阪神電車から寺町の伽藍や塔などが俯瞰できるので、工業都市の真ん中にある不思議な空間に驚く人も多い。おもな寺院を紹介しよう。

本興寺　法華宗(本門流)、大本山。京都の本能寺と並ぶ法華宗の大寺。1420(応永27)年日隆の開基。日隆は、尼崎巽浜の米屋二郎五郎を保護者として尼崎で布教を行った。布教伝導の役割をになう本能寺に対して、本興寺は教学の道場としての役割をにない、日隆は勧学院という教育機関を設置した。現在、本興寺にはこの流れをくむ法華学園興隆学林がある。境内には開山堂・三光

佐々成政の一石五輪塔(法園寺)

堂・方丈(いずれも国重文)があり、そのほか、日蓮の戒刀(数珠丸)・日隆上人坐像(ともに国重文)もある。

大覚寺　律宗。唐招提寺の末寺。6世紀、百済出身の高僧日羅上人の時代に、長洲浦人が建立した燈炉堂に起源をもつといわれ、1275(建治元)年淋海上人の開基と伝えられる。大覚寺が所有する「大覚寺文書」(県文化)は、鴨社長洲御厨(尼崎市南東部長洲地域に形成された荘園を示す)の研究に欠くことができない。「正和四(1315)年」の年紀をもつ「大覚寺絵図」(県文化)は、当時広大な大覚寺城・伽藍を誇った様子がわかる貴重な史料で、中世都市尼崎を知ることができる。大覚寺は、鎌倉時代末期から尼崎の発展に大きな役割をはたし、近世尼崎城が構築されるまでは、大覚寺城として宗教・政治・経済・文化の中心となっていた。また毎年2月節分に行われる節分会では、地元の人たちによって境内で狂言が行われる。

長遠寺　日蓮宗・京都本圀寺末寺。1350(観応元)年日恩の開基。多宝塔(国重文)は1607(慶長12)年の建立で、その優美な姿は寺町

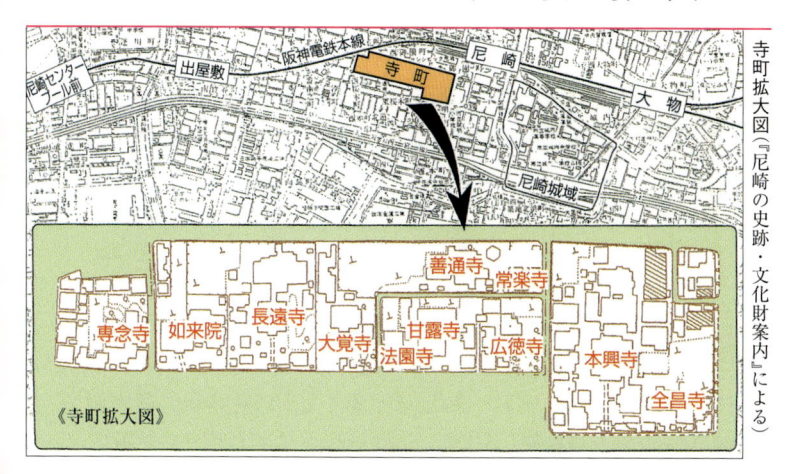

寺町拡大図(『尼崎の史跡・文化財案内』による)

《寺町拡大図》

尼崎藩城下町から中国街道へ　　109

尼崎駅周辺の史跡

全昌寺

のシンボルとなっている。**本堂**(国重文)は桃山時代の建築。

広徳寺 臨済宗大徳寺派。『絵本太功記』に，豊臣秀吉が明智光秀勢に追われてこの寺に逃げ込み，坊主に化けて難をのがれる話がでてくる。

法園寺 浄土宗・知恩院末寺。戦国時代の武将佐々成政は，秀吉に領地肥後国(現，熊本県)での失政を責められ尼崎で切腹した。成政の墓である一石五輪塔がある。

全昌寺 曹洞宗。戸田家の菩提寺として，現在の滋賀県大津市に建立されたが，戸田氏鉄が尼崎藩主として移封入城の際，随伴した僧侶によってこの地に再興された。

専念寺 浄土宗・知恩院末寺。平重盛の菩提所となり，朝廷からとくに丹(朱)塗りの山門を許されたと伝えられ，山門に朱色をほどこし，通称「赤門の寺」とよばれている。

尼信記念館 ❷　〈M▶P.106, 110〉尼崎市東桜木町3
06-6413-1121(尼信博物館)　阪神電鉄本線尼崎駅 🚶 5分

　尼崎駅を南へでて，南西へ300mほど歩くと，寺町の南に明治30年代のレンガ造りの建物，尼信記念館がある。これは現在の尼崎信

尼信記念館

用金庫の前身である尼崎信用組合が，1921(大正10)年に創業した当時の本部で，創業者の小森純一(こもりじゅんいち)の自宅応接棟を，1972(昭和47)年に復元したものである。建物の並びに尼信博物館や世界の貯金箱博物館がある。

尼信博物館(尼信会館)では，2階の常設展示コーナーに「城下町尼崎展コーナー」と世界170カ国の金貨・銀貨2500枚を紹介した「コインコーナー」が設けてある。また世界の貯金箱博物館は，1万点余りの貯金箱を収蔵し，貯金箱の歴史から世界各国の貯金箱・アンティーク貯金箱などがコーナーに分かれて展示されている。

繁栄を今に伝える近代遺産

阪神電鉄旧発電所(はんしんでんてつきゅうはつでんしょ) ❸

〈M▶P.106, 110〉尼崎市北城内(きたじょうない)116
阪神電鉄本線尼崎駅 1分

阪神電車創業の地 沿線の家庭にも電気を供給

尼崎駅を南へおりて，線路に沿って東へいくとすぐに阪神電鉄旧発電所がある。レンガ造りの建物で，現在は阪神電鉄の資材倉庫となっている。阪神電鉄は1899(明治32)年に設立され，1904年に尼崎車庫が完成したが，その前後にこの発電所も建設された。当時は本社が尼崎にあり，電車への送電だけでなく，沿線の住宅(家庭用電力)・工場(工業用電力)への送電もこの発電所が行っていた。

阪神電鉄旧発電所

尼崎城跡(あまがさきじょうあと) ❹

〈M▶P.106, 110〉尼崎市北城内(きたじょうない)・南城内(みなみ)
阪神電鉄本線尼崎駅 5分

阪神電鉄尼崎駅のホームから南東に城の石垣がみえる。しかしこ

尼崎藩城下町から中国街道へ

尼崎城址碑　　　　　　　　　　　　　　　　契沖顕彰碑

れは尼崎城の遺構ではない。石垣は尼崎城跡に、その南にある尼崎市立中央図書館とともに、尼崎市が城址公園として整備したものである。本来の天守閣や本丸は、もう少し東の尼崎市立明城小学校(旧城内小学校)と尼崎市立文化財収蔵庫(旧尼崎高等女学校)の辺りである。国道43号線に面する小学校の正門横には、天守閣や隅櫓のコンクリート製の模型が設置されている。当時の石垣は、明治時代に築造された尼崎港の防波堤などに利用されて残っていない。わずかに城内という地名が当時を物語るのみである。

　江戸幕府は築城巧者といわれた譜代の武将戸田氏鉄に、大坂の西の守りをかためるための軍事拠点として、1618(元和4)年尼崎城を築かせた。4層の天守閣を北東の隅に、残り三方に隅櫓を配し、沖からみると城全体が海に浮かんでいるようにもみえ、美しく水にうつる姿は「琴浦城」の名で親しまれ、壮麗な城であったといわれる。

大坂の西の守り
海に浮かぶ琴浦城の面影今いずこ

明城小学校にある尼崎城の復元模型

　戸田氏鉄は、現在の尼崎市から神戸市域までの領地を、尼崎藩5万石として支配した。その後、藩主は青山氏4代、桜井松平氏7代と続いた。桜井松平氏の時代には、石高4万石となり、西宮や

兵庫の港が幕府直轄領になるなどの変化があった。

　なお，尼崎城の復元模型(300分の1)は，寺町南側にある尼信博物館に展示されている。尼崎市立中央図書館の南には，桜井松平氏の祖，松平信定を祭神とし，歴代藩主をまつった桜井神社がある。また国学の祖として知られる契沖(けいちゅう)は尼崎藩士の子であり，1640(寛永17)年，尼崎の城内(かん)で生まれている。契沖の顕彰碑も，中央図書館の南側にたてられている。2015(平成27)年11月，家電量販店の創業者が「創業の地に恩返しを」と尼崎城天守閣を建造して尼崎市に寄付するとの発表があった。計画に基づいて城址公園内に建設が進んでおり，戸田氏鉄が尼崎城を築いてから400年目にあたる2018(平成30)年に完成予定である。鉄筋コンクリート造りで，場所なども当時のままとは異なるが，外見は当時の資料などを参考にしてできる限り忠実に再現される。何より，阪神尼崎駅プラットフォームからよく見える場所なので，注目が集まることだろう。

旧尼崎警察署(きゅうあまがさきけいさつしょ) ❺

〈M ▶ P. 106, 110〉尼崎市北城内，南城内
阪神電鉄本線尼崎駅 🚶 5分

城内地区に残る貴重な近代建築群

　明治時代のレンガ造りに対して，大正時代から昭和時代初期になると，コンクリート製の公共建築物の建設が進んだ。城内地区には，1926(大正15)年竣工(しゅんこう)の旧尼崎警察署がある。鉄筋コンクリート造り，3階建て(1階が半地下で2階部分が基準階であるため，地下1階・地上2階となる)，正面中央部と両翼が背面に少しつきでた左右対称の平面形で，セセッションとよばれる形式を継承している。玄関まわりの正方形の縁取りや，玄関前におかれた花鉢などにその雰囲気がよくあらわれている。この建物は，1970(昭和45)年まで警察署として使われ，その後尼崎市立城内児童館として使用されていたが，1995(平成7)年の阪神・淡路(あわじ)大震災により一部損壊し，以降は使用されていない。

旧尼崎警察署

尼崎藩城下町から中国街道へ

隣接する旧尼崎高等女学校(現,市立文化財収蔵庫)や旧尼崎尋常高等小学校(現,尼崎市立琴ノ浦高校)も昭和10年代の建物で,貴重な近代建築である。この2つの建物は,現在でも公共施設として使用されている。

ユニチカ記念館 ❻
06-6481-0525

〈M ▶ P. 106, 110〉尼崎市 東 本町 1
阪神電鉄本線大物駅 🚶10分

尼崎の工業化の先駆け明治期のレンガ造りの近代遺産

ユニチカ記念館

大物駅を南におり,大物川緑地に沿って南東へ10分ほど歩くと,国道43号線に接した敷地にユニチカ記念館がある。尼崎は江戸時代の城下町から,明治時代以降工業都市に変貌するが,ユニチカ記念館は,尼崎の近代産業発達の歴史を物語る象徴的な建物である。ここにはかつて,現在のユニチカの前身尼崎紡績の広大な工場があった。尼崎紡績は尼崎の工業化の先駆けとして,1889(明治22)年に創業された。1900年に本社社屋としてたてられたレンガ造りの建物が,現在のユニチカ記念館であり,尼崎紡績やユニチカに関する資料が展示されている。

残念さんの墓 ❼

〈M ▶ P. 106, 110〉尼崎市杭瀬 南 新町4-13
阪神電鉄本線大物駅 🚶5分

尼崎に眠る民衆の信仰篤き長州の勤王の志士

残念さんの墓

大物駅の北東に尼崎だいもつ病院がある。この病院の東側にある墓地に,「残念さん」とよばれて,民衆信仰の対象になっている長州の勤王の志士の墓がある。幕末の禁門の変

中国街道に沿って

コラム

かつては大名行列がとおった街道も、今は知る人も少ない

　江戸時代、大坂から尼崎を経て、西宮で西国街道に合流する街道は中国街道とよばれ、大名行列にも利用された。現在西宮や尼崎で旧国道とよばれる道が、ほぼ中国街道にあたる。この街道は、尼崎城下では大きく南へ迂回する。尼崎城の南に人工島がつくられ、街道がここをとおって、街道筋に町が形成された。これが築地地区である。長らく江戸時代の街道筋の雰囲気を残していた築地も、阪神・淡路大震災で地域全体が液状化し、その後の土地区画整理事業により、当時の町並みは姿を消した。

　築地の東端にあたる大黒橋のたもとには、江戸幕府8代将軍徳川吉宗の命で、現在のベトナムから長崎に着いたゾウが江戸に送られる途中、尼崎をとおったときの様子を伝える顕彰碑がある。

　大黒橋から北へ5分ほど歩くと大物主神社があり、大物の浦からの船出を待つ源義経や弁慶らがここに隠れたと伝えられる。また阪神電鉄本線大物駅の西には、大物崩れの碑がある。これは16世紀初めの室町幕府の管領細川氏の内紛で、細川高国と細川晴元の戦いが、おもに尼崎やその周辺の摂津西部一帯で行われ、1531（享禄4）年野里川（現、淀川）の戦いで高国勢が大敗して、尼崎に戻るところを晴元勢に大物付近で切りくずされ、高国は自害したと伝えるものである。

　中国街道と国道2号線が交差する辺りに、民衆信仰の対象になっている「残念さん」の墓がある。国道2号線を稲川橋の交差点で渡ると、長洲地区をとおる。ここには震災でかなり減ったが、まだ古い町並みが残されている。

　当時中国街道は、神崎の渡しによって大坂側と結ばれていた。神崎は古くから交通の要衝として栄えていたが、平安時代後期ごろから神崎の遊女の名で知られるようになり、法然上人に帰依して入水したと伝えられる遊女をまつる遊女塚が残っている。しかし現在の神崎には、当時の渡しや宿場としての繁栄をしのばせるものは残っていない。

神崎の遊女塚

（1864年）に敗れた長州藩の中間山本文之助は、京からのがれる途中に大物でつかまり、「残念！　残念！」とさけびながら自害した。その後、文之助の墓には、同情した多くの人びとが参詣するように

尼崎藩城下町から中国街道へ

なった。思いを残して死んでいった「残念さん」に願をかければ，願いが叶(かな)うという人びとのひそかな信仰が広がっていった。

なお，大物駅東側の公園は，かつての大物川を暗渠(あんきょ)にしてつくられたもので，歴史の散歩道として整備されている。この公園を南に向かうとユニチカ記念館へ至る。

旧大庄村役場(尼崎市立大庄公民館) ❽
06-6416-0159

〈M ► P. 106〉尼崎市大庄西町(おおしょうにしまち)3-6-14
阪神電鉄本線尼崎センタープール前駅🚶10分

昭和を代表する建築家が設計
当時日本一の村役場と評された

旧大庄村役場

尼崎センタープール前駅から北へ10分，旧国道(中国街道(ちゅうごく))沿いに，旧大庄村役場(現，尼崎市立大庄公民館，国登録)がある。この建物は1937(昭和12)年竣工，文化勲章受章者で，昭和を代表する建築家村野藤吾(むらのとうご)の若き日の建築である。鉄筋コンクリート造り，地上3階・地下1階建で，茶褐色のタイルが外壁全面に貼られ，そのところどころに，オリーブの木の透(すか)し彫りやワシの頭とライオンの胴をもつギリシア神話上の動物グリフィンのレリーフがかざられるなど，村野がはじめてがけた公共建築物として，当時は日本一の村役場といわれた建物である。

また東に隣接する尼崎市立大庄小学校も，鉄筋コンクリート造りで，当時の大庄村の財力ぶりを今に伝えている。ちなみに，尼崎市と大庄村が合併するのは，第二次世界大戦が激しさを増していた1942年である。

② 近衛家領伊丹郷町から西国街道へ

江戸時代には、五摂家の代表格近衛家の領地として栄えた。
その繁栄をささえたのが酒造業で、多くの文化人も集った。

有岡城跡 ⑨ 〈M▶P.106, 118〉伊丹市伊丹1・2
JR福知山線伊丹駅すぐ

宣教師も賞賛した壮麗な城
荒木村重の謀反とともに滅ぶ

　JR伊丹駅をおりて西へすぐのところに有岡城跡（国史跡）がある。もとは、鎌倉幕府の御家人であった伊丹氏が城を構えていたが、室町幕府15代将軍足利義昭にくみし、荒木村重に攻められて落城した。織田信長より摂津守に任じられた村重は、伊丹台地を利用した惣構えの城をつくり、有岡城と名づけた。この地が辻の碑にも示されるように、摂津の中心という戦略的なねらいもあった。有岡城はイエズス会宣教師のルイス・フロイスも『日本史』に「みごとな城である」と記している。しかし、村重は謀反を疑われ、1578（天正6）年信長軍に包囲されて1年余りの籠城の末、落城した。村重は単身脱出し、毛利へのがれたが、一族・郎党は京都の六条河原や尼崎の七松で処刑された。なお、村重はその後、茶人道薫として豊臣秀吉につかえ、利休七哲の1人となった。

　本丸の東側はJR福知山線の敷設工事によって削られてしまったが、本丸西側は、出土した戦国時代の石垣が復元・保存されるなど、整備・公園化されて、国の史跡となっている。

有岡城跡

旧岡田家・旧石橋家（伊丹郷町館）⑩
072-772-5959

〈M▶P.106, 118〉伊丹市宮ノ前2-193 P
JR福知山線・阪急伊丹線伊丹駅5分

豪商のうんだ伊丹の酒造業、
その歴史を象徴する建物

　JR伊丹駅から西へ、または阪急伊丹駅から東へ、ともに徒歩5分のところに旧岡田家（酒蔵とともに国重文）がある。全国でも珍しい17世紀の町家である。隣には、幕末にたてられた伊丹を代表する

旧岡田家

商家旧石橋家(県文化)が移築されている。

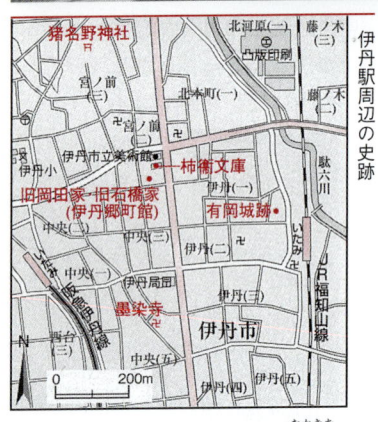

伊丹の酒造りは、伊丹の鴻池ではじまったといわれる。尼子氏の武将山中鹿之介の2男幸元が、この地に住む親類のところで養われ、長じて醸造業をはじめた。一説では幸元の使用人が主人にしかられた腹いせに、酒樽に灰を投げ入れたところ清酒ができあがったともいわれる。濁り酒の多かった当時、伊丹の酒は伊丹諸白とよばれた清酒で、なかでも高級酒丹醸は江戸で珍重された。酒造で財をなした鴻池家は、大坂を代表する豪商に成長していく。伊丹市鴻池中北の鴻池稲荷社には、鴻池家と酒造の由来を示した、1784(天明4)年ごろ造立の碑がたっている。

伊丹駅周辺の史跡

旧岡田家・旧石橋家は、伊丹郷町館として無料で一般公開されている。県道尼崎池田線(通称産業道路)に面したこの区画には、伊丹市立美術館・柿衞文庫・伊丹市立工芸センターもあり、「みやのまえ文化の郷」として伊丹市の文化の中心となっている。この区画の南側には、小西酒造が酒蔵を改造し、1階はレストラン、2階は酒造り関係の展示を行っている、白雪ブルワリービレッジ長寿蔵がある。

柿衞文庫 ⓫
072-782-0244

〈M ► P. 106, 118〉伊丹市宮ノ前2-5-20
JR福知山線伊丹駅・阪急伊丹線伊丹駅🚶5分

旧岡田家の北隣に柿衞文庫がある。
伊丹の町長・市長を歴任した岡田利兵衞は、酒造家に生まれ、俳

西国街道に沿って

コラム

京と西国を結ぶ街道 自動車の行き交う脇に当時の息吹

　西国街道は京都と西国を結ぶ街道として古くから利用された。古来、律令制度のもとでは山陽道の名でよばれているが、とくに山城や摂津では、西国街道の名でよばれている。江戸時代の参勤交代にも利用されたルートは、現在の国道171号線にほぼ並行している。武庫川には当時髭の渡しがあった。現在、渡しのあった辺りは尼崎市域に属するが、河川敷が整備され、説明板も設置されている。

　髭の渡し跡から10分ほど東へ進むと伊丹市域にはいるが、国道171号線と県道尼崎宝塚線（通称尼宝線）とが交差する西側に師直塚がある。これは高師直の菩提をとむらうため、地元の人たちによって大正時代にたてられたものである。高師直は足利尊氏の執事で、室町幕府の成立に大きな役割をはたしたが、尊氏の弟直義と対立し、1351（観応2）年、この地で討死した。

　東へ進むと、昆陽の宿場に至るが、現在、当時を物語る道標や歌碑はあるものの、本陣などの建物は残っていない。

　さらに東へ進むと伊丹市役所などの官庁街の一角に、伊丹市立博物館がある。伊丹の歴史・文化財・西国街道などの常設展示があり、期間ごとに特別展も行っている。この辺りの西国街道は、当時をしのぶことができるように、説明板などが設置されている。

　大鹿で有馬道と交差し、伊丹緑道と交差するところに辻の碑がある。現在表面の刻字はほとんど読めず、成立年代もはっきりしないが、この地が摂津の中心であることを示したものである。伝説では、源満仲がたてたといわれている。辻の碑の西を北へ向かえば、多田神社に至る多田街道である。伝説の由来はこのあたりにあるのかもしれない。

　伊丹緑道から坂をくだって、猪名川を渡る。対岸の伊丹空港の北に位置する下河原地区には、古い家並みが残る。この辺りで、西国街道は大阪府池田市へとはいる。

下河原地区の町並み

諧の研究者としても著名であり、俳諧に関する資料を多数収集していた。柿衞文庫は、これらの収集品を中心に公開されている。

　近世の伊丹は、多くの文化人が集まり、俳諧文化が花開いた町でもあった。酒造業の旦那衆が俳諧に打ち込み、そうしたなかから俳

近衛家領伊丹郷町から西国街道へ

墨染寺山門

上島鬼貫の墓(墨染寺)

近衛家の領地として文化人が集い、俳諧が栄えた

人上島鬼貫が登場する。鬼貫は伊丹の酒造家に生まれ、俳諧の道をきわめ、「東の芭蕉、西の鬼貫」と並び称された。鬼貫の墓は大阪と伊丹市中央の墨染寺にある。

このような俳諧の興隆を背景に、多くの文化人が集ったという以下のような話がある。高名な儒学者頼山陽と文人画家田能村竹田らが、箕面の紅葉狩りの帰途、伊丹を訪れた。酒宴で、酒造家岡田家の庭になっていたカキがだされた。山陽はそのカキの形や色が美しく、味もまたすばらしかったので激賞し、竹田が絵を描き、山陽が讃辞を書いた額ができた。以来、岡田家ではこのカキを、頼山陽遺愛のカキとして大切にしてきたという。利兵衛は、このカキを衛ということから柿衛と号した。

伊丹廃寺跡 ⑫

〈M ▶ P. 106, 122〉伊丹市緑ケ丘4・5・7
阪急伊丹線伊丹駅🚌山本団地行高前🚶すぐ

水煙や磚仏の発見により、法隆寺式の大伽藍の存在があきらかに

バスをおりるとすぐ前が伊丹廃寺跡である。伊丹廃寺跡(国史跡)は、8世紀前半から13世紀末ごろにかけて存在したと推定される寺院跡である。現在の地名は緑ケ丘となっているが、かつては鋳物師といわれた。『摂津名所図会』には「霊林寺旧址」と記されており、江戸時代の絵図などには、良連寺・良蓮寺・竜蓮寺などと表記されている。かつては大きな伽藍を備えた寺院であったが、荒木村重の乱(1578〜79年)で焼失したと推定される。1958(昭和33)年、水

街道沿いの町並み保存と伊丹緑道

コラム

街道をしのぶ伊丹の町並み 伊丹台地を実感できる遊歩道

　伊丹市内では，街道沿いの風情や歴史的な景観を残そうと，市や市民による活動が活発に行われている。伊丹郷町館を中心とする宮ノ前地区（「みやのまえ文化の郷」）から猪名野神社にかけての町並みは，市の再開発によって歴史的な町並みとして復活した。

　西国街道沿いの町並みでは，昆陽や千僧に，ところどころではあるが，街道沿いのたたずまいをみせる町家風の家屋やぬり塀，街道の歴史を示す表示板などが整っている。また，猪名川を東へこえた下河原地区には，古い家並みが残っている。辻の碑で西国街道と交差する多田街道は，市民の活動で歴史的な街道の風情がよみがえっている。その中心である教善寺は，阪神・淡路大震災で全壊してたて直されたが，本尊の阿弥陀如来立像は，戦火をのがれた伊丹廃寺の仏像ではないかといわれている。

　また，猪名寺をぬけて伊丹郷町へ向かう旧大坂道（かつてのメインストリート）も，市と市民の協力によって，古い町並みを保存しようという試みが進められている。

　旧岡田家，柿衛文庫のある「みやのまえ文化の郷」の北西にある猪名野神社は，伊丹郷町の氏神であり，有岡城の北の砦があったところで，当時の土塁が残っている。猪名野神社の北側から伊丹台地の中腹をめぐる散策路が緑ケ丘公園まで続いている。これが伊丹緑道で，木々の緑に囲まれ，車のはいらないウォーキングに最適な遊歩道である。この緑道の近くには，歴史の香り豊かな石造物や建物が点在する。そのいくつかを紹介しよう。

　緑道と西国街道が交差する手前に，和泉式部の墓と伝えられる石塔がある。街道をこえて北側には辻の碑がある。摂津の中心を示す碑である。緑ケ丘公園にはいる手前に臂岡天満宮があり，すぐ西に伊丹廃寺（国史跡）の遺構がある。この緑道から，瑞ヶ池や昆陽池のほうにも足をのばすことができる。

伊丹緑道

煙・風鐸・軒丸瓦などが，雑木林から作業中に発見されたことがきっかけとなり，田岡香逸・高井悌三郎らの甲陽史学会を中心に発掘調査が実施され，その後継続的な調査の結果，法隆寺式の伽藍配置で，東に金堂，西に塔が配置され，それを回廊が取り囲んでい

復元された伊丹廃寺金堂基壇

るなどの全貌が判明した。ただ、北の講堂は中心線より東に寄っている。

現在、金堂や塔の基壇が復元され、史跡公園として整備されている。また発見のきっかけとなった水煙や金箔の残る塼仏（瓦の表面に仏像を浮彫りしたもの）、軒丸瓦などの多数の出土品は、伊丹市立博物館に保管・展示されている。

伊丹廃寺跡周辺の史跡

昆陽寺(こやでら) ⓭
072-781-6015
〈M▶P.106〉伊丹市寺本2-169
阪急伊丹線伊丹駅🚌山田行昆陽里(こやのさと)🚶1分

時代劇にも登場した山門
行基の布教に起源をもつ寺

国道171号線沿いの昆陽里バス停の北に大きな山門がみえる。崑崙山(こんろんさん)昆陽寺(高野山真言宗(こうやさんしんごん))である。昆陽寺は行基(ぎょうき)開山の畿内49院の1つとして731(天平(てんぴょう)3)年に開創された。行基が昆陽池を開削したとき、かたわらに小さな小屋をたて、旅で困った人や病人のための施設とした昆陽施院(せいん)の系譜を引くもので、その後、荒木村重の謀反の際、織田信長の兵火によって堂塔は完全に焼失した。現在の建物

昆陽寺山門

は，西国街道に面した位置に江戸時代にたて直されたものである。豪壮な山門は江戸時代中期のものであり，観音堂は寛永年間(1624〜44)のものである(ともに県文化)。

　この地は断層地形で，武庫川にそそぐ天神川や天王寺川の氾濫に苦しんでいたが，行基が猪名野笹原の開墾事業の仕上げとして，灌漑用のため池と洪水を防ぐ遊水地の2つの役割をはたすために5つの池をつくったといわれる。そのなかの最大の池が，昆陽寺に近接する昆陽池である。現在，冬の季節にはハクチョウやカモなど，多くの渡り鳥でにぎわう飛来地として親しまれている。

③ 弥生の田能遺跡から近松の里へ

この地は百人一首にもうたわれた猪名の笹原や武庫の地で,山陽道・西国街道がとおり,古くから開かれた地域である。

田能遺跡(田能資料館) ⑭
06-6492-1777

〈M ▶ P.106〉 尼崎市田能6-5-1 P
阪急神戸本線園田駅🚌阪急塚口行・阪神尼崎行・JR福知山線猪名寺駅行田能口🚶15分,または阪急神戸本線塚口駅🚌阪急園田行田能口🚶15分,またはJR猪名寺駅🚌園田経由 東 園田行田能口🚶15分

公共工事から弥生時代の大集落発見、史跡公園として保存

　田能口バス停から1km余り北へ進み,さらに猪名川橋を渡り100mほど東に歩くと,尼崎市の北東の角,猪名川から大阪府豊中市側へくいこむようにして,田能遺跡(国史跡)がある。隣は豊中市のクリーンスポーツランドで,最終処理場からでる熱を利用した温水プールなどのスポーツ施設である。尼崎側からは大型バスははいれない。1965(昭和40)年,工業用水のための施設工事の現場から大量の弥生土器が発見され,続いて住居跡,墓と副葬品などもみつかり,弥生時代を代表する大集落であることが判明した。当時は静岡県の登呂遺跡につぐ発見として大きく報道され,ここでの調査が弥生時代の研究に大きな役割をはたした。また調査終了後は,遺跡が埋め戻され,水道施設が建設されることになっていたが,市民を中心に各方面からの保存要求で,史跡公園化が実現した。1970年,遺物の展示や収蔵を行う田能資料館が開館し,定期的に企画展や弥生時代を知るための展示が行われている。

　この周辺は,田能遺跡からもわかるように,古代から多くの人びとが住み,往来した地域で,猪名寺廃寺や御願塚古墳を含む猪名野古墳群などの遺跡が点在する。

猪名寺廃寺跡 ⑮

〈M ▶ P.106, 126〉 尼崎市猪名寺1
JR福知山線猪名寺駅🚶15分

尼崎にも白鳳の大伽藍あり猪名寺の左璞丘に

　JR猪名寺駅から北東に10分ほど歩くと,猪名寺地区に着く。ここは古い集落で道がせまく,自動車でははいりにくい。この集落の北東側,左璞丘とよばれる藻川と接する小高い丘に,猪名寺廃寺跡がある。猪名寺廃寺は,発掘調査によって,白鳳時代から室町時代にかけて存在していたことが確認されているが,戦国時代の戦火

124　阪神

猪名寺廃寺塔心礎

で焼失したと考えられ，当時をしのぶものは塔の礎石のみである。現在この丘には法薗寺（真言宗）があり，その境内と北に広がる森がほぼ猪名寺廃寺の領域と考えられる。

　猪名寺廃寺は，1952（昭和27）年と1958年の２回，正式な調査が行われた。この調査で，東西81.21m・南北48.48mの規模で，幅5.54mの回廊がめぐらされ，東に金堂，西に塔，北方に講堂が配置された，法隆寺式伽藍配置の寺であることがわかった。ただ礎石はほとんど散逸し，塔の心礎だけが法薗寺本堂北側に保管されているにすぎない。この心礎から，塔は高さ29.69mの三重塔と推定されている。

　寺の創建者について，この地域の古代の有力者から為奈真人という説や，左璞丘と左璞射（左大臣）との関係から，左大臣阿倍倉梯麻呂という説などがあるが，いずれも推測の域をでない。

近松門左衛門の墓 ⓰
06-6491-7555（近松記念館）

〈M ▶ P.106, 126〉尼崎市久々知1-4-38　Ｐ
JR東海道・山陽本線尼崎駅🚌阪急塚口行・阪急園田行近松公園🚶1分，阪急神戸本線塚口駅🚌JR尼崎駅行近松公園🚶1分

近松門左衛門の信仰と創作の地　久々知妙見

　近松公園バス停を西へ100mほど歩くと近松公園に着く。公園の南側には広済寺（日蓮宗）があり，境内に近松門左衛門の墓（国史跡）がある。

　近松門左衛門は，音曲の名人竹本義太夫と協力して，人形浄瑠璃を発展させ，多くの戯曲を残した。近松は本名を杉森信盛といい，越前藩士の子として福井に生まれたといわれる。京都や大坂に住んだが，広済寺との関係が深く，近松と妻の墓が寺にあるのは，当時芸能人や商人に広まっていた妙見信仰と関係が深いといわれる。

　広済寺隣の久々知須佐男神社は，当時久々知妙見とよばれ，大阪の能勢妙見と並ぶ霊場としておおいに栄え，広済寺はその神宮寺で

弥生の田能遺跡から近松の里へ　　125

塚口駅周辺の史跡

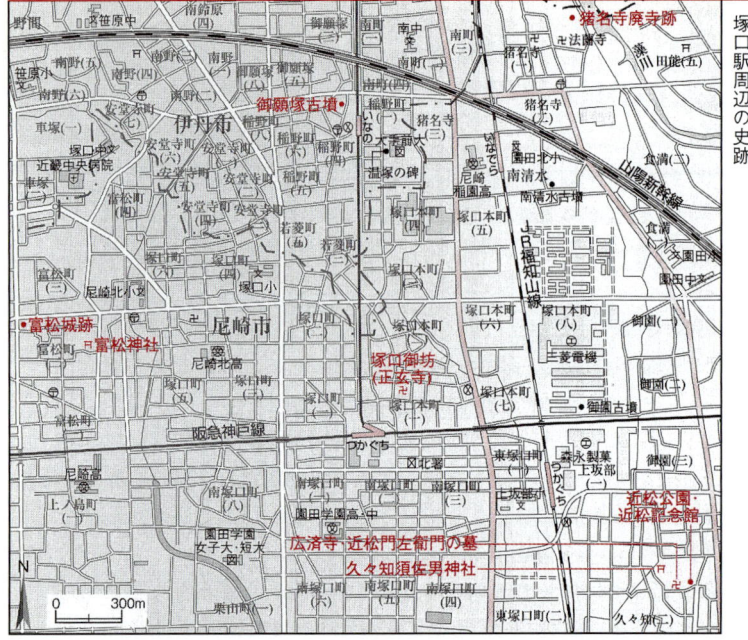

あった。広済寺の開山講にも近松の名がみられ、しばしば立ち寄って執筆にあたっていたともいわれる。尼崎市は近松門左衛門を、市を代表する文化人として顕彰し、多くの文化行事を行っている。1975(昭和50)年、広済寺の隣にゆかりの品々を展示する近松記念館が開館し、周辺も近松公園として整備されている。

また市内の園田学園女子大学には近松研究所があり、近松に関する資料をデータベース化して、一般にも公開している。利用については事前に連絡をいれるとよい。

近松門左衛門の墓(広済寺)

塚口御坊 ⑰　〈M ▶ P. 106, 126〉尼崎市塚口本町1-31
阪急神戸本線塚口駅 🚶10分

　阪急塚口駅の北東、阪急伊丹線と県道尼崎池田線（通称産業道路）にはさまれた地域は、室町時代から戦国時代にかけて、塚口御坊とよばれる浄土真宗の興正寺別院を中心にした寺内町であった。200m四方に土塁をめぐらし、周囲を二重の濠が取りまいていた。

　塚口御坊のおこりは15世紀初めであり、戦国時代には、摂津の川辺郡・豊島郡・能勢郡における一向一揆の中心となっていたという。

　また戦国時代末期には、織田信長や荒木村重との関連で塚口城という名でも文献に登場する。当時の様子をしのぶものはほとんどないが、東町門跡・清水町門跡・北町門跡に祠があり、周囲をめぐっていた土塁の高さが想像できる。塚口御坊は現在、正玄寺（浄土真宗本願寺派）となっている。町内には全国でも珍しい清酒の菰樽づくりの工場があり、全国的なシェアを占めている。

　また塚口の名は、周囲に古墳が多数存在することに由来すると考えられる。北東には池田山古墳（消滅）・大塚山古墳（消滅）・南清水古墳、東に御園古墳、北西に御願塚古墳などがあり、猪名野古墳群といわれている。

塚口城東町門跡

塚口城清水町門跡

かつて繁栄した寺内町塚口御坊も、今は祠が残るのみ

弥生の田能遺跡から近松の里へ

御願塚古墳 ⑱

〈M ▶ P. 106, 126〉 伊丹市御願塚4
阪急伊丹線稲野駅 🚶 5分

帆立貝式古墳を実感できる住宅地のなかの古墳公園

御願塚古墳

阪急稲野駅から北西へ400m余り歩くと、御願塚古墳(県史跡)に至る。塚口の由来といわれる猪名野古墳群のなかで、唯一、丘と周濠を残しており、公園として整備されている。古墳時代中期の帆立貝式前方後円墳で、全長52m、前方部は幅19m、後円部は直径39m・高さ7m、墳頂部には孝徳天皇をまつる南神社がある。現在幅8～11mの水をたたえた濠があるが、最近の調査で、その外側にも濠のあったことが確認され、多数の埴輪片が出土したので、二重の周濠の間に埴輪が並んでいたと推定される。また北側のくびれ部(前方部と後円部の付け根部分)に造出しが発見された。造出しは埋葬者に対する祭祀が行われた場所と考えられ、帆立貝式古墳ではあまり例がない。

かつて御願塚古墳の周辺には、満塚・掛塚・温塚・破塚という4つの塚があって、あわせて五ケ塚とよんでいたという。しかし4つの塚は消滅し、主墳のみが残っている。温塚の碑は、阪急稲野駅北東の大手前女子大学構内にある。

富松城跡 ⑲

〈M ▶ P. 106, 126〉 尼崎市富松町2
阪急神戸本線武庫之荘駅 🚌 宮ノ北団地行・武庫営業所行・JR尼崎駅(南)行富松城跡 🚶 すぐ、または阪急神戸本線塚口駅 🚶 20分

都市部に残る貴重な中世の土塁跡 市民の手で保存運動が

富松城跡バス停のすぐ前に富松城跡がある。室町時代から戦国時代にかけての土塁と濠をもつ城郭の遺構が残っている。現存する土塁の高さは4mで、幅11m。最近の調査によれば、当時、城は南北180m・東西150mの範囲だったと推定される。16世紀前半、管領細

尼崎の農業と名産

コラム

工業都市の伝統農業　市民の手で農産物の保存・復活

　尼崎といえば，工業の町・公害の町というイメージが強い。しかし，北部を中心に農業地域も残っている。田能遺跡の猪名川をはさんだ対岸には，工業都市には珍しい市立農業公園があり，四季の花々も植えられている。また，かつて名産として珍重された農作物を復活させようという動きも，市民を中心に活発になっている。いくつかの例をあげよう。

園田のサトイモ　猪名川と藻川にはさまれた地域は，猪名川の旧河道の自然堤防や河跡湖が残るなど，自然がよく保存されている。市民の手で特産物のサトイモづくりが盛んである。

富松の一寸豆　富松では，富松城の保存運動とともに，かつての名産品一寸豆（ひとまわり大きいソラマメ）の栽培が復活した。一寸豆とよばれるように，約3.3cm（1寸）の大粒の実が特徴である。

尼いも　尼崎南部の海岸沿いの新田地帯では，江戸時代から尼いもとよばれた高級サツマイモが栽培されていた。「四十日」「尼ヶ崎」「源氏」の3種類があったとされ，大阪や京都の高級料亭などにも珍重されていた。しかし，昭和時代初期の台風での高潮の被害で，尼崎から姿を消した。この尼いもの復活も市民運動のなかから進められている。

　また尼崎南部では，江戸時代から醬油づくりが盛んで，かつては旧大物川の川岸には，江戸時代から明治・大正時代をとおして醬油工場が並んでいた。戦争による打撃や機械化・大量生産に乗り遅れて，戦後は衰退して工場はなくなったが，尼崎独特の尼の生揚げ醬油が委託生産によって復活している。

川家は2流に分かれ，内紛が続いた。摂津西部の戦いの際，いずれかの陣営がこの城に兵をいれて陣を張ったことが，『細川両家記』などの史料にみえる。また戦国時代には，西宮の越水城・瓦林城とともにいく度となく戦火に見舞われた。現在，都市部において中世の土塁が残存することはほとんどないので，貴重な遺産である。

富松城跡

弥生の田能遺跡から近松の里へ

富松神社

近年、この土塁を含む土地が相続税の物納として競売にかけられる可能性がでてきたことから、地元では保存運動が盛りあがり、その一環として大学とNPOなどの協力のもと、インターネット上にバーチャル(仮想)博物館「富松城歴史博物館」を立ち上げ、大きな話題となっている。

　城跡の東300mほどにある富松神社の本殿(県文化)は、1636(寛永13)年に再建されたが、組物・蟇股などは極彩色で、華麗な桃山時代の余風をよく残している。また西へ徒歩5分ほどのところに、1996(平成8)年の発掘調査で、弥生時代中期の大型掘立柱の建物遺構が発見され、話題をよんだ武庫庄遺跡もある。

④ 源氏のルーツから埋蔵金伝説の地へ

清和源氏の祖源満仲は、多田盆地に移り住み多田荘を開墾して強力な武士団をつくりあげ、その子孫たちは全国へ発展した。

多田神社（ただじんじゃ）⑳
072-793-0001
〈M ▶ P.106, 132〉川西市多田院多田所1-1 P
能勢電鉄多田駅（のせ）🚶15分

多田駅から西へおよそ1km歩くと多田神社に至る。正面石段の横には「史跡多田院」の石碑があり、明治時代になるまで多田院という寺院であった。正式には多田院法華三昧寺（ほっけざんまいじ）といい、平安時代中期の970（天禄元）年源満仲（みなもとのみつなか）により建立（こんりゅう）された。

多田神社随神門

清和源氏の祖満仲の廟所（びょうしょ）ということで、鎌倉・室町・江戸幕府の保護により発展した。たとえば、北条（ほうじょう）氏が鎌倉極楽寺（ごくらくじ）の忍性（にんしょう）を再建にあたらせ、足利尊氏（あしかがたかうじ）からは地頭職（じとうしき）を寄進されたりした。戦国時代の動乱で荒廃したが、江戸幕府4代将軍徳川家綱（いえつな）のときに再建され、現在の建物はほとんどこの時期にたてられている。

1951（昭和26）年、神域一帯が国の史跡に指定され、また入母屋（いりもや）造の本殿・拝殿と切妻造（きりづまづくり）の随神門（ずいしんもん）が重要文化財に、南門・東門・西門・六社神社本殿などが県の文化財に指定されている。なお、神社に伝わる古文書（国重文）は、多田院・多田荘（しょう）に関する貴重な史料である。

毎年4月の第2日曜日には、多田神社周辺を舞台に往復3.5kmのコースで、「川西市源氏まつり」が開催され、源満仲をはじめ、頼朝（より）・義経（よしつね）・八幡太郎義家（はちまんたろうよしいえ）・巴御前（ともえごぜん）らに扮（ふん）した市民たちが時代絵巻を繰り広げる懐古行列も恒例となっている。

> 清和源氏発祥の地 祖源満仲の廟所、歴代幕府が保護

小童寺（しょうどうじ）㉑
072-794-0253
〈M ▶ P.106, 132〉川西市西畦野（にしうねの）1-7-1
能勢電鉄山下駅（やました）🚶20分

山下駅から川西市立川西病院を目印にして南西へ20分ほど歩くと、

多田駅から山下駅周辺の史跡

満仲も子の教育に悩む悲哀の伝説

西畦野の集落にはいる。この西側の山腹に，源満仲ゆかりの小童寺(浄土宗)がある。

源満仲にまつわる伝説に以下のようなものがある。満仲はわが子美女丸を僧侶にしようと中山寺に修行にだした。しかし美女丸は修行にはげまず，武芸のまね事ばかりしていた。15歳になったおり，満仲が美女丸をよび，修行の成果をたずねたが，経文さえ読めぬことに激怒して，部下の中務仲光に美女丸の首をはねるよう命じた。思い悩む仲光をみて，その子幸寿丸が自分の首をさしだすよう申しでて，身代わりとなり，美女丸はひそかに比叡山の恵心僧都のもとへ送られた。のちに美女丸はこれを悔いて修行に励み，名僧源賢となった。そして幸寿丸の菩提をとむらうために小童寺をたてた。この話は，世阿弥の謡曲「仲光」にも取りあげられている。

現在，小童寺には本堂裏に，幸寿丸・美女丸・仲光の墓があり，無縫塔・板碑などの中世の石造物とともに，絹本著色阿弥陀二十五菩薩来迎図(国重文)も保存されている。

満願寺 ㉒　〈M ▶ P. 106〉川西市満願寺町 7-1
072-759-2452
阪急宝塚本線雲雀丘花屋敷駅🚌愛宕原ゴルフ場前行満願寺前 🚶 すぐ

宝塚市内に川西市の飛地 満仲ゆかりの満願寺

源満仲のもう 1 つのゆかりの寺，満願寺(真言宗)は，現在では珍しい川西市の飛地内にあり，まわりは宝塚市である。

満願寺前バス停からすぐ北にモダンな仁王門がみえる。この門は，明治時代初期の建立で，なかの金剛力士像はもともと多田院山門にあったものである。神仏分離令により移設され，1966(昭和41)年の解体修理の際，鎌倉時代末期の作であることがわかった。このほかにも，平安時代の仏像などを多く所蔵しているが，金堂西にある九

川西・猪名川の歴史資料館

コラム

川西・猪名川の歴史資料館案内

川西市郷土館(川西市下財町4-1, ☎072-794-3354)

　和風建築の旧平安邸と洋風建築の旧平賀邸(ともに国登録)に、美術館を併設して1988(昭和63)年開館した。山下町下財地区は、多田銀銅山の精錬で栄え、平安家は代々銅の精錬所を営み、昭和時代初期まで操業を行っていた。旧平安邸は、大正時代建築の数寄屋風の造りで、邸内に銅精錬の資料を展示した鉱山資料展示室がある。また、日本科学造形研究所主宰一色八郎の箸のコレクションもある。

　一方、精錬所敷地内には、阪神高速道路建設に伴い、猪名川西岸にあった工学博士平賀義美の洋風住宅が移築されている。この建物は、イギリスの田園住宅の形式が忠実にまもられたもので、1918(大正7)年にたてられた。

川西市文化財資料館(川西市南花屋敷2-13-10 ☎072-757-8624)

　市内の遺跡から出土した遺物が、古代から中世まで時代順に紹介され、石器・土器などを中心に実物が展示されている。加茂遺跡・勝福寺古墳・栄根寺廃寺などの説明もあり、市内の歴史研究はここからはじめるのがよい。また近くには、個人が運営する宮川石器館があり、電話(072-759-9077)による予約で観覧が可能である。

大阪青山歴史文学博物館(川西市長尾町10-1 ☎072-790-3535)

　能勢電鉄一の鳥居駅の県道をはさんで、東に壮麗な天守閣がそびえる。これは大阪青山大学が博物館実習などを行う施設として建設したもので、歴史上の城郭を再興したものではない。書画を中心とした収蔵品の展示など、特別企画展として年2回ほど開催している。

静思館(猪名川町上野字町廻り22 ☎072-766-0001)

　町役場の南隣にある旧富田邸(静思館、国登録)は昭和時代初期の建築物で、外見は純和風であるが、骨組みはトラス構造(洋式)で、井戸水を利用した水洗式トイレやオンドル床下暖房、山側斜面の氷室など、当時としては先進的な技術も利用されている。富田家からゆずりうけ、一般公開されている。

川西市郷土館旧平安邸

川西市郷土館旧平賀邸

源氏のルーツから埋蔵金伝説の地へ

満願寺山門

重塔(国重文)は鎌倉時代末期のものである。

東光寺の木喰仏 ㉓
072-766-0831

〈M ▶ P.106〉川辺郡猪名川町 北田原寺ノ前452
能勢電鉄日生中央駅🚌後川行・柏原行大井🚶すぐ

放浪の上人が残した木像に仏の慈悲がやどる

大井バス停の北側の丘の上に水井山東光寺(浄土宗)がみえる。東光寺には14体の木喰仏(県文化)が保存されている。江戸時代後期の木喰明満上人は,全国をまわって1000体以上の仏像をつくったが,90歳をすぎた時期のわずか3カ月の滞在で,猪名川の地に33体を残した。そのうち,現在町内に残っているのは26体である。木喰とは,五穀や肉を断って火食せず,木の実や山菜,蕎麦粉などを常食とする真言宗の戒律の1つであり,これをなしとげた高僧を木喰上人という。

東光寺の木喰仏初江王(左)と太山王

明満上人の木喰仏は,大正時代末期に日本民芸運動の創始者柳宗悦によって世に知られるようになり,猪名川の木喰仏は,1951(昭和26)年に郷土史家の粟野頼之祐らによって発見された。そのユーモラスな表情から,地元で「木喰さん」の愛称でよばれ,親しまれている。東光

寺以外にも、万善地区の天乳寺や上阿古谷地区の毘沙門堂に保存されている。拝観を希望する場合は、事前連絡が必要。詳細は、猪名川町教育委員会教育振興課まで。なお、これらの木喰仏は1999(平成11)年、県の指定文化財となった。

多田銀銅山の青木間歩 ㉔

〈M ▶ P.106〉川辺郡猪名川町銀山 P
阪急宝塚本線川西能勢口駅🚌大原公園前、または白金3丁目経由日生中央行銀山口🚶30分、または🚌紫合経由日生中央行広根🚶45分

ロマンを誘う埋蔵金伝説 安全に見学できるのはここだけ

　自動車を利用する場合、県道川西篠山線(県道12号線)を川西方面から北上し、清和台をぬけて、銀山口交差点を西へはいり、交差点から約2kmで駐車場(公衆便所、銀山の案内掲示板が目印)に至り、駐車場からは徒歩10分で青木間歩に着く。

　多田銀銅山といえば、古くは東大寺の大仏の建立にも多田(現、川西市域)の銅が使われたという伝承がある。豊臣秀吉の時代には政権の財政をささえていたといわれ、埋蔵金伝説で有名である。江戸時代にはいっても銀山奉行が任じられるなど栄えていたが、しだいに衰退していった。明治時代以降も採掘は続けられたが、1973(昭和48)年に閉山した。

　間歩とよばれる坑道は、猪名川町から川西市・宝塚市・大阪府下にわたって存在するが、整備され安全にはいることができるのは、青木間歩だけである。2007(平成19)年から、銀山地区の江戸時代の代官所跡近くに、『多田銀銅山悠久の館』が開館し、銀銅山に関する資料が展示されている。駐車場も広く整備され、明治時代の製錬所跡が悠久広場となっている。青木間歩はここから徒歩10分ほど。内部が公開されている唯一の間歩である。

青木間歩

源氏のルーツから埋蔵金伝説の地へ

⑤ 巡礼街道からタカラジェンヌの町へ

近代には、「歌劇と温泉の町」として有名になった宝塚は、地名の由来ともなった古墳も多数存在し、古い歴史を誇る。

加茂遺跡 ㉕

〈M▶P.106, 137〉川西市加茂1、南花屋敷2・3
阪急宝塚本線川西能勢口駅🚌阪急伊丹行加茂幼稚園前🚶すぐ

弥生時代の大集落　各時代の遺構

バス停からすぐのところに、『延喜式』式内社の鴨神社がある。一帯は猪名川右岸の平野を見渡す台地にあり、神社は、台地上の広大な加茂遺跡（国史跡）の東端に位置している。加茂遺跡は、旧石器・縄文時代から平安時代にわたる集落遺跡であるが、とくに注目すべきは弥生時代である。1911（明治44）年、遺跡東側崖下で栄根銅鐸が出土した。これは、復元高1.14mにもなる最大級のもので、実物は東京国立博物館に保管され、複製品が川西市文化財資料館に展示されている。

大正時代になり、遺跡の存在が注目されるようになると、採取された遺物が散逸する恐れもでてきた。そこで、地元の宮川雄逸は、みずから採集した資料を公開するために、1936（昭和11）年宮川石器館を開館した。以後、著名な考古学者や多くの研究者・市民が訪れ、石器館が現在に至るまでにはたしてきた役割は多大である。1993（平成5）年には遺跡内に、川西市文化財資料館が開設された。

1952（昭和27）～1954年にかけて、関西大学と関西学院大学によるはじめての発掘調査が実施され、弥生時代中期を中心とした大集落の存在があきらかとなった。昭和40年代になると、遺跡内にも開発の波が押し寄せ、緊急調査が急増するとともに、各時代の集落の変遷も明白となっていった。川西市教育委員会による範囲確認調査で

宮川石器館

136　阪神

は、弥生時代中期の集落範囲は、東西800m・南北400mにもおよび、全国的にみても最大級の集落であることが判明した。

1992(平成4)年の遺跡東部(鴨神社北側)の調査では、大型の掘立柱建物やそれを囲む方形区画が確認され、畿内の弥生時代中期集落では、初の大型建物として注目された。方形区画は全国でも希少である。弥生時代後期になると集落規模も小さくなり、その後の時代でも、弥生時代中期にみられるような大規模集落は出現しなかった。2000年に鴨神社を中心とした一帯が、国史跡範囲指定とされた。

栄根寺廃寺遺跡史跡公園 ㉖

〈M▶P.106, 137〉 川西市花屋敷1
阪急宝塚本線川西能勢口駅 🚶 5分

> 土盛りの須弥壇
> 平安時代では希少

川西能勢口駅から線路沿いに西へ進み、やや急な坂をのぼりきると、住宅地のなかに栄根寺廃寺遺跡史跡公園がある。栄根寺廃寺遺跡は、JR川西池田駅北側の台地上に、東西150m・南北300mの規模で広がっている。現在の史跡公園には、かつて栄根寺の薬師堂があったが、阪神・淡路大震災で全壊した。薬師堂にあった平安時代の薬師如来坐像(県文化)は、現在、川西市文化財資料館に保管されている(非公開)。大阪府池田市の西光寺に伝わる「栄根寺縁起」によると、聖武天皇が、行基に命じて薬師堂に薬師如来坐像をつくらせたのが始まりで、のちに源満仲が祈願所として再興したとしているが、中世以前の歴史は不明である。

1985(昭和60)年の川西市教育委員会による試掘調査で創建の古さがあきらかとなり、2000(平成12)年には、地震で全壊した薬師堂跡地の発掘調査により、平安時代後期の本堂跡と須弥壇(仏像を安置した壇)が発見された。須弥壇は、東西9m・南北5mの規模で、底面から40cmの盛り土がしてある。土盛りの須弥壇は飛鳥・奈良時代に特有のもので、平

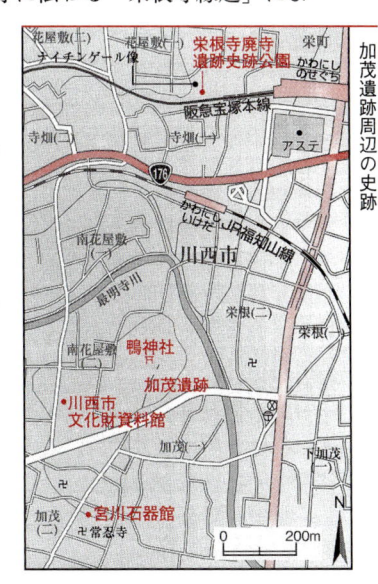

> 加茂遺跡周辺の史跡

巡礼街道からタカラジェンヌの町へ

栄根寺廃寺遺跡史跡公園

安時代の建立は全国的にも珍しいものである。また1982（昭和57）年には、隣接する栄根遺跡の河川跡から、奈良時代のクワの木でつくった墨壺（県文化）が出土した。日本最古級の1つで、寺の創建時に使用したものと考えられている。現在、本堂跡を埋め戻した上に復元された平面の須弥壇と、本堂の礎石跡が再現されている。

　公園内には、ほかに江戸時代の加賀（現、石川県）の豪商、銭屋五兵衛の碑がある。案内板に沿って史跡公園裏側へまわると、1936（昭和11）年にたてられたナイチンゲール像がある。原型はロンドンにある像で、世界にこの複製と2基しかない。

中山寺 ㉗
0797-87-0024　〈M▶P.106, 143〉宝塚市中山寺2-11　P
阪急宝塚本線中山観音駅 1分

西国三十三所観音霊場　安産祈願の寺

　阪急山本駅を北におりると巡礼街道に出合う。巡礼街道は、和歌山県の青岸渡寺を1番札所とし、岐阜県の華厳寺を33番札所とする西国三十三所観音霊場めぐりのルートである。宝塚周辺では、23番札所の勝尾寺（大阪府箕面市）から24番中山寺に至り、25番清水寺（加東市）に向かうルートが確認できる。

　山本駅から西へ進路をとり、中山寺をめざす。まず目につくのが、大正時代にたてられた、天正年間（1573～92）に接木の技術を考案した坂上善太夫頼泰を顕彰する木接太夫彰徳碑である。山本地区は1000年にもおよぶとされる歴史をもつ日本三大植木産地の1つである。園芸流通センター・行基の投げ石・天満神社をすぎ、「宝暦三（1753）年」の銘がある「すぐ中山寺道」ときざまれた道標をすぎてさらに歩くと、中山寺の門前に着く。なお、山本駅の隣の中山観音駅からは、寺まで約200mなので直接いってもよい。

　「花山院道」ときざまれた大きな道標の前に、紫雲山の山号をもつ中山寺（真言宗）がある。寺伝では聖徳太子の創建とされている。

中山寺大門

もとは現在の「奥の院」付近の山中に位置していたが、寿永年間(1182〜84)の戦火、荒木村重の乱(1578〜79年)で焼失し、現在のものは、豊臣秀頼の命をうけた片桐且元が再建したものである。

まず目にはいる大門(県文化)は、1646(正保3)年の再建で、1723(享保8)年の修理が記録されている。大門をくぐり石段をのぼっていくと本堂があり、その向かって右側に護摩堂(ともに県文化)がある。本堂には、平安時代中期のものと推定される本尊木造十一面観音菩薩立像(国重文)、本尊の両側に脇侍として、鎌倉時代の慶派と推定される2体の木造十一面観音菩薩立像(県文化)がある。毎月18日には本尊の開扉法要がある。

本堂から西側へ進むと、鉄筋コンクリート造りの信徒会館がある。そのなかの宝物展示室には、平安時代末期のものと推定される木造薬師如来坐像・木造大日如来坐像、さらに桃山時代のものと推定される木造聖徳太子坐像(いずれも国重文)をはじめとする多数の文化財が収蔵されている。現在は、春と秋の年2回開かれている。

信徒会館から本堂側へおりると白鳥塚古墳(県史跡)がある。横穴式石室で、石室の全長は15.2mと巨大である。玄室には家形石棺がある。古墳時代後期のもので、墳形は不明である。伝承では、石棺に閻魔大王の印をおさめたというもので、仲哀天皇の前皇后大仲姫の墓と伝えられている。

毎年8月9日の、「ここのかび」には、西国三十三所の観音様が星になって中山寺に集まるといわれる「星下り祭り」がある。とくに夜間に行われる梵天奉幣の行事は圧巻である。また中山寺は、安産祈願の寺としても有名で、つねに多くの参詣客で賑わっている。江戸時代から盛んに参詣が行われ、市内にも中山寺を示した道標がみうけられる。

巡礼街道からタカラジェンヌの町へ

中山荘園古墳 ㉘

〈M ▶ P. 106, 143〉宝塚市中山荘園12-6
阪急宝塚本線売布神社駅 8分

八角形の古墳
国指定史跡

中山荘園古墳

中山寺から巡礼街道を西へ進むと市杵島姫神社がある。さらにいくと菰池がみえてくる。そこから北に進路をとり、山麓にみえるマンションをめざしてのぼると、その西側に中山荘園古墳(国史跡)がある。この古墳は、1983(昭和58)年から翌年にかけて発掘調査が行われた。古墳を区画する外護列石が八角形を意図したとみられる多角形で、内部に横穴式石室を備え、7世紀中ごろの築造と考えられている。地方豪族の築造例もあるが、八角形の古墳は、これまで奈良県明日香地方を中心とした天皇陵が一般的であり、興味深い。現在は埋め戻され復元されている。

　中山荘園古墳は、東西約7kmの長尾山丘陵西部に位置しているが、市内にはほかにも多くの古墳がある。古墳時代前期のものとしては、竪穴式石室を備えた前方後円墳である万籟山古墳、中国呉の国の年号である「赤烏七(244)年」銘の神獣鏡(県文化)が出土した安倉高塚古墳などがある。中期古墳では、前方後円墳である長尾山古墳がある。後期古墳としては、長尾山系の丘陵上に200基をこえる古墳が、いわゆる群集墳地帯をなしており、平井古墳群、切畑群集墳、中筋山手古墳群などがある。なお、中山荘園古墳の北東地点で、1942(昭和17)年、2個の袈裟襷文銅鐸(県文化)が出土している。弥生時代中期のもので、同一の鋳型からつくられた同笵鐸が、1カ所に同時埋葬された出土例はここだけである。

売布神社 ㉙
0797-86-4236

〈M ▶ P. 106, 143〉宝塚市売布山手町1-1
阪急宝塚本線売布神社駅 5分

中山荘園古墳から坂をくだり、線路を南にみながら菰池をすぎる

売布神社

と，道が二手に分かれ，そこに道標がある。巡礼街道から離れて右側の道を進むと売布神社（祭神高比売神・天雅彦神）の参道にでる。静寂につつまれ，うっそうとした社叢におおわれたなかをいくと，やがて社殿に着く。社殿の前に「賣布社」ときざまれた社号標石がある。江戸時代の儒学者並河誠所は，『五畿内志』編纂の過程で，摂津国内の式内社のうち所在がわからなくなったものに考証を行い，誤った社号をもとに戻させ，江戸幕府の支持のもとに社号標石をたてさせた。当時，売布社は貴船大明神とされていたが，考証の結果，式内売布神社であることが判明，1736（元文元）年，社号標石がたてられた。上段台座裏面には，「菅広房建」ときざまれているが，これは，建碑の費用の一部を負担した人物に感謝の念をこめ，誠所がきざませたものである。また売布神社境内からは，昭和時代初期に弥生時代の銅鏃が出土している。

社号標石 史跡保存顕彰の先駆

売布神社をあとにして，売布小学校の横をくだると，再び巡礼街道に合流する。中国自動車道の下をぬけると，すぐに豪壮な屋敷が目にはいる。明治時代から昭和時代の初めに活躍した日本画家，橋本関雪の旧別邸である。この別邸の庭は冬華園と名づけられ，屋敷には多くの文化財もあるが，阪神・淡路大震災で大きな被害をうけ，しめられたままである。

清荒神清澄寺 ㉚ 〈M▶P.106,143〉宝塚市米谷字清シ1 Ｐ
0797-86-6641　　　　　　　　阪急宝塚本線清荒神駅 🚶 20分

荒神信仰・神仏習合 富岡鉄斎の作品公開

橋本関雪の旧別邸からさらに西へ進むと，やがて清荒神の参道にでる。両側には多くの店が並び，門前町の風情がある。「荒神さん」とよばれ，かまどの神・商売の神としても親しまれている。年間をつうじ多くの参詣客で賑わう。清荒神清澄寺（真言三宝宗）は，清荒神の名にみられるように，荒神信仰と真言宗清澄寺の神仏習合の形をとっている。寺伝によると893（寛平5）年，宇多天皇の発願によ

清荒神清澄寺

り，896（寛平8）年に静観僧正を開山の祖，益信僧都を導師として開創され，宇多天皇より「日本第一清荒神」の称号を賜わったとされる。現在の地になったのは江戸時代からで，旧清遺跡が現在の清荒神清澄寺の旧跡と伝えられてきた。売布きよしガ丘で，1970（昭和45）年，開発に際して発掘調査が行われ，平安時代後期の天台寺院の伽藍配置があきらかになった。金堂跡は史跡として公園に保存されている。

坂をのぼりきって山門をくぐると，右側にイチョウの大木が2本あり，左側に鳥居のある天堂，正面に本堂がある。本尊は木造大日如来坐像（国重文）で，室町時代初期の作と推定される。また，鎌倉時代の作である絹本著色千手観音菩薩像，14世紀なかばに活躍した画僧良然による絹本著色釈迦三尊像（ともに国重文）がある。

本堂の右横をのぼると，1975（昭和50）年に開設された聖光殿「鉄斎美術館」がある。富岡鉄斎は，幕末から大正時代にかけて活躍した文人画家である。鉄斎はたくわえた教養を背景に，深い内容を蔵しながら自由闊達な独自の世界を築きあげた。当時の清澄寺の法主と鉄斎とは親交があり，作品の収集が行われた。現在，約1200点にもおよぶ鉄斎の作品が収蔵され，公開されている。

毫摂寺と小浜の町並み ㉛

0797-86-2424

〈M▶P.106, 143〉宝塚市小浜5
阪急宝塚本線売布神社駅🚶15分，またはJR福知山線宝塚駅🚌阪神杭瀬駅北行ほか小浜🚶5分

真宗寺内町の名残り 江戸時代の宿場町

清荒神の参道をくだると，阪急清荒神駅の手前で有馬街道に出合う。有馬街道は，大阪から伊丹を経て小浜をとおり，生瀬から有馬に至る。古代より有馬温泉へ湯治にいく道とされていた。ここから東に進路をとり15分ほど歩くと，旧和田家住宅がある。和田家は，代々旧米谷の庄屋をつとめ，その建物は，阪神・淡路大震災で半壊

毫摂寺

となったが，調査・復元され，現在公開されている。18世紀初頭の民家で，市内最古級の民家の1つであるとされている。

さらに東に進んで，大堀川にかかる国府橋を渡り小浜の町にはいると，南側の一画に毫摂寺（浄土真宗）がある。俗に「小浜御坊」とよばれ，明応年間（1492〜1501）に成立したとみられている。小浜は，16世紀前半には，真宗寺内町として発展した。小浜の町の東側に，現在中国自動車道によって遮断された感があるが，上池・下池があり，北から西側にかけては大堀川が流れ，町は高台となっているため，防御のしやすい地形である。

小浜は，江戸時代には有馬街道や，小浜から西国街道に合流して京・伏見に至る京・伏見街道，さらに小浜から小林をとおり西宮に至る西宮街道が出合う交通の要衝の宿場町として繁栄した。皇太神社には制札（高札）が残され，一部は宝塚市立小浜宿資料館に収蔵

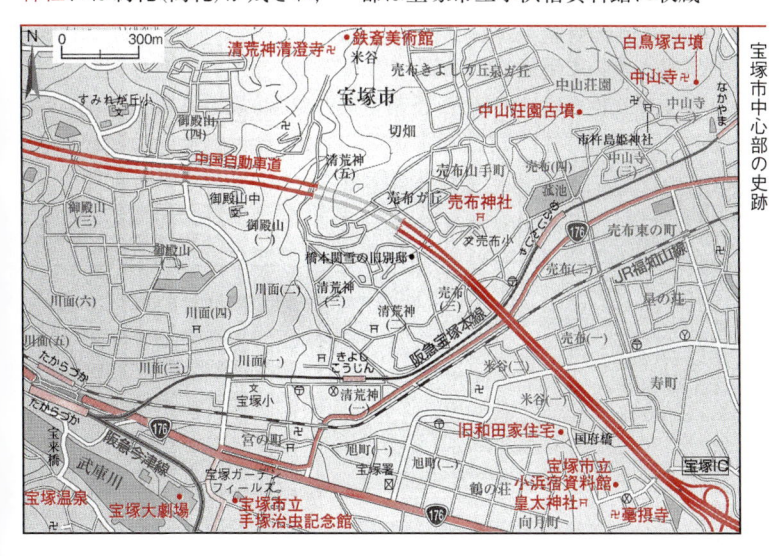

宝塚市中心部の史跡

巡礼街道からタカラジェンヌの町へ　143

されている。1711(正徳元)年の駄賃定札には、小浜から生瀬・伊丹など、各地までの駄賃が定められており、継立て法の整備が示された貴重なものである。また小浜は、隣の宿駅の生瀬としばしば荷物の継立てをめぐる争論を繰り返した。1994(平成6)年、毫摂寺そばに宝塚市立小浜宿資料館が開館し、大工道具の展示や小浜の町の歴史をわかりやすく紹介している。かつて小浜は大工の町・左官の町・酒造りの町としても知られていたが、阪神・淡路大震災で、この町から多くのものが失われた。しかし、古い民家も残り、道標も多数残されている。

宝塚歌劇と宝塚温泉 ㉜
0570-00-5100(大劇場)

⟨M▶P.106, 143⟩ 宝塚市栄町・湯本町 P
阪急宝塚本線・JR福知山線宝塚駅 🚶 5分

タカラヅカと温泉　女性だけの歌劇団

小浜小学校の横の坂をくだると国道176号線にでる。176号線を西に進むと、やがて宝塚ガーデンフィールズ前に着く。この一帯は、かつては宝塚ファミリーランドとして長く親しまれていたところである。左におれ、ガーデンフィールズ南側の道にでて西にしばらくいくと、宝塚市立手塚治虫記念館がある。『鉄腕アトム』や『火の鳥』などの名作で知られる世界的な漫画家手塚治虫が、少年時代から23歳で上京するまでを宝塚ですごしたことにちなんで、1994(平成6)年に開設された。

さらに西へ歩いて阪急電車の高架をくぐると、宝塚大劇場がある。宝塚大劇場は女性だけの歌劇団、宝塚歌劇の専用劇場である。宝塚歌劇の歴史は大正時代にまでさかのぼる。1910(明治43)年、大阪梅田と宝塚の間に箕面有馬電気鉄道(現、阪急電鉄宝塚本線)が開通した。箕面有馬電気鉄道は、宝塚新温泉(のちの宝塚ファミリーランド)というレジャー施設を開き、乗客誘致をはかった。そのなか

宝塚大劇場

名塩の文化

コラム

伝統文化の保存　近代医学の始まり

　現在は、ニュータウン開発などで急速に変貌しつつある名塩には、豊かな歴史がある。名塩はかつて、紙漉きの里としておおいに栄えた。名塩紙の特徴は、山野に自生するガンピ（雁皮、ジンチョウゲ科落葉低木）のみを使用し、地元産の泥の粒子をまぜこむことにある。また材料を静かにくみあげる溜漉という技法で、男性がすわって漉くのも特徴である。名塩紙は日焼けせず、火にも乾燥にも虫害にも強く、独特の光沢があり、長期保存によくたえる。偽造が困難なため、江戸時代には藩札原紙としての需要が高かった。また、金箔をのばすための原紙である箔打ち紙としても重宝され、襖用、美術用などとして広い用途がある。

　名塩紙の起源については諸説あるが、約400年余り前、越前から雁皮製紙「鳥の子」の技術が導入されたことにはじまるとされている。地元には、東山弥門を紙祖とする伝承もある。かつて「名塩千軒」といわれるほど栄えた名塩の紙漉きも、現在では2軒が漉き続けているのみである。そのなかで、谷野武信は、名塩雁皮紙（国民俗）の技術保持者（人間国宝）に認定されている。谷野の作品は、桂離宮などの文化財の修復にも使用され、著名な画家や書家からも絶大な支持を得ている。また、阪急バスの名塩バス停近くの名塩和紙学習館（☎0797-61-0880）は、1階が紙漉き実習室（要事前申し込み）で、2階の展示室では、名塩紙の歴史や特徴をビデオや展示物で解説している。

　名塩バス停から古い町並みの急坂をのぼると、教行寺（浄土真宗）がある。教行寺は名塩御坊ともいわれ、蓮如上人によって創建された。1617（元和3）年、現在地に移築されたとされ、現在の本堂は、1761（宝暦11）年に建立された。境内には復元してたてられた太鼓楼があり、遠くからも目を引く。諸大名・公家から崇敬をうけ、寺には貴重な古文書が多く残されている。保育所が併設されていて、門も施錠されているため、見学を希望する場合は、事前に予約（☎0797-61-0639）が必要である。

　山間の名塩の里は、蘭学とのつながりも深い。JA兵庫六甲名塩支店の正面玄関横に、緒方八重（緒方洪庵夫人）の胸像がたつ。八重は名塩の億川百記の娘である。億川家は紙漉きと医業にたずさわっていたが、百記は大坂の中天游のもとで蘭医の勉学にはげみ、名塩で医院を開業した。やがて百記は、中天游のもとに入門した緒方洪庵と出会い、娘八重との婚約を成立させるとともに、洪庵を援助した。

　洪庵は1838（天保9）年に大坂で適塾（適々斎塾）を開く。そこに

1849(嘉永2)年に入門し、やがてその塾頭をつとめることになるのが、萩出身の伊藤慎蔵である。八重の世話で名塩出身の女性と結婚したが、妻は早く他界したので、再び八重の世話で再婚した。しかし再婚した妻が病弱であったため、妻の病気療養のため名塩に移り住み、蘭学塾を開いた。慎蔵は1862(文久2)年から1870(明治3)年まで、名塩の地で蘭学を教え、そこから人材を輩出した。現在、緒方八重の胸像のある場所が、かつて蘭学塾があったところである。

緒方八重の胸像

の催しとして、小林一三の発案によって「宝塚唱歌隊」が結成され、1914(大正3)年には宝塚少女歌劇の第1回公演が行われた。

1919年、小林一三を校長とする宝塚音楽学校が設立され、現在もこの音楽学校の卒業生でなければ宝塚歌劇の舞台をふむことはできない。1924年には4000人収容の宝塚大劇場が竣工した。その後も歌劇団は順調に発展し、昭和にはいると、歌と踊りを組み合わせたレビューを日本でいち早く取り入れ、1927(昭和2)年の「モン・パリ」は大成功をおさめた。1938年には初の海外公演も行っている。「宝塚少女歌劇団」は、1940年「宝塚歌劇団」と改称された。第二次世界大戦後は、1974年に初演された「ベルサイユのばら」が空前の大ヒットとなった。創設者小林一三の教えである「清く　正しく　美しく」をモットーに、現在は花・月・雪・星・宙の5組がはなやかなステージを演じ、多くの人を魅了し続けている。

大劇場をあとにして、左手に武庫川の流れをのぞみながら花の道を歩く。一帯は、緑も多く独特のはなやいだ雰囲気がある。武庫川をはさんだ対岸の湯本町が、宝塚温泉として早くに開かれたところである。温泉は1887(明治20)年に開業し、1897年、阪鶴鉄道(現、JR福知山線)の宝塚駅が設置されて大阪方面との交通が便利となり、湯治客が増加し発展していった。武庫川には、S字橋である宝来橋がかかり、湯本町には、温泉施設や旅館がある。

浄橋寺と生瀬宿 ㉝

0797-86-4626

〈M ▶ P.106〉西宮市生瀬町2-20-24
JR福知山線生瀬駅 🚶 5分

古い歴史をもつ浄橋寺
宿場町生瀬

　生瀬駅から南東に5分ほど歩き、街路から案内表示に沿って奥にはいると浄橋寺（浄土宗）がある。法然上人の高弟、善恵坊証空によって鎌倉時代初期に開かれたとされている。縁起によると、上人が平家の落人の盗賊と出会ったとき、これを改心させ、武庫川の急流に橋をかけ、旅人から通行料をとって生計をたてるようにすすめた。さらに、橋をまもるために寺をたてさせた。この寺が浄橋寺であるという。

　浄橋寺には、鎌倉時代前半期のものと推定される木造阿弥陀如来及両脇侍像（国重文）や「寛元二（1244）年」銘の銅鐘（国重文）など多くの文化財がある。梵鐘は宝物館に収蔵され、鐘楼にあるものは、それを精巧に模したものである。ほかに、「応永十六（1409）年」銘の石造五輪卒塔婆、石造露盤、「仁治二（1241）年」のものとされる古瓦などもある。また、紙本著色善恵上人伝絵（県文化）は、1386（至徳3）年に作成された絵を、1531（享禄4）年に転写してできた6巻よりなる。「浄橋寺文書」は3700点にもおよび、宿駅関係を多く含む貴重な史料である。

　浄橋寺から中央の街路に戻ると、そこは旧道の道幅を残しながらゆるやかなカーブを描いている。生瀬は、古くから交通の要地として往来が多かった。1677（延宝5）年の「摂州有馬郡生瀬村馬借村絵図」によると、村の戸数107軒中、103軒が御伝馬役・人足役・駕籠持などに従事していたとされる。西宮市立郷土資料館には、絵図をもとに宿駅を精巧に再現した模型がある。また、1711（正徳元）年に改正された駅法では、生瀬宿は東は小浜、西は道場・有馬、南は西宮の各駅を結ぶ宿駅とされ繁栄した。

浄橋寺

巡礼街道からタカラジェンヌの町へ　　147

⑥ 球児の聖地と酒造りの町

高校球児の聖地「甲子園」、酒造りの町として知られる西宮は、由緒ある寺社も多く、古くから文化の栄えたところである。

阪神甲子園球場 ㉞　〈M ▶ P.106〉　西宮市甲子園町1-82
0798-47-1041　　　　　　　　　　阪神電鉄本線甲子園駅 🚶 3分

球児たちの聖地 80年をこえる歴史

　甲子園駅をおり南に向かうと、まもなくツタにおおわれた阪神甲子園球場がみえてくる。高校球児たちの聖地として、またプロ野球球団阪神タイガースの本拠地として、全国に知られている。

　甲子園球場の歴史をみると、1922（大正11）年、阪神電鉄は、兵庫県より武庫川の支流である枝川と申川の広大な廃川敷を買収、線路の北側を住宅地、南側をスポーツ・娯楽施設にする事業を開始した。1917（大正6）年の第3回全国中等学校優勝野球大会から、大会は沿線の鳴尾グラウンドで開催されていたが、野球人気が高まるなか、収容人員・運営面でもすでに限界に達していた。そこで1923年、この廃川敷に、当時完成したばかりのニューヨークヤンキースタジアムに匹敵する大球場を建設するという大プロジェクトが決定された。1924年3月着工、8月1日竣工というスピードであった。当時は阪神電車甲子園大運動場とよばれたが、甲子園の名称は、1924年の干支の甲子にちなんでつけられた。外壁をおおう甲子園名物のツタも、同年暮れに植えられた。

　また、とくにグラウンドの土が慎重に配慮され、多額の資金が投じられ、神戸の熊内の黒土と淡路島の赤土とをまぜてしかれた。当時としては、常識をこえた大きさの東洋一のスタジアムで、1924年8月、第10回全国中等学校優勝野球大会、翌年3月には第2回全国選抜中等学校野球大会が開催され、球児たちの歴史がはじまった。

阪神甲子園球場

大会につめかける大観衆に対処するため、1929(昭和4)年には、一・三塁側の内野スタンドと外野スタンドとの間にあった木造スタンドが、鉄筋コンクリート造り50段に改装され、アルプススタンドとよばれるようになった。

またユニークなものとしては、1932年、三塁側アルプススタンド下に、当時としては珍しい本格的な温水プールが完成した。プールはその後閉鎖され、現在は室内打撃練習場として使用されている。

現在の球場の規模は、グラウンド1万3000㎡・スタンド2万2600㎡、計3万8500㎡、収容人員は4万7508人。ホームプレートからの距離は、ライト・レフトとも95m、センター118mである。歴史をきざむ球場は、2010(平成22)年に大規模なリニューアル工事を完了し、2014(平成26)年には開場90周年を迎えた。

今津小学校六角堂 ㉟
0798-33-0923

〈M ▶ P. 106, 149〉西宮市今津二葉町4
阪神電鉄本線久寿川駅 徒8分

甲子園球場から南側の道路をまっすぐ西へ1kmほど進むと、やがて酒造会社の工場と酒蔵通りの案内板がみえてくる。社前交番前交差点をすぎ100mほど進むと、今津小学校六角堂がある。1872(明治5)年の「学制」発布後、今津村は津門村とともに小学校開設を進め、1873年、今津村常源寺を仮校舎として今津小学校が開校された。新時代にふさわしい教育施設を求める声が高まるなか、1882年2月、今津村出在家にあらたな独立した校舎の建設が着工された。新校舎は7月に竣工、仮校舎の常

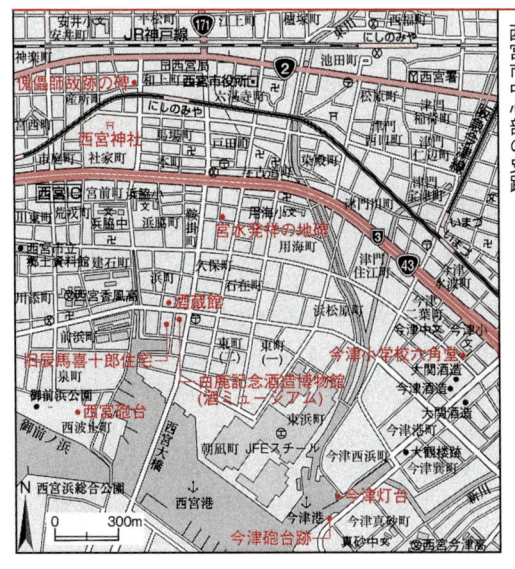

西宮市中心部の史跡

今津小学校六角堂

明治の洋風小学校建築　今津の文化

源寺から移転して開校式が行われた。新校舎は、中央玄関の上に六角形の塔屋を有する木造洋風建築で、当時としては、まさに文明開化の象徴といってもよいものであった。建設費8000円のうち、5200円は今津村・津門村有志の寄付でまかなわれたといい、地元の熱意がうかがわれる。

　六角堂は、1955（昭和30）年から小学校内の西南隅で今津公民館として利用されていたが、1964年、名神高速道路西宮インターチェンジ建設に際し、取り壊しの危機にさらされた。地元住民の熱心な保存運動により、校内の北門西側に移転後、今津幼稚園舎として使用されていたが、1998（平成10）年、創建当時のやや東側にあたる現在地に移転した。六角堂は、たび重なる移転や危機を乗りこえて、明治時代初期の人びとの教育に対する期待と熱意を静かに伝えてくれる。現在は1階は展示室、2階は学校の施設として使用されている。見学は、学校の授業日の午前中で事前の予約が必要である。

　なお、酒造業で栄えた今津の地には、江戸時代中期より高名な学者や文化人が訪れた。なかでも酒造家の飯田桂山は、1755（宝暦5）年今津の海岸近くに大観楼を開設、多くの学者を招いて熱心に郷土の子弟の教育につくした。そこから、すぐれた人材が輩出した。

今津灯台 ㊱

〈M ▶ P. 106, 149〉西宮市今津西浜町17
阪神電鉄本線久寿川駅 🚶 15分

行灯式灯台の遺例　現役の民営灯台

　六角堂から東側の社前交番前交差点に戻り、両側に酒造会社の工場をみながら通りをまっすぐに南下する。途中、今津港町の大型商業施設の向かい側歩道上に、大観楼跡と示された案内板がある。さらに進むと、やがて今津港に至る。今ではヨットやモーターボートなどの停泊する港であるが、今津は灘五郷の1つであり、今津港も、江戸時代には江戸へ酒を送る積出港として繁栄した。

　東側に船をみながら南端までいくと、今津灯台がある。この灯台

今津灯台

は1810(文化7)年,今津の酒造家長部家5代長兵衛が私費を投じて建設,1858(安政5)年,6代文次郎により再建された。灯台の台石には「象頭山常夜燈」ときざまれている。これは,海上守護の神,四国の金比羅宮への奉納の意である。灯台は台座をのぞいて約6mの高さがあり,かつては灯心をおいた油皿を滑車で引き上げ,上部には油紙を張った障子がめぐらされた行灯式であったが,大正時代に電化された。1965(昭和40)年解体修理が行われ,1968年には「大関酒造今津灯台」の名称で,航路標識として海上保安庁より承認された。1984年に再度復元が行われ,西宮観光30選にも選ばれている。

宮水発祥の地 ㊲ 〈M ▶ P.106, 149〉西宮市久保町3
阪神電鉄本線西宮駅 10分

今津港から,再度酒蔵通りまで戻り西へ進むと,今津郷から西宮郷へとはいっていく。日本盛酒蔵通煉瓦館をすぎ,タウンサイン(案内板)に沿って,もう1本北の街路にはいると,モダンな感じの宮水庭園がある。ここは,阪神・淡路大震災で大きな被害をうけた3つの蔵元が,修復・復興の証にと完成させたものである。その西側に宮水発祥之地碑と陰刻された石碑がたつ。

灘の酒の地位を確立させた宮水は,1840(天保11)年,灘魚崎の酒造家山邑太左衛門が発見したといわれている。以後,灘の酒造家たちはつぎつぎと井戸を設けたが,石碑は,山邑太左衛門の「梅の木井戸」の跡に,1965(昭和40)年宮水保存調査会が建立したものである。宮水の特徴は,リンやカリウムなどミネラル分の多い硬水であ

宮水発祥之地碑

球児の聖地と酒造りの町 151

り，これが酵母に作用して力強くすっきりとした酒ができあがる。また，宮水で仕込まれた酒は夏をこえても味がおちず，いちだんと芳醇になる。現在，水の産出は石材町・久保町の500m四方ほどの地域であり，ここに約70本もの酒造井戸が集中している。

　また，宮水は地下3mから5mのごく浅い地層を流れるので，市街地のなかで湧出する宮水をまもっていくためには，想像をこえる細心の注意が払われている。1954(昭和29)年には宮水保存調査会が結成され，水質検査の実施，開発による地下帯水層の破壊防止など，宮水の保全に努力している。

灘酒の命、宮水 まもりうけつがれる宮水

西宮神社 ㊳
0798-33-0321
〈M ▶ P. 106, 149〉 西宮市社家町1-17 P
阪神電鉄本線西宮駅 🚶 5分

西宮の「えべっさん」 西宮の人形操り

　宮水発祥の地から西に進むとすぐに札場筋にでる。ここを北に進み，国道43号線をこえ，うっそうとした社叢をめざして西へ300mほどいくと，西宮神社に着く。西宮神社は，えびす神の総本社とされ，主祭神は蛭児神である。海上交易・漁業に霊験があるとして信仰され，室町時代以降は，七福神信仰により福の神として信仰されるとともに，商売繁盛の神として庶民の信仰を集めた。現在，正月の9日から11日まで行われる十日戎は，100万人もの人出で賑わい，親しみをこめて西宮の「えべっさん」とよばれている。

　西宮神社の文化財には，まず全長247mにもおよぶ大練塀(国重文)がある。室町時代初期以前の築造で，京都三十三間堂の太閤塀，名古屋熱田神宮の信長塀と並ぶ三練塀の1つである。表大門(国重文)は丹塗りであることから赤門ともよばれるが，1604(慶長9)年，豊臣秀頼により再建されたものである。また，社叢(県天然)は，クスノキなど常緑広葉樹がうっそうとしげり，市街地にいることを

西宮神社表大門

忘れさせるほどである。

　西宮神社は，文献のうえでは広田神社の摂社・末社の１つ，夷(えびす)の社(やしろ)として平安時代末期にはじめてあらわれる。西宮神社の境内には多くの摂社・末社が点在している。その１つに南宮社(なんぐうしゃ)があるが，この社は広田神社の管轄であり，社殿も広田神社のほうを向く。

　また，境内にある百太夫神社(ひゃくたゆう)は，古くは阪神電鉄の線路北側の産所町(さんしょちょう)にあった。現在，産所町のNTT前に「傀儡師故跡(くぐつし)」の碑があるが，人形操りなどを行った傀儡師集団は，百太夫を祖とするとして，産所町に百太夫社をまつった。彼らは，西宮神社の雑役奉仕のかたわら，お札(ふだ)をもらって諸国をめぐり，人形を踊らせながら神徳を宣伝した。この人形操りは，「夷かき」「夷まわし」とよばれた。1568(永禄(えいろく)11)年より寛永(かんえい)年間(1624〜44)までの間に，20回近く宮中で上覧して好評を博したとされている。16世紀後半以降は，浄瑠璃(じょうるり)の音曲(おんぎょく)を取り入れ，人形浄瑠璃やのちの文楽(ぶんらく)へと発展した。また一部は，淡路に移行したともいわれている。西宮の傀儡師集団は，元禄(げんろく)年間(1688〜1704)をピークに衰退をはじめ，百太夫社も1839(天保(てんぽう)10)年，現在地に移された。そして，嘉永(かえい)年間(1848〜54)には傀儡師集団はすべてなくなったという。

白鹿記念酒造博物館(はくしかきねんしゅぞうはくぶつかん) ㊴
0798-33-0008

〈M ▶ P. 106, 149〉西宮市鞍掛町(くらかけちょう)8-21　P
阪神電鉄本線西宮駅🚶15分

　西宮神社をあとに，再び札場筋を南下する。道路西側の歩道に案内板が整備されているので参考にされたい。酒蔵通りをこえると，酒造会社が設けた日本酒を楽しめる施設などがある。臨港線を西におれると，すぐに酒蔵館と記念館の２棟からなる白鹿記念酒造博物館(酒ミュージアム)がある。1995(平成７)年の阪神・淡路大震災で，レンガ造りの旧酒蔵館は全壊した。倒壊寸前で残った酒蔵が現在の

酒蔵館の井戸とつるべ

球児の聖地と酒造りの町

旧辰馬喜十郎住宅

**伝統的な酒造用具
酒造りの歴史**

　酒蔵館である。1869（明治2）年建築の面影を残すため，当時の部材を用いて補修が行われ，1998（平成10）年に復興した。酒蔵館では，酒造りの歴史や伝統的な工程を知ることができ，灘酒酒造用具一式・酒造り用桶および樽造り道具一式（ともに県民俗）は貴重な資料である。南側の近代的な建物の記念館には，酒にちなむ美術工芸品や文献などが展示され，桜博士笹部新太郎の収集したサクラに関する資料を展示した笹部さくら資料室が設けられている。

　博物館の施設ではないが，近くには，旧辰馬喜十郎住宅（県文化）がある。1888（明治21）年，神戸英国領事館を模してたてたとされる擬洋風の住宅建築で，内部の見学はできないが，保存状態もよく，外部からではあるが一見の価値はある。

西宮砲台 ㊵

〈M ▶ P. 106, 149〉西宮市西波止町
阪神電鉄本線西宮駅🚌西宮浜手線西波止町🚶3分

**勝海舟の指導
幕末の海防**

　臨港線を西へ進み，つぎに建石筋を南下するとやがて防波堤に着く。防波堤をこえると砂浜が広がり，そこに西宮砲台（国史跡）がある。1853（嘉永6）年6月，アメリカ東インド艦隊司令長官ペリーの来航，翌年1月の再航，同年9月，ロシア極東艦隊司令長官プチャーチンの大阪湾進入など，情勢が緊迫するなかで，江戸幕府は摂海の砲台建設計画に，本格的に取り組むことになる。

西宮砲台

1863(文久3)年2月, 幕府は老中格小笠原長行に台場築立御用掛を命じた。小笠原は, 前年末の西宮・兵庫地方の地形巡視に続いて, 再び軍艦奉行並勝海舟(義邦)を伴って兵庫に出張し, 砲台設置の場所を和田岬・湊川出洲・西宮・天保山沖に決定した。勝は実地調査の任にあたり, 同年3月には西宮海岸で砲台の地所を決定した。西宮砲台は西宮町西浜海岸, 今津砲台は旧今津村の海岸(現, 今津真砂町)に建造が決まり, 両砲台の工事は並行して進められた。工事は8月より井戸掘り, 基礎工事のための地杭打ちがはじまり, 1000本以上のマツの杭が打ち込まれた。材料石は, 舟での運搬に適した瀬戸内海の島々からも調達された。

　工事に従事した職人・人足らの賃金も高騰し, 工事も容易に進捗せず, 1866(慶応2)年にようやく西宮砲台は完成をみるに至った。石造3層, 内径17m・高12m, 11の砲眼があけられ, 大砲2門を設置, 外面は漆喰塗上げとされた。現在では一部を残すのみであるが, 周囲には土塁がめぐらしてあった。砲台は, 実戦に使われることなく明治維新を迎えた。今津砲台は民間に払い下げ後, 1915(大正4)年に取りこわされた。現在, 今津灯台より港をはさんで東側に碑がたつのみである。

神呪寺 ❹

0798-72-1172

〈M ▶ P.106〉西宮市甲山町25-1　P
阪神電鉄本線西宮駅🚌 鷲林寺線甲山大師🚶1分

　バスをおりるとすぐに神呪寺(真言宗)がある。バス停の名称にもみられるように, 甲山大師の名で親しまれている。神呪寺の縁起は, 鎌倉時代末期の高僧虎関師錬が1322(元亨2)年にあらわした『元亨釈書』によると, 828(天長5)年, 淳和天皇の妃真井御前がこの地で出家し, 弘法大師に帰依して如意尼となって開基したとされる。

　所蔵する木造如意輪観音坐像(国重文)は, 縁起によ

神呪寺仁王門

れば、弘法大師が如意尼の等身に準じてきざんだとされるが、ヒノキの一木造で、10世紀末から11世紀初頭のものと推定される。「日本三如意輪」といわれ、毎年5月18日の融通観音大祭でのみ開帳される秘仏である。木造不動明王坐像・木造弘法大師坐像（ともに国重文）は鎌倉時代の作とみられ、ヒノキの一木造・寄木造である。木造聖観音立像（国重文）はヒノキの一木造で、11世紀のものとみられる。道路をはさんで石段をおりると、1804（文化元）年に建立された仁王門がある。また、ユニークなものとして、1798（寛政10）年につくられた甲山八十八所と、1803（享和3）年につくられた神呪寺・西国三十三所がある。境内を歩くことで巡礼が行えるというものである。

神呪寺は、甲山の南斜面に位置する。甲を伏せたような美しい形をした標高309mの甲山は、西宮のシンボルとして親しまれる一方、古くから霊力のやどる山ともされてきた。現在、山麓一帯は県立甲山森林公園として、市民の憩いの場となっている。

> 古代に創建された寺院 多くの貴重な仏像

広田神社 ㊷
0798-74-3489

〈M▶P.106〉西宮市大社町7　P
阪神電鉄本線西宮駅🚌西宮山手線広田神社前🚶5分

> 『日本書紀』に記述 高い社格

神呪寺からバスで山道をくだり平地にでると、まもなく広田神社前バス停となる。バスをおり西に進むと、すぐに松並木の立派な参道があり、そこを進むと広田神社（祭神天照大御神荒御魂）に着く。『日本書紀』によると、神功皇后が新羅遠征からの帰途、船が海中をまわって進めなくなったとき、天照大神の「荒魂を皇居に近づけてはならない、御心をこの地にまつらせよ」との神勅があり、山背根子の娘葉山媛に命じて天照大神の荒魂をこの地にまつったのが鎮座の起源とされている。旧社地は、現在の西宮市上ヶ原の

広田神社

阪神間の学校近代建築

コラム

教育施設として今も利用されている名建築

　阪神間には近代の名建築が多くある。阪神間には，第二次世界大戦前より，私立の教育施設が多く設立され，またミッション・スクールが多いのも特徴の1つである。西宮市にある関西学院キャンパスは，1929(昭和4)年に竣工。芝生の広場を中心に，スパニッシュ・ミッション・スタイルで統一された，ウィリアム・メレル・ヴォーリズの代表的建築である。同じく，神戸女学院キャンパス(国重文)もヴォーリズの設計によるものである。また，宝塚市にある小林聖心女子学院本館(国登録)は，モダニズムの旗手として知られるアントニン・レイモンドの設計で，1927年に竣工した。

　学校建築とは異なるが，1930年に竣工した，西宮市にある武庫川女子大学甲子園会館(旧甲子園ホテル)(国登録)は，設計がフランク・ロイド・ライトの弟子，遠藤新で，かつては「東の帝国ホテル，西の甲子園ホテル」と並び称された豪華リゾートホテルであった。第二次世界大戦中は海軍病院として使用され，終戦後は進駐軍に接収されるなど，ホテルとしての活躍は短かった。1965年に学校法人武庫川学院がゆずりうけ，荒廃していた建物を復元・改修，教育施設として再生した。2006(平成18)年4月からは，武庫川女子大学生活環境学部「建築学科」学舎として使用されている。

高台である高隈が原であったが，その後，平地の御手洗川沿いに移った。しかし再三，洪水による被害をうけ，1728(享保13)年に現在地へ移った。

　広田神社は，『延喜式』では名神大社に連なる高い社格を誇り，地震や風雨に絶大な霊験をもつとされた。貴族たちからは，官位昇進を祈る神として信仰される一方，神功皇后征討の神威にちなんで武士の信仰も篤く，1184(寿永3)年には，源頼朝が平氏追討を祈っている。また，平安時代末期に社頭でたびたび歌合が開催された。とくに，1172(承安2)年にもよおされた「広田社歌合」は，歌人藤原俊成(定家の父)が判者となり，58人の貴族が174句を詠むという盛大なものであった。

　境内には，2万株にもおよぶコバノミツバツツジ(県天然)の群落が形成されており，3月下旬から4月にかけて，淡紫の花がいっせいに開花する。

球児の聖地と酒造りの町

7 いにしえの歴史とモダンの交錯する町

日本有数の住宅地として知られる芦屋には，古くから人びとの営みがあり，また文学作品の舞台にもなってきた。

阿保親王塚古墳 ㊸ 〈M ▶ P. 106, 159〉 芦屋市翠ヶ丘町11
JR東海道・山陽本線芦屋駅 🚶10分

芦屋の古墳 阿保親王の伝承

芦屋駅から北東に1kmほど歩くと，住宅地のなかにうっそうと樹木におおわれた阿保親王塚古墳がある。阿保親王は，平城天皇の第1皇子で842(承和9)年に没した。古墳は，宮内庁書陵部が管理している。古墳の規模は，周囲356m・面積7400㎡の方形区画のなかに，直径38m・高さ3mの円墳がある。

古墳からの出土品，三角縁神獣鏡など古鏡4面，石製帯飾具5個が，阿保親王の菩提寺とされる阿保山親王寺(浄土宗)に保管されている。これらは，親王を先祖とする長州藩主毛利家が，親王の850回忌にあたる1691(元禄4)年，墓域を改修した際に発見したものとされている。古墳両側の灯籠も毛利家の寄進によるものである。また，ほかにも円筒埴輪が出土している。出土品は古墳時代中期のものが多く，阿保親王の没年とは大きく異なる。1796(寛政8)年の『摂津名所図会』にも古墳は記されているが，かつては周囲に数基の古墳が存在していたとみられる。

また，阪神電鉄打出駅のすぐ北には，金津山古墳がある。古墳時代前期の，直径44m・高さ約4mの円墳とみられていたが，近年の発掘によって，小さな前方部をもつ全長55mにおよぶ帆立貝式の前方後円墳であることがあきらかとなった。伝承によると，打出に住んだ阿保親王は，村人たちを大事にし，危急のときには塚を掘って役立てるようにと，財宝を埋めたのが金津山古墳であるとされている。地

阿保親王塚古墳

158 阪神

元では，古墳を黄金塚・金塚ともよんでいる。

　阿保親王は在原業平の父でもあるが，芦屋は『伊勢物語』にもあるように，業平ゆかりの地である。現在，市民センターなどがある一帯は業平町とよばれ，芦屋川にかかる国道2号線には業平橋があり，JR線北側，大正橋脇の松ノ内緑地には業平の歌碑がある。

朝日ケ丘遺跡 ⓮

〈M ► P. 106, 159〉芦屋市朝日ケ丘町30
JR東海道・山陽本線芦屋駅 🚶 20分

阪神・淡路大震災市民参加の先駆的縄文遺跡発掘調査

　阿保親王塚古墳から北へ進み，阪急電鉄のガード下をぬけて左折すると通りにでる。ここを宮川に沿って北上し，岩園小学校前をすぎ，200mほどいくと，朝日ケ丘遺跡の道標がある。通りから離れ，さらに200mほど歩くと朝日ケ丘遺跡がある。

　朝日ケ丘遺跡は，1964(昭和39)年，芦屋病院南側の道路工事中に，高校生が土器片を発見したのがきっかけで調査された。土器片は縄文時代のものと判明され，市内の歴史研究グループも参加して発掘調査が行われた。遺跡は標高55mの台地に位置し，沖積平野に傾斜する六甲山の山麓線突端にあたる。爪形文・条痕文・刺突文・押型文などの縄文時代前期の土器が出土している。石器は，石

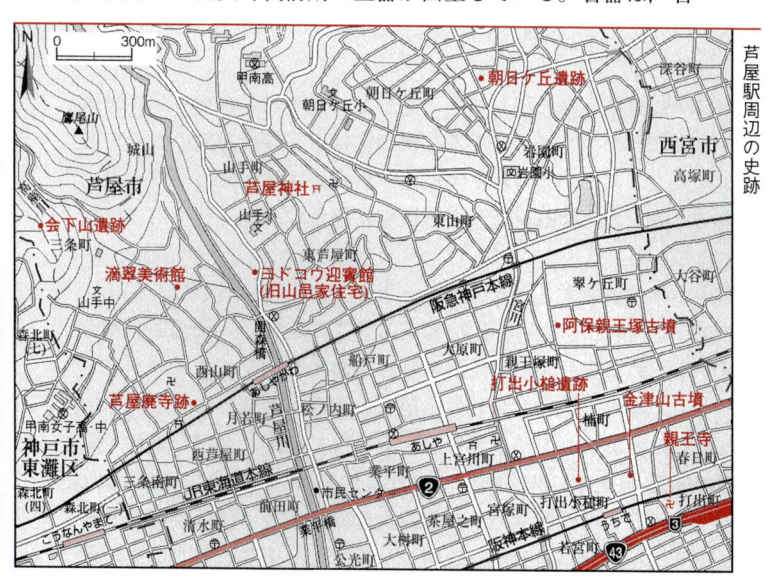

芦屋駅周辺の史跡

いにしえの歴史とモダンの交錯する町　　159

鏃が破片を含め百数十本出土し、石材はサヌカイトが大半であるが、チャート(石英質の堆積岩)・黒曜石・安山岩などもある。ほかにも石匙・石斧などが出土している。また、加工痕をもつピット(穴)と床面が検出され、住居址遺構と確認された。朝日ケ丘集会所内には埋蔵文化財展示コーナーがあり、集会所の前庭には市内史跡地図パノラマ(全市300分の1の触覚模型)もある。

　ほかにも、芦屋川と高座川の合流地点北方、標高約80mの地点にある山芦屋遺跡は、1980年の調査で、弥生時代の遺物に加えて縄文時代の遺物も確認された。阪神間では、最初に発見された早期の縄文遺跡で、早期から後期に至る遺物が多数出土し、長期にわたる生活の跡が確認されている。

　翠ケ丘台地の最先端部、標高10m前後の打出小槌遺跡からは、近年の発掘調査で、サヌカイト剥片や国府型ナイフ形石器などが出土している。また芦屋川右岸の月若遺跡は、縄文時代早期から近世に至る複合遺跡であることが確認されている。

ヨドコウ迎賓館(旧山邑家住宅) ㊺
0797-38-1720

〈M▶P.106, 159〉芦屋市山手町3-10
阪急神戸本線芦屋川駅🚶10分

巨匠ライトの建築
重要文化財

　朝日ケ丘遺跡をあとにして西に進むと、途中、かつては芦屋天神社とよばれた芦屋神社がある。境内には平安時代初期の歌人である猿丸太夫の墓と伝えられる宝塔や、西隅には横穴式石室内蔵墳で、市内では唯一の天井石を残した古墳時代後期の芦屋神社境内古墳が残されている。

　山手小学校前をすぎ、通称ライト坂をくだると、右手にヨドコウ迎賓館(旧山邑家住宅)(国重文)がある。この建物は、帝国ホテルを設計するために来日していたアメリカ人建築家フランク・ロイド・ライトに、灘の酒造家・8代目山邑太左衛門が別邸として設計を依頼したものである。ライトは原設計を行って帰国したが、それが建築家の遠藤新と南信に引きつがれ、1924(大正13)年に竣工した。その後、所有者はかわったが、第二次世界大戦後は淀川製鋼所の所有となり、1974(昭和49)年、鉄筋コンクリート造りとしては初の重

ヨドコウ迎賓館(旧山邑家住宅)

要文化財の指定をうけた。調査・修理工事を経て，1989(平成元)年より一般公開されている(要事前確認)。

この建物は，見晴らしのよい丘に位置し，傾斜を巧みに利用して，高さをおさえた設計がなされており，内装・外装には大谷石が多用され，独特の暖かみと幾何学的装飾が巧みに演出されている。周囲の自然と一体となった姿は，ライトの建築思想をよくあらわしている。また，趣向をこらした室内，芦屋市街・大阪湾を見渡せる眺望もみごとである。

ヨドコウ迎賓館をあとにして坂をくだると，芦屋川にかかる開森橋にでる。橋の東詰めには，谷崎潤一郎の生誕100年を記念して，1986(昭和61)年にたてられた「細雪」碑と，1916(大正5)年にたてられた猿丸翁(安時)頌徳碑がある。芦屋村の年寄りであった猿丸又左衛門安時は，水不足に悩む人びとのために，1841(天保12)年から約20年をかけて，芦屋川の上流に奥池を開削した。また安時は，幕末から明治維新期にかけて18カ村の総代庄屋をつとめ，江戸幕府や県令から再度表彰をうけた。

会下山遺跡 ㊻　〈M ▶ P. 106, 159〉芦屋市三条町258
阪急神戸本線芦屋川駅 🚶 20分

弥生時代の高地性集落　県史跡指定第1号

芦屋川にかかる開森橋を西に渡る。芦屋川には，かつて多くの水車があり，菜種の油絞りや，精米に使用された。民家の石垣に水車臼がはめ込まれたものも確認できる。閑静な住宅地を北西に進むと，滴翠美術館がある。ここには，第二次世界大戦前の大阪財界で活躍した山口吉郎兵衛が収集した京焼・紀州焼などの名品や，人形・羽子板・カルタなどのユニークなコレクションが展示されている。

美術館をあとにしてさらに進むと，山裾に芦屋市立山手中学校がある。中学校の敷地を迂回して西側を北上すると，墓地をすぎた辺りから山裾はフェンスで囲まれている。フェンスの扉をあけると会下山の登山道となり，しばらくのぼると視界が開け，芦屋市街・大

阪神間の土地開発と文化

　田園地帯が多かった阪神間は、近代になり大きく変貌した。わが国最大の商業都市であった大阪は、1890(明治23)年ごろより、紡績業を中心とする近代商工業都市へと発展し、第一次世界大戦による好景気を経て、1925(大正14)年には周辺町村を合併し、人口213万人の日本一の大都市となった。また神戸は、横浜と並ぶ国際貿易港に発展するとともに工業も発展し、1919(大正8)年には、人口63万人の都市となった。大阪・神戸間では、尼崎が神戸につぐ工業都市として発展した。都市人口の急増は、住宅問題などの社会問題を引きおこし、郊外へと土地利用を求めていくこととなった。

　阪神間の土地開発を語るうえで重要なのが鉄道である。1874(明治7)年、まず大阪・神戸間を結ぶ官営鉄道が開通、続いて1905年、阪神電気鉄道が大阪・神戸間に開通し、日本初の大都市間連絡電車になった。箕面有馬電気鉄道(現、阪急電鉄)は、1910年、大阪から箕面・宝塚への両線が開通、1918(大正7)年、社名を阪神急行電鉄に変更した。1920年には、大阪・神戸間、塚口・伊丹間、1922年には、宝塚・西宮北口間が開通した。私鉄各社は、経営面からも沿線人口をふやす必要があり、阪神間では私鉄による住宅経営が進められた。阪神電気鉄道は、すでに1908(明治41)年『市外居住のすすめ』を刊行し、阪神沿線への居住をすすめた。箕面有馬電気鉄道は、開通直前の1909年に「住宅地御案内　如何なる土地を選ぶべきか・如何なる家屋に住むべきか」というパンフレットを発行して、郊外居住を勧誘し、いち早く住宅ローン方式を採用するなど、小林一三の指示による積極的な沿線開発が推し進められた。また、箕面・宝塚に娯楽施設が建設され、1911年には、本格的な遊園地である宝塚新温泉(のちのファミリーランド)が開設され、ここに宝塚少女歌劇も誕生した。さらに、1929(昭和4)年、関西学院が神戸から移転、続いて神戸女子神学校(現、聖和短期大学・関西学院大学)、神戸女学院などの学校が沿線に誘致されていった。

　このように、たんなる乗客増にとどまらず、小林一三が掲げた「郊外ユートピア」の理想に沿って、独特の沿線文化が形成されていった。阪神電気鉄道は、1922(大正11)年に兵庫県から譲渡された枝川・申川廃川敷の開発からはじまり、大規模な甲子園開発を行った。これは、甲子園球場をはじめとするスポーツ施設、阪神パークなどのレクリエーション施設、甲子園ホテルの建設などと、住宅地の分譲を行う、多角的かつ集中的なものであった。

コラム

鉄道の敷設による総合開発

運動施設については、甲子園球場の西側に、「百面コート」の名で知られたテニスコートを設け、ほかにも甲子園海水浴場・甲子園浜プール・国際水上競技場の開設、陸上競技・ラグビー・サッカーなどの試合が行われた観客2万人収容の南運動場の開設など、野球のみならず、日本スポーツ界の発展に多大な影響をあたえた。また家族連れで楽しめる動物園と遊園地が併設された阪神パークも開園し、人気を博した。甲子園球場一帯は、日本でも有数の総合運動・レジャーゾーンとなっていった。さらに、電鉄各社は沿線の電灯電力事業も積極的に推進したが、電力事業は、第二次世界大戦中に関西配電(現、関西電力)に統合された。

また電鉄各社のみならず、民間土地会社による住宅地経営も、阪神間の景観形成に大きな役割をはたした。そのなかで、芦屋の六麓荘開発についてみていきたい。六麓荘開発株式会社は、国有林の払下げをうけ、山麓の海抜100〜200mの高地で住宅建設をはじめ、1931(昭和6)年に竣工した。香港の外国人専用住宅地をモデルとして、東洋一の住宅地をめざした。道幅は6m以上、一区画を最低でも300(約990㎡)〜400坪以上とし、上下水道・都市ガスの導入、さらに景観を考えて、電柱は地下埋設にするなど、時代の最先端をいく

スケールの大きなものであった。南斜面の利点と自然の地形がうまくいかされ、運動場・テニスコート・遊園地なども設けられた。また交通機関についても、最寄り駅から、六麓荘乗合自動車が運行され、タクシーも利用された。

ほかにも、アミューズメント施設の先駆的なものとして、1907(明治40)年に、創業者である香野蔵治と櫨山慶次郎の名をとった香櫨園が西宮に開園した。これは、博物館、民営としては当時国内最大級であった動物園、グラウンド・奏楽堂・宿泊施設、当時珍しかったウォーターシュートなどを備える娯楽施設であり、阪神電鉄も乗客増加を求めて、資金提供と新駅(香櫨園駅)設置を行った。香櫨園は1913(大正2)年には廃園となり、以後は住宅地に姿をかえた。

このように、大都市に隣接し、自然・気候にも恵まれた阪神間は、開発によって大きく変化するとともに、住宅地・文化施設・レジャー施設などが充実する独自の環境と新しい文化をはぐくんでいる。

現在の六麓荘の景観

いにしえの歴史とモダンの交錯する町

会下山遺跡復元高床倉庫

阪湾を一望におさめることができる。標高約200mの山頂尾根部に，芦屋会下山弥生時代住居跡（国史跡）がある。1960（昭和35）年，兵庫県史跡第1号に指定された。史跡には，住居跡や復元された高床倉庫，案内板がある。

発見のきっかけは，山手中学校の生徒たちが，1956（昭和31）年に会下山登り口で発見した弥生土器の破片である。その後，考古学者も加わり数年間発掘調査が行われ，住居跡・祭祀遺跡・墓地・ゴミ捨て場・倉庫・火焚き場などの施設があきらかになった。出土遺物は，弥生時代中期から後期までの弥生土器，石鏃・石斧・石錘・石弾・砥石・刃器などの石器，利器・武器・工具などの用途の鉄器30余点，ガラス小玉がある。とくに青銅器は，山手中学校の敷地から，長さ4.4cmの漢式三翼鏃が発見されている。舶載品で，三方に翼をもつ有茎式の銅鏃という珍しいものである。

会下山遺跡は，高地性集落遺跡発見の先駆となった。その後の調査で，六甲山の南斜面一帯には，西宮市五ケ山，芦屋市会下山・城山，神戸市保久良・伯母山など，約1km前後の間隔で遺跡が並んでいることがあきらかとなった。会下山遺跡の性格については諸説がある。軍事的要素も考えられるが，遺物からの関連性は不十分である。また，大阪湾全域を眺望できる立地条件，漢式三翼鏃をはじめ，希少価値の高い遺物の出土，大陸系の形式をもつ住居跡などに着目し，海洋人との関係を指摘する向きもある。大阪湾沿岸の海上支配権と関係をもつ首長層，または司祭人の生活跡との推測もなされている。当初，調理場と推定されていた焼けた土の穴数カ所は，近年ではノロシをあげた跡ではないかとされ，平地の動きを伝える情報伝達の場としての役割も注目されている。出土品の一部は，芦屋市立美術博物館に展示されている。

芦屋廃寺跡 ㊼ 〈M▶P.106, 159〉芦屋市西山町7
阪急神戸本線芦屋川駅徒5分

県内最古級の芦屋廃寺の存在が証明

　会下山遺跡からのぼってきた登山道をくだり，さらに住宅地のなかを南東へ10分くらい歩くと，阪急電鉄北側の芦屋川駅前山手商店街につながる道にでる。商店街をぬけた住宅地に，「芦屋廃寺址」ときざまれた碑がある。ここは，かつて摂津国菟原郡芦屋村西ノ坊とよばれた。江戸時代の『摂津名所図会』には，芦屋川の西に薬師堂が描かれ，1692(元禄5)年の「寺社御改委細帳」によると，寺は，行基開山の塩通山法恩寺であり，のちに在原業平が修復したが，1442(嘉吉2)年兵火で焼失，その跡に薬師堂をたてたとする。1908(明治41)年，宅地造成に際し，奈良時代の様式をもつ古瓦が出土した。1933(昭和8)年には礎石(県文化)の一部が発見された。1967～68年に発掘調査が行われ，法隆寺系統の鋸歯文縁八葉複弁蓮華文軒丸瓦・唐草文軒平瓦などの遺物が採取された。遺物は，奈良時代前期から室町時代末期にまでおよんでいるが，その後の調査を経ても遺構はみつからず，「幻の芦屋廃寺」とよばれていた。

　1999(平成11)年，阪神・淡路大震災後の発掘調査で，白鳳時代(7世紀後半)に建築された金堂の基壇や礎石が確認され，芦屋廃寺の存在が証明された。金堂の東隣には塔があったとみられ，西に金堂，東に塔をもつ奈良の法起寺式伽藍配置であることが判明した。県内では最古級となる。また遺跡からは，白鳳・平安・室町～江戸時代の3層が検出され，寺院が約1000年以上継続して存在したことがあきらかになった。2001年には，「寺」という文字が刻印された奈良時代中期の土器が9点出土した。「寺」1文字だけが刻印された土器は，全国的にも例がないとされる。現在は碑のみで，出土品の一部は芦屋市立美術博物館に収蔵されているが，大部分は芦屋

「芦屋廃寺址」の碑

いにしえの歴史とモダンの交錯する町

市の文化財課に保管され，公開はされていない。

芦屋市立美術博物館と芦屋市谷崎潤一郎記念館 ㊽
0797-38-5432 / 0797-23-5852

〈M ▶ P. 106〉芦屋市伊勢町12 P
阪急神戸本線芦屋川駅🚌新浜町・緑町 🚶1分

芦屋の歴史と文化を紹介 名作『細雪』の舞台

　阪急芦屋川駅からバスで芦屋川に沿って海岸部までくだる。美しい景観を誇る芦屋川沿いには，細雪・高浜虚子三代句碑・業平歌碑などの文学にちなんだ碑が点在する。また，同じく川沿いにある月若町は，謡曲「藤栄」にちなんだ地名である。芦屋公園には源頼政の鵺退治伝説にちなんだ鵺塚もある。

　新浜町・緑町バス停をおりるとすぐに芦屋市立美術博物館がある。芦屋の美術と歴史の両方を知ることができる複合施設である。美術部門では，小出楢重・吉原治良らの絵画，中山岩太・ハナヤ勘兵衛らの写真作品，敷地には，伝芦屋廃寺心礎（県文化）がある。また小出楢重のアトリエを庭園内に復元してある。歴史部門は，原始・古代からの芦屋の歴史を紹介している。

　美術博物館前庭には，大坂城に関連する刻印石が展示されている。1620（元和6）年，江戸幕府2代将軍徳川秀忠による大坂城再築工事に伴い，石垣用の石材が，瀬戸内海地域や六甲花崗岩に求められた。1968（昭和43）年の奥山刻印群発見以来，民間の研究団体や個人研究家を中心とした地道な調査で，神戸市灘区から芦屋・西宮にかけての山地南麓の採石場の分布があきらかとなり，徳川大坂城東六甲採石場とよばれている。石材の種類は，採石を担当した大名の家紋などの符号や文字を彫り込んだ刻印石，クサビ跡の列がみられる矢穴石，矢穴でわられた割石などがある。1987年に発見された呉川遺跡は，

芦屋市民センター内にある大坂城刻印石

芦屋市立美術博物館　　　　　　　　　　　　　芦屋市谷崎潤一郎記念館

大坂城再築用石材の集石場・船出し場と推定され，刻印石は，美術博物館より東へ200mほどの芦屋中央公園の向かいに，野外展示されている。このほか芦屋市民センター内など，周辺各所に刻印石がおかれている。

　美術博物館東隣に芦屋市谷崎潤一郎記念館がある。谷崎潤一郎は，1934(昭和9)年から1936年の3年間を芦屋市宮川町ですごし，のちに芦屋を舞台にした名作『細雪』を発表した。記念館では，谷崎文学に親しむ拠点をめざして，直筆原稿や書簡・写真・日用品などを展示している。

Awaji 淡路

うず潮をまたぐ大鳴門橋

淡路人形浄瑠璃

N
1:350,000
0
4
8km
明石市
あかし
垂水区
まいこ
明石海峡大橋
明石海峡
神戸市
瀬戸内海
貴船神社遺跡
淡路IC
淡路SA
淡路島公園
あわじ花さじき
明石海峡公園
東浦IC
松帆神社
伊勢久留麻神社
北淡IC
室津PA
515
常隆寺山
淡路市
播磨灘
江井崎
明神崎
摩耶山
359
静の里公園
津名一宮IC
兵庫県
浄土寺
高田屋嘉兵衛翁記念館
高田屋顕彰館
歴史文化資料館
神戸淡路鳴門自動車道
淡路ワールドパーク
ONOKORO
淡路島
八幡神社
448
先山
雁子岬
慶野松原
三原川
安住寺の蛇供養
船越館跡
洲本IC
蓮光寺
緑PA
満泉寺
西淡三原IC
弁天島
淡路ファームパーク
イングランドの丘
宝光寺
和歌山県
新川口
洲本市
成ヶ島
地ノ島
中ノ瀬戸
沖ノ島
友ヶ島水道
紀淡海峡
西山北古墳
覚住寺
成相ダム
淡路島南IC
淡路島南PA
淳仁天皇陵
今川口
生石鼻
立川水仙郷
沖ノ島
当麻夫人墓
南あわじ市
大鳴門橋
モンキーセンター
諭鶴羽山
608
正福寺
灘黒岩水仙郷
押登岬
潮崎
沼島
1
2
3
4
5
6
7
8
9
10
11
12
13
14
15
16
17
18
19
20
21
22
23
24
25
26
27
28
29
30
31
32
33
34
35
36
37
38
39
40
41
42
43

◎淡路島散歩モデルコース

1. JR山陽本線舞子駅 13 岩屋港 2 絵島 2 岩楠神社 29 15 御井の清水 15 16 7 引摺寺 17 静の里公園 13 11 伊弉諾神宮 6 津名一宮IC
2. 神戸淡路鳴門自動車道東浦IC 30 常隆寺 20 北淡震災記念公園 10 北淡歴史資料館 20 東山寺 15 伊弉諾神宮 20 高田屋嘉兵衛翁記念館 3 高田屋顕彰館・歴史文化資料館 25 西淡三原IC
3. 洲本バスセンター，または洲本港 10 淡路文化史料館 18 洲本城 15 洲本八幡神社 7 厳島神社 6 堀端筋(農人橋跡) 7 専称寺 1 遍照院 3 江国寺 11 洲本バスセンター，または洲本港
4. 神戸淡路鳴門自動車道洲本IC 20 千光寺 25 天明志士の碑 6 鳴呼此墓 5 成相寺 7 養宜館跡 4 国分寺 8 淡路人形浄瑠璃資料館 7 おのころ島神社 4 大和大国魂神社 6 高麗陣打死衆供養石碑 3 日光寺 9 西淡三原IC
5. 神戸淡路鳴門自動車道淡路島南IC 2 大鳴門橋記念館(淡路人形浄瑠璃館・うずしお科学館) 5 門崎 11 福良 5 賀集八幡神社 1 護国寺 4 淳仁天皇陵 40 諭鶴羽神社 50 西淡三原IC

淡路島にいくには，つぎのような方法がある。
1. JR東海道本線大阪駅・三ノ宮駅，JR山陽本線舞子駅→〈高速バス〉→島内各地
2. 明石港(兵庫県明石市)→〈高速船〉→岩屋港
    ※自転車，125cc以下のバイクの乗船可
3. 大阪深日港(大阪府泉南郡岬町)→〈高速船〉→洲本港
    ※輪行袋を持参すれば，自転車の積み込み可
4. 関西空港→〈高速船〉→洲本港
5. 徳島駅・鳴門駅→〈高速バス〉→島内各地

淡路島内の路線バスは便数が少ないので，事前に確認するほうがよい。

①松帆の浦	⑫野島断層(北淡震災記念公園)	㉓炬口八幡神社	㉟高麗陣打死衆供養石碑
②石の寝屋古墳群		㉔春陽荘	
③絵島	⑬常隆寺	㉕由良港	㊱日光寺
④岩屋城跡	⑭東山寺	㉖千光寺	㊲賀集八幡神社
⑤植村文楽軒の供養塔	⑮郡家古墳	㉗天明志士の碑	㊳護国寺
	⑯伊弉諾神宮	㉘成相寺	㊴諭鶴羽神社
⑥妙勝寺	⑰岩上神社	㉙養宜館跡	㊵沼島
⑦御井の清水	⑱江井	㉚国分寺	㊶亀岡八幡神社
⑧円城寺	⑲白巣城跡	㉛平等寺	㊷鳴門海峡・沖ノ島
⑨淨瀧寺	⑳鳥飼八幡宮	㉜大和大国魂神社	㊸福良港
⑩引摺寺	㉑洲本城跡	㉝市周辺	
⑪志筑神社	㉒城下町洲本	㉞志知城跡	

171

① 東浦の辺り

北淡路を背骨のように走る津名丘陵の東側，島の東海岸を東浦という。温暖な気候の東浦は早くから開けた地である。

松帆の浦 ❶

明石海峡にのぞむ万葉の名勝の地

〈M ▶ P.170, 172〉淡路市岩屋松帆
JR東海道本線三ノ宮駅・JR山陽本線舞子駅🚌道の駅あわじ乗換え松帆の浦🚶5分，または道の駅あわじ🚶15分，または明石港⛴岩屋港🚌松帆の浦🚶5分，または神戸淡路鳴戸自動車道淡路IC🚗5分

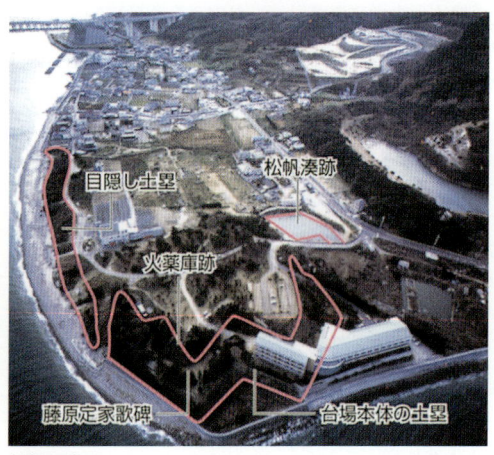

松帆の浦

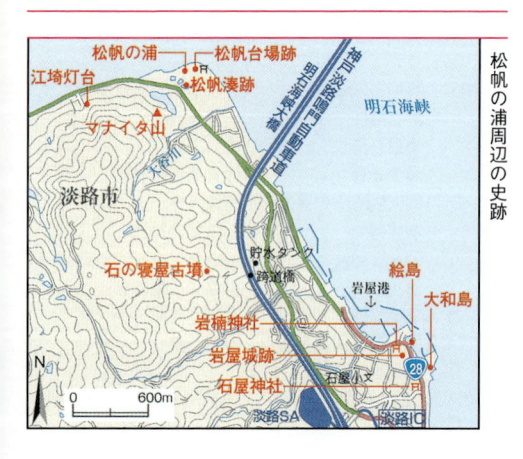

松帆の浦周辺の史跡

淡路島の最北端，淡路市岩屋地区北部の明石海峡に面した海岸一帯を松帆の浦といい，万葉の時代から，数々の歌に詠まれた名所である。藤原定家の「来ぬ人を　松帆の浦の夕凪に　焼くや藻塩の　身もこがれつつ」(『拾遺愚草』) は，「小倉百人一首」中の歌として広く知られ，歌碑がたっている。

瀬戸内海から大阪湾にはいる明石海峡に面した松帆の浦は，軍事上の要地でもあり，背後のマナイタ山には，中世に山城(マナイタ山城) が築かれた。築城時期は

明石海峡大橋と大鳴門橋

コラム

2つの海峡を渡る道 世界一の長大橋

景勝舞子の浜から「千鳥かよう」明石海峡を渡り，淡路島を南下し，奇勝うず潮で名高い鳴門海峡をまたいで四国へ，この間を渡るルートが神戸淡路鳴門自動車道（全長89km）である。

このうち，大鳴門橋は1985（昭和60）年6月に開通し，明石海峡大橋が1998（平成10）年に完成した。

本州側は，神戸西ICで山陽自動車道と，布施畑JCTで阪神高速北神戸線と，垂水JCTで第二神明北線（国道2号線）および阪神高速湾岸線に接続し，四国側は，鳴門ICで吉野川バイパス（国道11号線），および四国横断自動車道に接続する。

神戸・鳴門ルートは，関西経済圏と四国を直結するルートとして，所要時間の短縮，移動の確実性の向上，通勤通学圏の拡大など，さまざまな分野において，その効果があらわれている。

明石海峡大橋（パールブリッジ）
神戸市垂水区舞子と淡路島の淡路市岩屋松帆の間に位置する全長3911mの吊り橋である。吊り橋の規模を示す中央支間長（塔と塔の距離）は，世界一の1991mを誇り，さらに主塔の高さは，海面上約300mとなり，東京タワー（333m）とほぼ同じ高さになる。潮流が激しく，水深が深い明石海峡に，橋梁技術の粋が集められ，建設された。

また，1995（平成7）年1月17日に発生した阪神・淡路大震災により，建設途中の明石海峡大橋は，設計当初の全長3910mより1mのびる結果となった。地震当時，明石海峡大橋はケーブルの架設をおえた段階であったが，はからずもすぐれた耐震性が示されることになった。

大鳴門橋　うず潮で知られる鳴門海峡を渡る全長1629m，中央支間長876mの吊り橋である。上部は6車線の自動車専用道路，下部は新幹線規格の鉄道のための2階建て構造で，現在は上部の自動車道専用道路4車線が供用されており，道路2車線と鉄道2車線を追加できる構造になっている。

不明だが，この城をめぐって織田氏と毛利氏の攻防が繰り広げられた。1578（天正6）年に，毛利氏により岩屋に長屋元定らが在番として配された。織田方は城の奪還をはかり，1581年11月には，羽柴秀吉・池田勝九郎らによって攻めおとされた。昭和40年代の土取りによって，遺構は消滅した。また，マナイタ山は，石器の材料として使われたサヌカイトの産地でもあった。

幕末，外国船が来航するようになると，江戸幕府は大阪湾の防衛

東浦の辺り

江埼灯台

のため、諸藩に海岸線の防備を命じた。淡路では、由良(洲本市)の高崎台場など14カ所の台場(砲台)が築造された。岩屋には大小6カ所の台場が築かれたが、松帆台場は群をぬいて大きく、13門の砲が配備され、バッテラーという迎撃用の小型高速船を係留するための松帆湊も掘削された。掘り込み式の港湾を備えた台場は、全国でも例をみない。現在、M字型の砲台の土塁や火薬庫跡、松帆湊跡が確認できる。なお、松帆台場跡(国史跡)一帯は、神戸製鋼所健康保険組合の保養所「淡路ゆうなぎ荘」の敷地になっている。

　松帆の浦から淡路サンセットライン(県道31号線)を西へ800mほどいったところに、緑の道しるべ江崎公園がある。そこから長い石段をのぼっていくと、洋式灯台としてはわが国で8番目、石造りの灯台としては3番目に建設され、1871(明治4)年に初点灯した江埼灯台がある。歴史的・文化的価値がとくに高い灯台として、当時の姿のまま保存されている。この辺りは野島断層が横切り、灯台への石段には阪神・淡路大震災でできた亀裂の跡が保存されている。

石の寝屋古墳群 ❷
県立あわじ石の寝屋緑地
0799-72-5401

〈M ▶ P. 170, 172〉淡路市岩屋
岩屋港🚶45分、または神戸淡路鳴門自動車道淡路IC
🚗3分 🚶15分

海をみおろす海人の墓
男狭磯の伝説

　徒歩でも車でも、山手にみえる2基の大きな貯水タンク(西岡配水池)をめざす。そこから石の寝屋跨道橋を渡って長い階段をのぼり、踏み分け道を歩いていくと、天井石がくずれ、横穴式石室が露出した石の寝屋古墳群がある。古墳時代後期の古墳で、地元では海人男狭磯の墓と伝えられ、つぎのような伝説が残っている。
　允恭天皇が淡路島で狩りをしたときのことである。獲物が1匹もとれないので、島の神に占ってもらうと、「明石の海底にある真珠をそなえれば獲物が得られる」とのお告げがあった。天皇は多く

の海人に潜らせたが、60尋(約109m)もの深さで、誰も海底まで潜ることができなかった。そこで阿波国(現、徳島県)の長邑の男狭磯に潜らせると、桃の実ほどの真珠がはいった大アワビをかかえてあがってきたが、男狭磯はそのまま息たえてしまった。この真珠を神にそなえると、たくさんの獲物がとれた。天皇は男狭磯の死を悲しみ、手厚く葬った(『日本書紀』)。

階段をのぼると明石海峡の眺望が開け、対岸に県内最大の前方後円墳の五色塚古墳(国史跡、神戸市垂水区)がかすかにみえる。

絵島 ❸

〈M ▶ P.170, 172〉淡路市岩屋 P
岩屋港🚢すぐ、または神戸淡路鳴門自動車道淡路IC🚗4分

美しい自然の造形　月見の名所

岩屋ポートのすぐ東に、美しい岩肌の小島がみえる。古くから景勝地として知られた絵島である。約2000万年前(新第三紀中新世初期)の岩屋累層の砂岩が露出しており、高さ20m、周囲は400mある。橋がかかっているので渡ることができる。

『枕草子』(三巻本)には、「島は」として絵島もあげられている。また『平家物語』巻5(月見)には、福原の新都(現、神戸市兵庫区)に住む人びとが「須磨より明石の浦づたい、淡路のせとをおしわたり、絵嶋が磯の月をみる」とあり、月見の名所として親しまれていた。また、「千鳥なく　絵島の浦に　すむ月を　波にうつして　見るこよいかな」という西行法師の歌もある。

絵島の頂上にある宝篋印塔は、平清盛が大輪田泊(現、兵庫港)を築造した際、人柱になった少年松王丸をまつったものという。

絵島の南には、イブキの群落(県天然)におおわれた陸続きの大和島がある。国道28号線を北へ100m余りいくと恵比須神社があり、その背後の洞窟が、伊弉諾尊が国生みのあと、すごした幽宮と伝える岩楠神社である。

絵島(後ろは大和島)

東浦の辺り　175

岩屋城跡 ❹ 〈M▶P.170, 172〉淡路市岩屋城山
岩屋港🚶4分、または神戸淡路鳴門自動車道淡路IC🚗4分

短命におわった岩屋城 長屋門をもつ石屋神社

　絵島の南西に張りだした三対山(城山)が、岩屋城跡である。絵島から国道28号線を南へ50mほどいったところに、城跡につうじる道がある。

　岩屋城は1610(慶長15)年に、池田氏の淡路統治の拠点として池田輝政によって築かれたが、1613年に由良城(現、洲本市)が築かれたため、すぐに廃城となってしまった。本丸を中心に北の丸と南の丸があったが、縁辺は崩落が著しく、内部構造は不明。この城には石垣があったが、城郭石材は由良城築城に使用されたり、明治時代には周辺の工事に転用されたため、付近の防波堤や河川の護岸などの石材にまじって散見される。

　岩屋城跡から約250m南の石屋神社(祭神国常立尊・伊弉諾尊・伊弉冉尊)は、「いしや」神社ともいう。もとは三対山にあったが、岩屋城築城によって現在地に移された。神社には珍しい堂々とした長屋門がある。古代、淡路国には『延喜式』(967年)の神名帳にあげられた神社が13社(大社2・小社11)あったが、石屋神社は式内小社の1つである。見晴らしのよい境内には、幕末、岩屋台場群の1つとして、野戦砲2門を備えた台場が築かれた。

　岩屋港の南西約2kmの丘陵上に兵庫県立淡路島公園がある。神戸淡路鳴門自動車道の淡路サービスエリア・淡路ハイウェイオアシスからも直接いくことができる。公園内の昭和池にかかる塩屋橋(国登録)は、1918(大正7)年に洲本川にかけられた県内最古の鋼鉄橋で、のちに美方郡浜坂町(現、美方郡新温泉町)の岸田川に移設され、戸田橋として利用された。文化的な価値が評価され、1986(昭和61)年に淡路に里帰りし、移設・保存されている。淡路島公園の南には、海岸線に沿って広大な国営明石海峡公園がある。

植村文楽軒の供養塔 ❺ 〈M▶P.170〉淡路市仮屋315 🅿
0799-74-2277(勝福寺)
岩屋港・東浦バスターミナル🚌仮屋🚶5分、
または神戸淡路鳴門自動車道東浦IC🚗9分

　仮屋バス停から洲本方向へ400mほどいくと、左手に勝福寺(真言宗)の墓地がある。その中央に高さ2.7mほどの植村文楽軒の供養

塔(宝篋印塔)がある。文楽軒は1751(宝暦元)年ごろの生まれで、本名は正井與兵衛。この地の正井家の養子となり、妻てるとともに大坂で道具屋を開業した。少年時代から義太夫節の天分を発揮し、文楽軒を名乗っていた。高津橋南詰(現、大阪市中央区)で「浄瑠璃稽古所」の看板を掲げ、1805(文化2)年には人形も加えて人形浄瑠璃座を組織した。1810年に60歳で死去。1872(明治5)年、3代目の文楽翁のとき、座名を「文楽座」とし、現在の文楽に続いている。

勝福寺墓地から国道28号線を北へ1km余り、久留麻バス停の西に、伊勢久留麻神社がある。『延喜式』式内小社で、祭神は大日孁貴命(天照大神の別称)。近年は「太陽の道」(太陽信仰に関する社寺や遺跡が多数存在するという、北緯34度32分の直線)上にある「西の伊勢」として知られるようになった。

さらに北へ1km余り、東浦総合事務所前バス停の北西に松帆神社(祭神応神天皇・仲哀天皇・神功皇后)がある。社宝の名刀「菊一文字」は、楠木正成遺愛の太刀と伝えられ、毎年10月の第1日曜日の秋祭りで公開される。

無形文化遺産(ユネスコ)の人形浄瑠璃・文楽の始祖をまつる

植村文楽軒の供養塔

妙勝寺 ❻
0799-74-3750

〈M▶P.170〉淡路市釜口1163　P
岩屋港・東浦バスターミナル🚌釜口🚶20分、または神戸淡路鳴門自動車道東浦IC🚗15分

足利尊氏が戦勝を祈願 開運妙勝寺の寺

釜口バス停から山の方に1kmほどのぼっていくと、足利尊氏ゆかりの妙勝寺(法華宗)がある。寺に伝わる「御太刀山由来記」(1729年)によれば、1335(建武2)年、後醍醐天皇の建武新政府に叛旗を翻した尊氏が、京都周辺での戦いに敗れて九州にくだる途中、ここに立ち寄り、「妙勝」の寺名に喜んで戦勝を祈願し、太刀を奉納したと伝えられる。

都に凱旋し室町幕府を開いた尊氏は、妙勝寺を祈願所として、釜口荘を寄進したという。尊氏が亡くなる前年の、「延文二(1357)年

東浦の辺り　177

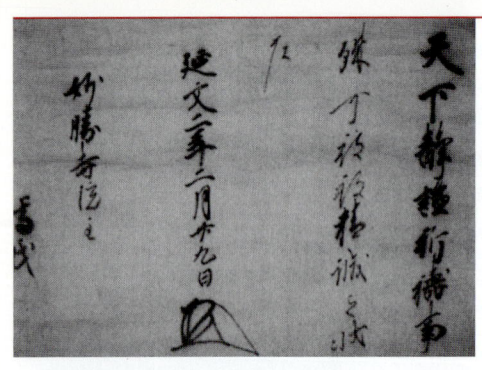

足利尊氏御判御教書（妙勝寺）

「二月廿九日」付の天下静謐の祈禱を命じた足利尊氏御判御教書が残されている。このような関係から、足利氏の家紋（丸に二つ引）を寺紋としている。また、淡路守護細川尚春が戦勝祈願を要請した文書なども残る。庭園（県名勝）は江戸時代初期の蓬萊池泉鑑賞式庭園で、武家好みの豪華な石組みを誇る。墓地には推定樹齢600年の大クスノキ（県天然）がある。

淡路市の庭園では、このほか、恵日寺（木曽下685）の江戸時代初期の庭園や、長泉寺（尾崎963）の江戸時代中期の庭園が名高い（いずれも池泉鑑賞式で県名勝）。

御井の清水 ❼

〈M ▶ P.170〉淡路市佐野小井
岩屋港・東浦バスターミナル🚌佐野小井🚶15分

伝説の聖天皇の御料水

佐野小井バス停から山道を15分ほどのぼっていくと、御井の清水がある。御食国として、宮中に食材をさしだしていた淡路は、天皇の御料水も供給していた。『古事記』の仁徳天皇条に「朝夕、淡路島の寒泉を汲みて大御水奉りき」と記されている。その「淡路島の寒泉」は、御井の清水だとされている。『古事記』によれば、「枯野」という船で、朝夕、淡路から水を運んでいた。

円城寺 ❽

〈M ▶ P.170〉淡路市佐野1250　🅿
岩屋港・東浦バスターミナル🚌佐野学校前🚶30分、または神戸淡路鳴門自動車道東浦IC🚗25分

2体の聖観音菩薩サクラが美しい寺

御井の清水から国道28号線を2kmほど南へいき、八浄寺におりる交差点を右折して山の方へ1.4kmほどいくと、円城寺（真言宗）がある。車は普通車まで通行可能。バスなら佐野学校前で下車し、八浄寺の前をとおって山に向かう。本尊は、平安時代後期の作とされる木造聖観音菩薩立像2体（いずれも県文化）。ふくよかな面相としなやかな姿態をもつ聖観音で、地元では「夫婦観音」ともよばれている。この寺はサクラが美しく、4月10日の会式には、満開のサ

木造聖観音菩薩立像2体

クラのなかで開帳があり，多くの参拝者で賑わう。庭園は1983(昭和58)年につくられたもので，名園の評価が高い。

八浄寺(真言宗)には淡路七福神霊場会の事務局がおかれ，島内各地の七福神霊場には，年間をとおして多くの参拝者が訪れる。

淨瀧寺 ❾
0799-64-1388

〈M ▶ P.170〉淡路市生穂590
岩屋港・東浦バスターミナル・津名港🚌津名スポーツセンター前🚶60分，津名港🚴15分，または神戸淡路鳴門自動車道津名一宮IC🚗20分

全国でも珍しい胎蔵界五仏坐像

八浄寺よりさらに国道28号線を南へくだり，生穂南交差点を右折して2.4kmほど山道をのぼっていくと，淨瀧寺(真言宗)がある。もとは高瀧寺(真言宗)だったが，1912(明治45)年に淨土寺(真言宗)と合併し，淨瀧寺になった。

本堂には平安時代の木造薬師如来坐像と，鎌倉時代初期の木造胎蔵界五仏坐像(大日如来・宝幢如来・開敷華王如来・無量寿如来・天鼓雷音如来，いずれも県文化)が安置されている。この時期の胎蔵界の五仏が5体そろって残っている例は全国でも珍しく，貴重である。希望者は拝観できるが，事前に連絡したほうがよい。また淨瀧寺には，「圓明寺鰐口」ときざまれた「至徳二(1385)年」銘の鰐口がある。圓明寺は高瀧寺の旧名である。

淨瀧寺木造薬師如来坐像・木造胎蔵界五仏坐像

東浦の辺り

淡路最古の在銘石造品
石造十三重塔

引攝寺 ❿
0799-62-0741

〈M ▶ P.170〉淡路市志筑3342
岩屋港・東浦バスターミナル🚌志筑🚶7分，または津名港🚶13分，または神戸淡路鳴門自動車道津名一宮IC🚗6分

　国道28号線の志筑中央東交差点から北西に100mほどいったところを右折する。引攝寺(真言宗)は永禄年間(1558〜70)の開基で，志筑浜村の里正(庄屋)であった忍頂寺家の菩提寺として，1624(寛永元)年に改築，現在の本堂・山門などは1866(慶応2)年に完成した。

　山門をくぐると，境内中央の石造十三重塔(県文化)と，左手の石造五智如来像(1691年造立)，その手前にある高さ4.1mの巨大な五輪塔(1619年造立)が目を引く。石造十三重塔は花崗岩製で，高さ5.1m。「嘉元二(1304)年八月十五日」の銘があり，在銘の石造品としては淡路島内でもっとも古く，鎌倉時代の代表的な作品である。もとはここから北西へ約1kmの三宅谷池のほとりにあった，忍頂寺家の持仏堂である臨池庵にあったもので，一時，徳島城(現，徳島市徳島町)に移されたが，夜泣きをするので戻されたという逸話がある。第二次世界大戦後，ほかの石造品とともにこの寺に移された。塔身の8層から11層までと相輪は，1815(文化12)年に補われたものである。塔身内部には供養品をおさめる穴があり，法華経を1文字ずつ書いた一字一石経などがおさめられていた。境内には，樹齢500年・高さ30mの大イチョウがある。山門の横には，地蔵菩薩をきざんだ六面石幢が市場地蔵としてまつられている。

　引攝寺から北西へ1.3kmほどいった，志筑天神交差点そばにある静の里公園には，静御前の墓と源義経の墓と伝えられる，南北朝時代様式の宝篋印塔がある。志筑は，源頼朝の妹で，義経の異母姉でもあった，中納言一条能保の妻の荘園で，静御前はその

石造十三重塔(手前)・五智如来像・五輪塔(引攝寺)

180　淡路

淡路の金石文―石造品と金工品

コラム

石や金属にきざまれた人びとの祈り

淡路は畿内・播磨に近く、仏教文化の影響がおよぶのは早かったと考えられるが、石造品の遺品は鎌倉時代からである。

鎌倉時代の主要な石造品は、残欠も含め、層塔3基、宝塔6基、宝篋印塔1基、石仏3基、五輪塔30基余り。石材別にみると、淡路の石は砂岩4基、花崗岩1基、ほかはほとんど香川県さぬき市火山の凝灰岩で、その分布圏は淡路市郡家と志筑を結ぶ線が北限である。引攝寺（淡路市志筑）の「嘉元二（1304）年」銘石造十三重塔（県文化）は、在銘で淡路最古の石造品である。注目されるのが絵島（淡路市岩屋）頂上の宝篋印塔で、砂岩製で鎌倉時代様式を残しており、地誌『淡路草』（1825年）も「太平記以前の物」と書いている。

南北朝時代にはいると、島の石による造立がふえる。諭鶴羽神社（南あわじ市灘黒岩）の五輪卒婆町石は「建武元（1334）年」の銘があり、在銘町石としては県内最古で、金剛寺（南あわじ市八木大久保）にある、成相寺の「康永二（1343）年」銘町石がそれにつぐ。南あわじ市松帆西路の「貞治三（1364）年」銘六面石幢（県文化）は、完全な姿を保つ全国五指にはいる石幢で、両墓制の先駆けとなる貴重な石造品である。

淡路独自の自然石利用の板碑は、鎌倉時代末期から造立がはじまり、阿弥陀信仰を中心に、「至徳四（1387）年」銘以降、桃山時代末期まで約40基確認できる。南あわじ市八木寺内の「明応七（1498）年」銘板碑は秀逸である。社家覚住寺には、「永徳四（1384）年」銘の地蔵立像板碑（県文化）がある。諭鶴羽神社の、1551（天文20）〜52年に造立された28基の板碑群は有名。砂岩による庶民的な供養塔が多いのが淡路の石造品の特徴といえる。

北淡路では、南北朝時代から桃山時代にかけて、瀬戸内産の花崗岩の宝篋印塔が多い。なかでも浄土寺（洲本市五色町都志）の「延文五（1360）年」銘宝篋印塔（県文化）は完存で美しい。

金工品では、仏教法具として重要な梵鐘・鰐口・宝塔を中心に、鎌倉〜南北朝時代の遺品が10点以上残っている。主要なものをあげると、千光寺（洲本市上内膳）の「弘安六（1283）年」銘梵鐘（国重文）と残欠ながら全国最古の「文保二（1318）年」銘鉄鋳宝塔（県文化）、満泉寺（洲本市千草）の「延慶二（1309）年」銘鰐口、蓮光寺（洲本市上内膳）の「正中二（1325）年」銘梵鐘、東山寺（淡路市長澤）の「正中三（1326）年」銘鰐口、宝光寺（南あわじ市志知飯山寺）の「永和四（1378）年」弘鑁上人銘の錫杖、八衢神社（洲本市五色町上堺）の「永和五（1379）年」銘梵鐘（県文化）などである。

東浦の辺り 181

縁でこの地に隠れ住んだという伝承が残っている。

志筑神社 ⓫

〈M ▶ P.170〉淡路市志筑天神907 P
岩屋港・東浦バスターミナル・津名港🚌志筑🚶30分，または
神戸淡路鳴門自動車道津名一宮IC🚗4分

一遍も詣でた式内社
壮士青木茂七郎の碑

志筑天神交差点から遠田方向へ350mほどいくと，右手奥に志筑神社（祭神 少彦名命）がある。『延喜式』式内小社の1つで，のちに志筑天神ともよばれた。1289(正応2)年7月，時宗の開祖一遍上人が志筑神社を参詣した様子が『一遍聖絵』第11に描かれている。阿波から淡路に渡った病身の一遍は，二宮（大和大国魂神社，南あわじ市）に詣でたのち，この神社を訪ねたが，社殿にはいることを許されなかった。ところが，「世に出ずる ことも稀なる 月影に 懸かりやすらむ 峰の浮き雲」という歌が社壇にあらわれたので，すぐに迎え入れられたという。一遍は半月ほど淡路に滞在したあと明石に渡り，翌8月に兵庫の観音堂（現，神戸市兵庫区の真光寺）で51年の生涯を閉じた。

境内には志筑出身の自由民権運動の活動家，青木茂七郎の碑がある。1891(明治24)年，第1回帝国議会において，新聞紙条例改正案の審議中，傍聴席から馬糞が投げ込まれるという衝撃的な事件がおこった。政府の言論弾圧に抗議する茂七郎の仕業であった。茂七郎は，志筑の漢方医の家に生まれ，20歳で自由民権運動に身を投じ，淡路自由党（1882年）にも参画した人物で，のちに県会議員や志筑町長をつとめた。

志筑神社

❷ 西浦の辺り

夕日が美しい西浦には、「野島の海人」や高田屋嘉兵衛ら、海で活躍した人びとの足跡が残る。淡路の一宮や古刹もある。

野島断層(北淡震災記念公園) ⑫
0799-82-3020

〈M▶P.170, 183〉 淡路市小倉177 P
明石港🚢富島港🚶15分、または岩屋港🚢震災記念公園前🚶5分、または神戸淡路鳴門自動車道北淡IC🚗15分

震災の教訓を伝えるメモリアルパーク

車なら北淡ICから、船なら富島港から淡路サンセットライン(県道31号線)を北へ進む。

1995(平成7)年1月17日午前5時46分、淡路島北部を震源として発生した兵庫県南部地震(阪神・淡路大震災)はマグニチュード7.3、最大震度7を記録し、死者6434人・行方不明者3人・負傷者4万3792人という戦後最大の被害をもたらした。淡路島北西部ではこの地震によって、野島断層(国天然)という活断層が地表面にあらわれた。断層は、江埼灯台付近から南は富島地区まで、海岸線に沿って約10kmにわたって続き、断層に沿って、山側の地面が1～2mも右横にずれ、50～120cm隆起した。

学術的にも貴重な野島断層を保存するため、淡路市(旧北淡町)では北淡震災記念公園を建設し、野島断層保存館をはじめ、各種の関連施設を設けて、地震の脅威を伝え、防災のための啓発活動を進めている。保存館では、野島断層が140mにわたって保存・展示され、地面を掘りさげたトレンチ展示などもあり、断層のさまざまな姿をみることができる。関連施設として、震災体験館、セミナーハウス、

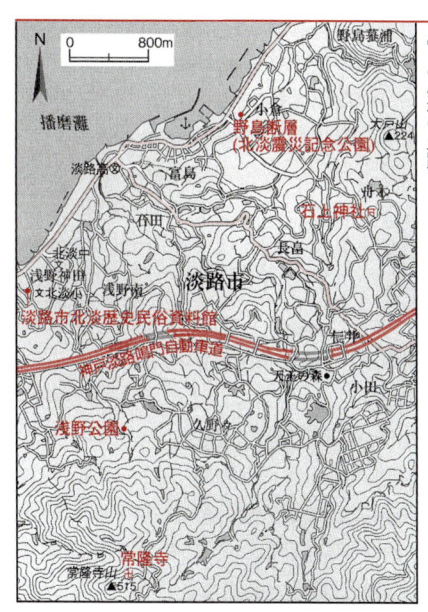

富島周辺の史跡

西浦の辺り 183

野島断層(北淡震災記念公園)

犠牲者慰霊碑があり，被災した民家をメモリアルハウスとして展示している。

震災記念公園から南東約1.7kmの舟木地区には，巨石群をまつる石上神社がある。この神社の北東，谷筋を挟んで標高約200mの丘陵地を中心に舟木遺跡が広がる。この遺跡は，畿内に先駆けて鉄器文化を取り入れた弥生時代の集落遺跡である。広大な遺跡規模をもち大型建物跡や古代中国鏡の破片も発見されている。ここから，南西に6km離れた山間地には，同時期に鉄の加工を行っていた五斗長垣内遺跡もあり，舟木遺跡は周囲の山間地集落の中心的役割をになっていたと考えられる。

震災記念公園から淡路サンセットライン(県道31号線)を北へ約5kmいったところに，緑の道しるべ大川公園がある。弥生時代から奈良時代にかけての製塩遺跡である貴船神社遺跡を整備した公園で，『万葉集』にも歌われた「野島の海人」の像が立っている。

また，震災記念公園からサンセットラインを南へ約3kmいくと，淡路市北淡歴史民俗資料館があり，西海岸で採取された大量のタコツボをはじめ，歴史民俗資料を展示している。江戸時代中期の農家の主屋である旧原家住宅(県文化)を移築・復元した保存館もある。

常隆寺 ⓭　〈M▶P.170, 183〉淡路市久野々154　P
0799-82-0451　　神戸淡路鳴門自動車道北淡IC🚗20分，または富島港🚗20分

> 早良親王の霊を慰める桓武天皇勅願の名刹

東浦ICから国道28号線を南へ進み，久留麻交差点で右折，県道71号線を5kmほどいった仁井交差点を左折し，4.5kmほど走る。富島港から約7km，北淡ICから10kmほどである。常隆寺(真言宗)は常隆寺山(515.3m)の頂上近くにある。本尊は十一面千手観音。

寺伝によれば，805(延暦24)年に桓武天皇の勅願によって建立された。785(延暦4)年に藤原種継暗殺事件に関係したとして廃太子となり，淡路へ配流される途中で憤死した，桓武天皇の同母弟で

常隆寺山門

ある早良親王(崇道天皇)の怨霊をしずめるために建立されたといわれる。『日本後紀』によれば,805年1月,桓武天皇は病気になった。同月14日の記述には「奉為崇道天皇,建寺於淡路国」とあり,このときたてられた寺が常隆寺とされている。古くは廃帝院霊安寺とも称し,最盛時には末寺23カ寺をもっていたといわれる。早良親王の亡骸は,仁井の天王の森に葬られたとも,下河合の高島陵に葬られたとも伝えられている。

境内や山頂付近一帯は伊勢の森とよばれ,スダジイ・アカガシ群落(県天然)などの大木がしげり,昼でも薄暗い深山の風情が楽しめる。境内から奥の院のある山頂へは5分ほどでいける。

攘夷論が高まった1863(文久3)年正月,仁井出身の国学者鈴木重胤は常隆寺山にのぼり,「朝日かげ のぼるさかえを まつ程は 東雲ちかき こころなりけり」と詠んだ。山頂への尾根道の右手にその歌碑がたっている。

常隆寺からくだったところにある浅野公園は,『万葉集』巻3の388に歌われた「浅野」の地であるとして,1854(嘉永7)年に歌碑を建立し,サクラやカエデが植えられてできた公園で,1899(明治32)年に旧津名郡立の公園となった。

公園の奥にある落差15mの不動の滝は,秋には紅葉でおおわれ,「紅葉の滝」ともよばれる。

東山寺 ⓮
0799-64-1185

〈M▶P.170〉淡路市長澤1389 Ⓟ
神戸淡路鳴門自動車道北淡IC🚗20分,または神戸淡路鳴門自動車道津名一宮IC🚗15分,または津名港🚗20分

淡路三山の1つ
紅葉の美しい尼寺

北淡ICをでて左折,自動車道に沿って800mほど西へ走り,左折して県道463号線で山に向かう。津名一宮ICや国道28号線方面からは県道464号線を遠田地区の交差点で案内にしたがって右折するが,大型車はとおれない。山道をのぼりきると辻地蔵が迎えてくれる。

西浦の辺り

薬師如来立像(東山寺)

ここはかつて東山寺の中門があったところといわれ、少しいくと趣のある山門がみえてくる。

東山寺(真言宗)は、千光寺(洲本市)・常隆寺(淡路市)とともに淡路三山に数えられる名刹で、本尊は千手観音。また、淡路屈指の紅葉の名所として知られ、シーズンはとくに参拝者が多い。

寺伝によれば、819(弘仁10)年、弘法大師の開基と伝えられる。創建当時の伽藍は、現在の奥の院の麓にあったが焼失し、1285(弘安8)年に現在の地に再興され、末寺17カ寺・寺坊36・寺領600石をもつ、この地方の本山としておおいに栄えたという。江戸時代中期以後は衰退したが、幕末になって讃岐(現、香川県)の佐伯心随尼が復興させた。梁川星巌や頼三樹三郎ら尊王の志士が集まって密議をした寺としても知られる。

寺の「薬師如来記」によると、別尊の薬師如来立像(一木造、国重文)とその脇侍の日光・月光両菩薩、さらに十二神将像(寄木造、国重文)は、もと京都の石清水八幡宮別当護国院(護国寺、現在は廃寺)のもので、西京地蔵院に閑居していた道基上人の尽力によって、1869(明治2)年に東山寺に迎えられた。明治初年の廃仏毀釈で、男山(京都府八幡市)に放置されていたともいう。希望者は拝観できる。また、薬師堂には「正中三(1326)年」銘の淡路で2番目に古い鰐口が展示されている。山門は、南北朝時代に阿波の守護細川頼春が寄進したと伝えられる。山頂に向かってのぼっていくと、奥の院があり、その奥に巨石信仰を伝える巨石群がある。

郡家古墳 ⓯ 〈M▶P.170, 189〉淡路市郡家597荒神山
JR東海道本線三ノ宮駅・JR山陽本線舞子駅🚌郡家🚶すぐ、または富島・神戸淡路鳴門自動車道津名一宮IC・津名港🚌郡家🚶すぐ、または津名一宮IC🚗8分

瀬戸内海を見下ろす横穴式石室の円墳

郡家バス停すぐそばの細い道をとおって北東の丘陵をのぼってい

淡路の遺跡

コラム

旧石器時代から奈良時代まで

　淡路では旧石器の発見例は少ないが、まるやま遺跡(淡路市)や曽根遺跡(南あわじ市)でナイフ型石器が出土したほか、浦壁池遺跡(南あわじ市)でもナイフ型石器が採集されている。

　縄文時代草創期のものとされる有舌尖頭器は、淡路市の舟木遺跡、洲本市の真野谷遺跡、南あわじ市の長原遺跡・楠谷遺跡などで、あわせて十数点発見されている。そのほか縄文遺跡としては、早期押型文土器が出土した船頭ケ内遺跡(淡路市)・安住寺遺跡(南あわじ市)、早期～晩期の堂の前遺跡(淡路市)、前期～晩期の武山遺跡・安乎間所遺跡(ともに洲本市)などが知られる。なかでも佃遺跡(淡路市)は、縄文後期の遺跡としては、西日本最大級の遺跡である。

　弥生時代にはいると、淡路島全域で発見される遺跡数が増加する。洲本市では、武山遺跡(前期～後期)、下加茂遺跡(前期の水田、中期の周溝墓)、下内膳遺跡(前期～終末期の集落、後期の水田)、南あわじ市では、雨流遺跡(前期の水田)・志知川沖田南遺跡(前期の壺棺)・鈩田遺跡(後期集落)などが知られる。淡路市においては、堂の前遺跡(前期)・舟木遺跡(後期の拠点集落)などがあり、後期の遺跡は、標高100mをこえる丘陵地に営まれる、いわゆる高地性集落が主流となる。

　淡路島で確認されている古墳は約140基で、他地域とくらべると少ない。前期古墳では、洲本市のコヤダニ古墳(三角縁神獣鏡出土)、後期古墳では、淡路市の石の寝屋古墳群・郡家古墳(県文化)、南あわじ市の沖ノ島古墳群・ハバ古墳・西山北古墳・徳野塚村古墳(陶棺出土)などがあげられる。古墳時代の集落跡は、平野部を中心にみられる。洲本市の下内膳遺跡(前期)・波毛遺跡(中期)、南あわじ市の鈩田遺跡(前期～中期)、木戸原遺跡(中期、鉄鋌出土)・雨流遺跡(中期～後期、子持ち勾玉などの出土品は県文化)、淡路市の天神遺跡(後期)などがある。

　製塩遺跡は弥生時代後期に出現し、淡路島の各地で数多くみられる。貴船神社遺跡(淡路市)は、県内ではじめて石敷きの製塩炉が発掘された本格的な製塩遺跡である。

　律令時代になると、官衙(役所)や寺院があらわれる。官衙的な性格の濃い遺跡として、南あわじ市の嫁ケ渕遺跡(国府または郡衙関連施設)・幡多遺跡(神本駅推定地)・九蔵遺跡(銀製和同開珎出土)、洲本市の下内膳遺跡(硯・墨書土器出土)、淡路市の郡家長谷遺跡(郡衙関連遺跡)などがあげられる。寺院では、淡路最古の白鳳時代の志筑廃寺(淡路市)、奈良時代後期の淡路国分寺跡・国分尼寺跡(南あわじ市)などがある。

西浦の辺り　187

くと，林のなかに三方荒神社がある。ここが郡家古墳(県史跡)で，荒神山古墳ともよんでいる。横穴式石室をもつ直径約30mの円墳で，封土は流れ，天井石がおち込んだ状態で露出している。古墳時代後期の土器が出土した。

なお，「郡家」という地名は古代の郡衙(郡の役所)に由来し，津名郡の郡衙がこの近辺にあったと考えられる。

伊弉諾神宮 ⑯
0799-80-5001
〈M ▶ P.170, 189〉淡路市多賀740 P
郡家・神戸淡路鳴門自動車道津名一宮IC・津名港🚌伊弉諾神宮前🚶すぐ，または津名一宮IC🚗5分

国生み神話で知られる淡路国の一宮

津名一宮ICから郡家方面へ約3.5kmいくと，右手に伊弉諾神宮(祭神伊弉諾大神・伊弉冉大神)がみえる。淡路国一宮で，地元では「いっくさん」ともよばれて親しまれている。

806(大同元)年の牒(『新抄格勅符抄』)には「津名神」と記され，津名郡の大社として位置づけられていたようである。『延喜式』神名帳記載の津名郡9座のうち，名神大社の「淡路伊佐奈伎神社」が伊弉諾神宮である。1223(貞応2)年の「淡路国大田文」では，津名郡郡家郷の項に「一宮社一所，同神宮寺一所」と記されており，伊弉諾神宮が平安時代末期から鎌倉時代初期には，「一宮」とよばれ，神宮寺が存在していたことがわかる。

『日本書紀』神代上に，伊弉諾尊が国土や神々を生みおわったのち，幽宮を淡路の州につくったとあり，社伝ではこれを創建とし，現在の本殿の下にその「神陵」があるとされている。

1280(弘安3)年，地頭田村仲実により社殿が再興され，以後，地頭や領主，近世には徳島藩主蜂須賀氏による社殿の造営や修復が行われたといわれる。1885(明治18)年に自然石が積み重なった「神

伊弉諾神宮

陵」の上に本殿が移された。1885年に官幣大社となり，1932（昭和7）年には伊弉冉大神を配祀し，1954年に神宮になった。例祭は4月22日に行われ，御輿・だんじりにより郡家にある濱神社までの神幸が行われる。また，1月15日には稲のできを占う神事として粥占祭が行われる。

境内には，推定樹齢約900年・高さ30m，地上2.25mで2つの支幹にわかれた夫婦クス（県天然）があり，社叢は県の自然環境保全地域に指定されている。伊弉諾神宮から500mほど東にある高島陵は淳仁天皇の陵墓伝承地の1つで，近くの妙京寺が祭祀している。

岩上神社 ⑰

〈M ▶ P.170, 189〉淡路市柳沢乙614 [P]
郡家・神戸淡路鳴門自動車道津名一宮IC・津名港🚌伊弉諾神宮前🚶50分，または津名一宮IC🚗15分

特異な建築技法の本殿
巨石信仰の神籠岩

伊弉諾神宮から柳沢地区をとおって大町方向へ3.5kmほどいくと，淡路島を代表する巨石信仰の神社として知られる岩上神社（祭神布都御魂神）がある。

社伝によれば，1541（天文10）年に柳沢城主柳沢隼人佐直孝が，大和国石上神宮（奈良県天理市）の分霊を迎えて神社を創建した。社殿は龍田大社（奈良県生駒郡三郷町）の旧社殿を移築したと伝えられ，龍田神社旧蔵といわれる「応安三（1370）年」銘の鰐口を伝来している。一間社隅木入春日造・檜皮葺きの本殿（県文化）は，2003（平成15）年に根本修理が行われ，創建当時の姿に復元

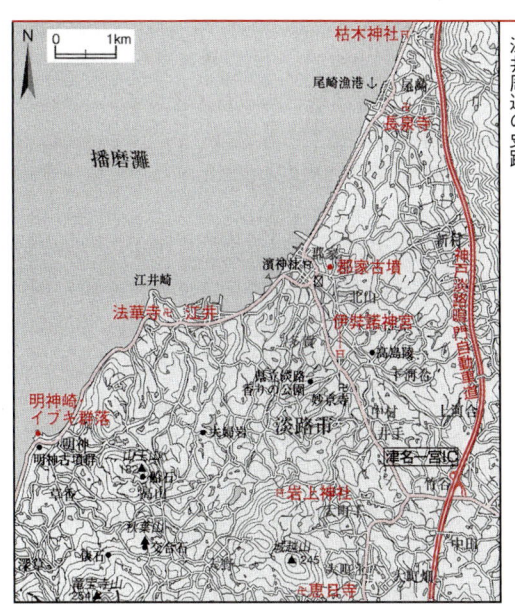

江井周辺の史跡

西浦の辺り 189

岩上神社本殿と神籠石

された。その際、18世紀中ごろに再建されたことがわかった。阿吽の象鼻を彫った、長くとびでた尾垂木を多用する意匠など、特異な建築技法を示している。

本殿のすぐそばに高さ12m、周囲16mほどの神籠石とそれを囲む巨石群がそびえる。平安時代の土器が発掘されており、古代から祭祀が行われてきたことがわかる。

この辺りは巨石信仰の色濃い地域で、柳沢地区には神籠石のほか、夫婦岩(夫婦岩荒神)があり、西隣の山田地区には船石(山王神社)、俵石(俵石神社)、交合石(秋葉山山頂)がある。また、長澤の東山寺奥の院や舟木の石上神社にも巨石群がある。

江井 ⑱

〈M▶P.170, 189〉淡路市江井
JR東海道本線三ノ宮・JR山陽本線舞子駅🚌江井🚶すぐ、または神戸淡路鳴門自動車道津名一宮IC🚗10分

かぐわしい線香の町 かつては廻船業で繁栄

津名一宮ICで右折、郡家交差点を左折して海岸沿いに走る。

西浦の中央に位置する江井は、古くから漁業や廻船業で栄えた。1643(寛永20)年には徳島藩邸がおかれ、淡路の西海岸や播磨灘の警備にあたった。藩邸の門は江井小学校の北西にある法華寺の山門として移築されている。1810(文化7)年には、戸数418軒・船128艘・加子410軒を数えた。廻船のほとんどが長崎・平戸と兵庫・堺との交易に従事し、幕末には淡路の富の7割もが江井にあるといわれたほど繁栄した。海岸線が美しい江井崎へは遊歩道がある。

江井は線香の町でもある。1850(嘉永3)年ごろに田中辰造らがはじめた線香の製造は、冬場の漁家の副業として広がり、現在では、江井を中心とした旧一宮町で、全国生産の7割を占めるまでになっている。『日本書紀』には、推古天皇の3年(595年)に沈香木が淡路島に流れ着き、香木とは知らずに燃やしたところ、すばらしい香りがしたので朝廷に献上したとある。この香木が漂着したのが、江井

から海岸に沿って7kmほど北へいった尾崎の浜といわれ、そこには、香木を神体とする枯木神社がまつられている。

江井から3.5kmほど南西にいった明神崎はイブキ群落（県天然）で知られる。

白巣城跡 ⓳

〈M ▶ P.170〉洲本市五色町鮎原三野畑白巣山　P
五色バスセンター・洲本バスセンター 🚌 南橋 🚶 80分、または神戸淡路鳴門自動車道津名一宮IC 🚗 35分

秀吉に最後まで抵抗・落城伝説を残す

白巣城跡は、淡路島のほぼ中央、標高317mの白巣山の山頂にある。津名一宮ICをでてすぐを右折し、竹谷交差点を左折して県道66号線を鮎原方向に進む。鮎原交差点を左折し、南橋バス停を右折して3kmほどいくと白巣城跡に着く。林道が整備されているので、普通車までなら本丸跡のすぐ下までいける。

白巣城は険しい地形を巧みに利用した、淡路の代表的な戦国山城で、山頂の本丸を中心に、階段状の小郭台が「く」の字型に配置されている。本丸、東の丸、西の丸、米倉、馬繋場、馬責場や土塁、堀切の跡が残っている。

白巣城に関する史料は残っていないが、江戸時代後期の地誌『味地草』(1857年)には「伝説に安宅九郎左衛門冬秀居城にして兵火乱亡の時戦死し城郭は焦土となる」と記されている。地元の言い伝えでは、羽柴秀吉の淡路攻めのとき、淡路の各城主はみな降伏したが、白巣城主安宅冬秀ただ1人がしたがわず、秀吉の軍勢が攻めのぼれぬよう、城への登り坂に竹の皮を敷きつめ最後までたたかったが、1581(天正9)年1月、城は焼打ちされ、冬秀は火中に身を投じて自害したという。米倉跡や本丸跡からは、今も焼けた米や麦がでてくる。本丸跡に白巣山大神の祠が、西の

白巣城概念図（兵庫県教育委員会編『兵庫県の中世城館・荘園遺跡』による）

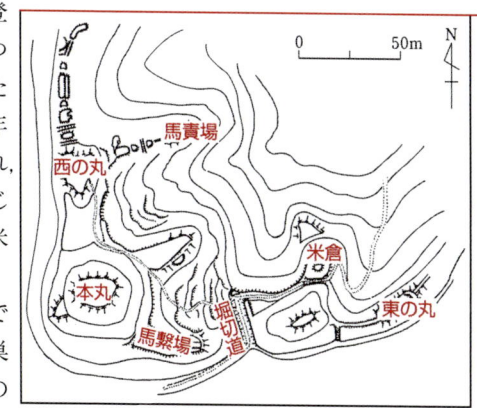

西浦の辺り

丸跡には「安宅冬秀公碑」がたっている。

鳥飼八幡宮 ⑳
0799-34-1031

〈M ▶ P.170〉洲本市五色町鳥飼中314 Ｐ

洲本バスセンター🚌鳥飼八幡宮🚏すぐ、または神戸淡路鳴門自動車道西淡三原IC🚗12分

石清水八幡宮の別宮
重要文化財の神輿

　西淡三原ICから県道31号線を北へ進み、慶野松原（国名勝）や五色浜をすぎて、鳥飼浦交差点を右折する。

　鳥飼八幡宮（祭神応神天皇・比売大神・神功皇后）は、山城国（現、京都府）石清水八幡宮領鳥飼荘の荘鎮守として勧請されたとみられ、淡州鳥飼別宮と称していた。創建の年代は不明だが、1603（慶長8）年再興の本殿（県文化）は、安土・桃山時代の作風をもつ三間社流造で柿葺き（後年に銅板で被覆された）である。神社所蔵の沃懸地螺鈿金銅装神輿（国重文）は、1150（久安6）年、近衛天皇の母美福門院得子が、天皇の健康を祈願して石清水八幡宮に15基寄進したうちの1基で、鳥飼別宮が創建されたころに奉納されたものではないかといわれている。また、石清水伝法院権都維那で当社別当であった僧重慶が、1233（天福元）年から1235（文暦2）年にかけて書写し奉納した「大般若波羅蜜多経」が約400帖伝えられている。
鳥居をくぐった左手には、樹齢600年と推定される、県内では淡路にしか自生しないホルトノキの巨木がある。

　例祭は、毎年10月の第3土・日曜日に行われ、勇壮な舟だんじりと布団だんじりが繰りだす。祭の最後に行われる大綱引きは、直径80cm・長さ約30mの大綱を、浜方と岡方に分かれて引き合い、浜方が勝てば大漁、岡方が勝てば豊作といわれる。

沃懸地螺鈿金銅装神輿（鳥飼八幡宮）

高田屋嘉兵衛

コラム 人

日露友好の架け橋となった幕末の英傑、海の豪商

　高田屋嘉兵衛は、近世後期の豪商・廻船業者で、1769（明和6）年に淡路国津名郡都志本村（現、洲本市五色町都志）に生まれた。
　1790（寛政2）年、兵庫（現、神戸市）にでて、樽廻船の乗組員となった。1796年に1500積みの辰悦丸を建造し、「高田屋」として独立したという。兵庫を根拠に蝦夷地の交易に乗りだし、1798年には箱館に支店を開設した。翌年、幕府の役人近藤重蔵の依頼で国後島から択捉島への航路を開き、さらに漁場の開発などにつとめた。
　1801（享和元）年に蝦夷地御用定雇船頭、1806（文化3）年には蝦夷地御用取扱人を命じられる。その後、択捉場所・根室場所などの場所請負人になるなど、幕府の蝦夷地直営に参画して、豪商になる。
　18世紀の後半になると、欧米列強は開国を求めて日本に接近するようになった。蝦夷地周辺では、鎖国を理由に通商を拒否されたロシア使節レザノフが、武力で日本に通商を認めさせようと、部下に命じて、樺太（サハリン）・択捉島・利尻島の日本人集落を襲撃させる事件がおこった。
　日ロの緊張が高まるなか、1811（文化8）年、幕府の役人は、水や食糧の補給のため国後島に上陸したロシアの軍艦ディアナ号の艦長ゴローニンを捕らえた。翌年、副艦長リコルドは、ゴローニン救出のため再び来航し、国後島沖を航行していた嘉兵衛を捕らえ、カムチャッカに連行・抑留した。
　嘉兵衛はひと冬の間、リコルドと同じ部屋で寝起きしながら、ゴローニン解放の方策を熱心に説いた。この嘉兵衛の剛胆・沈着な人柄は、リコルドを感服させた。
　1813（文化10）年、ディアナ号で送還された嘉兵衛は、日ロ交渉の周旋につとめ、ゴローニンの解放と日ロの和解を実現させた。この間の嘉兵衛の努力と功績は、両国の間で高く賞賛された。
　晩年は、弟に事業をゆずって、自身は郷里の淡路に戻り、近隣の港湾修築などに貢献し、1827（文政10）年に59歳で生涯を閉じた。
　司馬遼太郎は、小説『菜の花の沖』で、嘉兵衛の信念と人柄をたたえている。
　嘉兵衛の旧宅跡近くに高田屋嘉兵衛翁記念館が、町を見下ろす高台にある高田屋嘉兵衛公園（ウェルネスパーク五色）には、高田屋顕彰館・歴史文化資料館や嘉兵衛の埋葬墓がある。

高田屋嘉兵衛肖像

西浦の辺り

❸ 洲本の辺り

洲本川の河口に広がる洲本は，江戸時代以降，淡路の政治・経済の中心として発展し，城下町の風情がただよう。

城下町洲本のシンボル
三熊山上の水軍の城

洲本城跡 ㉑ 〈M▶P.170, 194〉洲本市小路谷三熊山1772-2 Ｐ
JR東海道本線三ノ宮駅・JR山陽本線舞子駅🚌洲本バスセンター🚶30分，または関西国際空港⛴洲本港🚶30分，または神戸淡路鳴門自動車道洲本IC🚗15分

洲本城（上の城）本丸へ向かう大石段

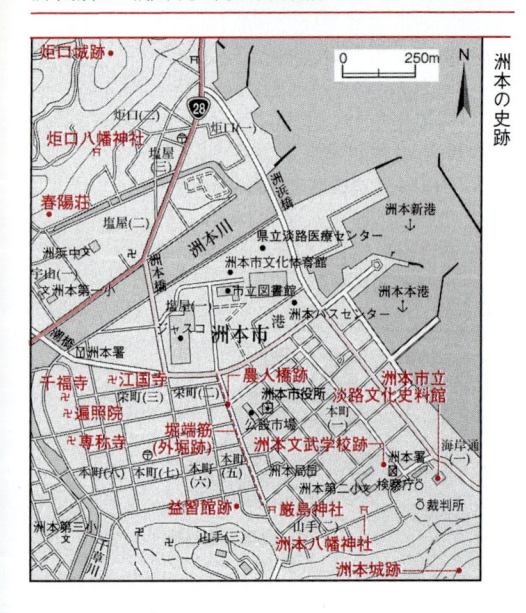

洲本バスセンター，または洲本港から海岸通りを南へ1kmほど歩くと，大浜海岸をすぎる手前，右手に三熊山登山口がある。そこから20分ほどのぼると洲本城跡（国史跡）がある。洲本八幡神社の前の道も登山道につながっている。車なら海岸に沿って走り，洲本温泉のホテル街を右折する。

洲本城は三熊山(133m)の山頂にある。室町時代末期，安宅氏が水軍の城として造築したもので，その時期は1510（永正7）年とも1526（大永6）年ともいわれる。1581（天正9）年の羽柴秀吉の

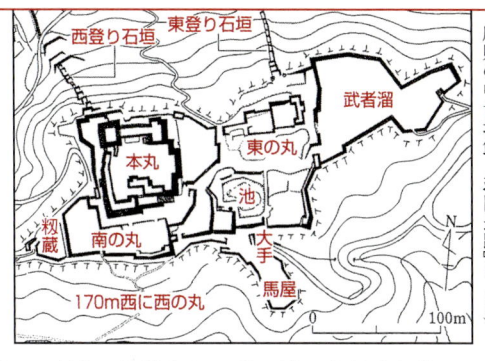

淡路攻めのあと、仙石権兵衛秀久が在城し、1585年に賤ヶ岳七本槍の1人、脇坂安治が津名郡3万石をあたえられて洲本城にはいった。安治は24年間在城して、本格的に城の修築を行い、現在、遺構として残る城の大部分が築かれたと考えられる。その間、水軍の将として、ここから九州攻め（1587年）、小田原攻め（1590年）、朝鮮出兵（1592年）に出陣した。

洲本城概念図（兵庫県教育委員会編『兵庫県の中世城館・荘園遺跡』による）

城は、東西約800m・南北約600mの範囲に、本丸・東の丸・南の丸・西の丸などの曲輪や日月池が配され、今もみごとな石垣が残っている。これまで南側が大手とされてきたが、西側または北側を大手とする説もある。1928（昭和3）年にたてられた模擬天守閣にのぼると、先山や洲本市街、大阪湾が一望できる。三熊山は、カシ・シイなどの常緑樹がうっそうとしげる暖帯林で、ヤブムラサキの新種が発見されるなど、植物の宝庫でもある。

寛永年間（1624～44）に、徳島藩の淡路支配の拠点が由良から洲本に移される（由良引け）と、三熊山の下に城が築かれた。これも洲本城といい、それ以前の三熊山上の城を「上の城」、寛永期の城を「下の城」とよんで区別している。「下の城」跡には石垣や内堀の一部が残り、洲本市立淡路文化史料館や神戸地方検察庁洲本支部、洲本簡易裁判所、洲本税務署がたっている。

城下町洲本 ㉒

〈M▶P.170, 194〉洲本市山手・本町・栄町・塩屋
洲本バスセンター・洲本港🚶すぐ、または神戸淡路鳴門自動車道洲本IC🚗13分

各所に城下町の風情庚午事変の影も残る

バスセンター、または洲本港から海岸通りを南にいくと、三熊山の麓に石垣と堀がみえる。この一画は、寛永年間（1624～44）の「由良引け」以後に整備された洲本城（下の城）跡である。城跡東には洲本市立淡路文化史料館があり、道路をはさんで向かいが、徳島藩主蜂須賀氏の家老で、洲本城代をつとめた稲田氏の公邸（向屋敷）跡

洲本の辺り　　195

洲本城(下の城)の石垣と内堀

である。ここは1870(明治3)年の庚午事変(稲田騒動)では,最初に攻撃目標となった。その西にある洲本警察署とその北側が藩校の洲本文武学校跡で,庚午事変の司令部となり,蜂須賀側はここから出撃した。

洲本八幡神社(祭神誉田別命)の大鳥居をくぐると,左手に観光客や地元の人に人気の洲本温泉の足湯がある。境内の金天閣(県文化)は,1641(寛永18)年に洲本城(下の城)内にたてられた洲本御殿の一部で,御殿の大部分は取りこわされたが,唐破風の玄関と書院だけがここに移築されて残った。書院の上段の間の格天井が金箔貼りであることから,「金天閣」と名づけられた。

洲本八幡神社から西へ300mほどいくと,「弁天さん」のよび名で親しまれている厳島神社(祭神市杵島姫命)がある。境内には,稲田氏の祖先をまつる稲基神社や,庚午事変の時代を生きぬいた1人の女性を描いた,船山馨の名作『お登勢』の碑がある。11月21日から3日間行われる弁天祭は,多くの参拝者で賑わう淡路最大の祭りで,祭りの最終日には,白装束の男たちが神体を背負って街中を練り歩く。厳島神社から西へ100m余りのところに,稲田家の学問所益習館があったが,庚午事変で襲撃され,庭園だけが残った。今は個人の住宅になっている。

厳島神社から北へのびる広い道路を堀端筋という。ここにはかつて外堀と土手があり,堀を境に内

洲本八幡神社金天閣

庚午事変（稲田騒動）

コラム

維新の変革がうんだ悲劇のちの歴史に影をおとす

　幕末の激動期，国内は佐幕派と倒幕派(勤王派)に二分されていく。淡路を含む徳島藩では，13代藩主蜂須賀斉裕が江戸幕府11代将軍徳川家斉の第22子であったため，佐幕か勤王かでゆれ動いていた。しかし，筆頭家老の稲田家は勤王派として行動し，それに対して藩主は黙認し，倒幕運動において稲田家は功績を積み重ねていく。

　1869(明治2)年6月，明治新政府は版籍奉還を各地に命じ，それに伴う禄制改革を進めた。その結果，稲田家の家臣は，藩主と直接主従関係をもたない陪臣であったため，稲田家との主従関係をとかれ，「卒」として「士」より一級下の身分となり，さらにこれまでの禄の高低にかかわらず，一律に低い俸禄となった。

　三田昂馬をはじめ稲田家の家臣たちは，士族編入を求めたが実現せず，事態打開のため，徳島藩からの分藩独立を明治新政府に求めることになった。このことが一部の直臣の強い反発を招き，庚午事変が勃発する。

　1870年5月13日未明，洲本城下では，蜂須賀家臣に率いられた800人余りの兵が大砲まで引きだして，稲田氏の公邸や別荘武山邸，学問所であった益習館，稲田家家臣の屋敷などをつぎつぎと襲撃した。稲田家の人びとは無抵抗で，即死者15人・自決2人・重軽傷者20人の犠牲者をだした。

　明治新政府は，襲撃事件に荷担した徳島藩士90余人を断罪するとともに，稲田家家臣には北海道静内(現，日高郡新ひだか町)への移住開拓の命をくだした。

　稲田家家臣とその家族は，1871年2月から数次に分かれて北海道に向かったが，8月に洲本をたった平運丸は，和歌山県周参見浦沖で遭難し，83人もの行方不明者をだす悲劇にみまわれた。また，北海道に渡った人びとにも厳寒の地での厳しい苦難が待ちうけていた。

　船山馨の小説『お登勢』は，1人の女性を主人公に，庚午事変にかかわった人びとのそれぞれの生き方を描き，また，映画「北の零年」は北海道での苦難の開拓生活を描いている。

　栄町3丁目の江国寺(臨済宗)に事件の犠牲となった稲田家家臣の霊を鎮める招魂碑が，本町8丁目の専称寺(浄土宗)には，蜂須賀家臣の庚午志士之碑がある。

町(東側)と外町(西側)に分かれていた。現在の内通りは，内町を東西に走るメインストリートで，商家が軒を並べていた。その西端には桝形という方形の広場がつくられ，番所や高札場があった。桝形から外町に続く通路があり，その北，現在の栄町1丁目交差点には，

農人橋（のうにんばし）という板橋が堀にかかっていた。橋の欄干の石柱が，交差点脇に残されている。その南東，今のすもと公設市場や市役所の辺りに会所（藩の役所）があった。

　さらに西に歩くと，千草川の手前に，城下町の風情を残す寺町がある。寺町の専称寺（浄土宗）にある庚午志士之碑は，庚午事変に参加して刑死したり，獄死した徳島藩士22人を追悼する碑で，1889（明治22）年，明治憲法発布の大赦によって全員無罪になったことを記念して建立された。専称寺から道をはさんで北にある遍照院（真言宗）には，木食僧観正上人の坐像がまつられている。1754（宝暦4）年に洲本の大工町（現，海岸通2丁目）で生まれ，地蔵寺（現，遍照院）で得度した観正は，穀物を断ち，厳しい木食修行を続けながら諸国をめぐり，数々の奇跡をおこして熱狂的な信仰を集めた。遍照院の北隣にある千福寺（真言宗）の襖絵は南画家直原玉青の作。薬師堂には，平安時代末期から鎌倉時代の薬師如来坐像がまつられている。千福寺から東へ150mほどいくと，稲田氏の菩提寺であった江国寺（臨済宗）がある。境内には稲田氏歴代当主の墓があり，庚午事変の犠牲者の冥福を祈る招魂碑がたっている。

　寺町筋の北，洲本川に千草川と樋戸野川が合流する辺りを三合という。洲本川はここから流れを大きく南にふって，洲本港に流れ込んでいたが，1904（明治37）年に流路を北側につけかえる大工事が行われ，1908年には旧洲本川跡に鐘淵紡績株式会社洲本工場（第2工場）が誘致された。本格的な淡路の産業革命はここからはじまる。現在，工場跡やその周辺は，大型店舗やバスセンターのほか，レンガ建築を残しながら，洲本市立図書館や洲本市文化体育館などがたてられ，市民の交流の場として整備が進められている。

炬口八幡神社（たけのくちはちまんじんじゃ）㉓
0799-22-4902

〈M▶P.170, 194〉洲本市炬口2-13-17　P
洲本バスセンター 🚌 塩屋 🚶 7分，または洲本バスセンター・洲本港 🚶 20分，または神戸淡路鳴門自動車道洲本IC 🚗 13分

伝新田義貞着用の甲冑　重要文化財

　国道28号線から陀仏川に沿って200mほどさかのぼると，右手に炬口八幡神社（祭神応神天皇・神功皇后・玉依姫命）がある。この神社の社宝，伝新田義貞着用の甲冑（国重文）は，炬口城の城主安宅

コラム

洲本の近代化とその後

淡路の産業革命と洲本川つけ替え

　淡路の文明開化は，1877（明治10）年にはじまるといってよい。この年，『淡路新聞』（月4回発行）が安倍喜平らによって，県下に先駆けて創刊された。『淡路新聞』からは，のちに報知新聞社社長として手腕をふるった三木善八や，『神戸新報』をおこし衆議院議員となった鹿島秀麿ら，多くの人材が巣立った。

　1880年には淡路汽船会社が設立され，洲本・阪神間に汽船が就航した。陸上交通では，すでに明治20年代から鉄道敷設の動きがあったが，1914（大正3）年に淡路鉄道株式会社（現，淡路交通株式会社）が発足し，洲本・福良間23.4kmが全線開通したのは1925年だった。第二次世界大戦後に電化され，島民や観光客に利用されてきたが，1966（昭和41）年に全線廃止された。

　淡路の近代産業の先駆けとなったのは，1896（明治29）年，洲本町内の細工町（現，本町3-1）で操業を開始した淡路紡績会社である。日清戦争（1894～95年）に勝利し，日本中が軽工業を中心とした産業革命に突入したころであった。

　しかし，人びとの生活や経済活動に大きな役割をになっていた洲本港には問題があった。洲本川の土砂が堆積して，大型船が入港できず，そのうえ洲本川はしばしば洪水をおこしていた。町長岩田康郎は，洲本川の流路を北側につけかえることを決断し，1902年から2年をかけて，洲本川と洲本港の大改修工事を行った。旧洲本川跡地には，洲本紡績会社を買収し，関西に生産拠点を移しつつあった鐘淵紡績株式会社（鐘紡）の新工場が誘致され，1909年に洲本第2工場が操業を開始した。以後，つぎつぎと施設を拡張し，1937（昭和12）年には，国内最大級の綿紡織工場に発展した。

　鐘紡とともに淡路の経済を牽引してきた三洋電機株式会社洲本工場（現，三洋電機株式会社エナジー社洲本工場）は，1964年の操業開始以後，各種電池の開発・生産を行っている。三洋電機の創業者井植歳男は，現在の淡路市浦の出身であった。

　鐘紡はその後，慢性的な紡績不況のなかで，紡績部門からの撤退を余儀なくされ，広大な工場跡地には大型小売店舗が進出し，レンガ造りの紡績工場の趣を残した，市民広場・図書館・文化体育館などができている。また，港湾や道路の整備がすすみ，バスセンターが設置されるなど，洲本港周辺は大きく変貌をとげている。

駿河守吉安が，1527（大永7）年に奉納したものと伝えられ，兜・腹巻・大袖・喉輪・小手がすべてそろっている。甲冑は，蜂須賀家の家老稲田氏が奉納した太刀などとともに，春祭り（毎年3月27日

伝新田義貞着用の甲冑(炬口八幡神社)

に近い日曜日)に公開される。

炬口城跡は神社の北の丘陵端にあり，本丸・二の丸・出丸・堀切などの遺構が確認できる。1505(永正2)年，安宅監物秀興の築城といわれ，秀興の名は，千光寺(洲本市上内膳)の梵鐘の銘文にもみえる。1528(大永8)年，安宅次郎三郎秀益が城主のとき，淡路を支配していた三好氏に叛旗を翻したが，蕁浦(淡路市)の蕁浦氏や浦壁(南あわじ市)の島田氏に攻められ，落城したという。

春陽荘 ㉔
0799-20-1729(春陽荘事務所)

〈M▶P.170, 194〉洲本市宇山2-5-4 [P]
洲本バスセンター🚌宇山🚶5分，または洲本バスセンター🚶20分

近代和風住宅の粋 風水に基づく建築

炬口八幡神社から陀仏川に沿って250mほどのぼる。宇山バス停からは洲浜中学校の西側を北に進み，陀仏川をこえるとすぐ正面にある。

春陽荘(国登録)は1941(昭和16)年にたてられた，近代和風住宅の粋をこらした建築である。敷地面積430坪(約1419㎡)で，最大の特徴は，敷地の選定や棟の配置が「風水」(気の流れをものの位置で制御するという古代中国の思想)に厳密に基づいてつくられた点にある。

敷地中央の寝室棟を基準に，東南に住居棟(火気)，西南に事務所棟である洋館(金気)，北西に客室棟(水気)，北東に茶室・浴室など(木気)が配され，門は巽(東南)の方角にある。現在，宿泊・日帰り体験拠点として利用もできる。

由良港 ㉕

〈M▶P.170, 201〉洲本市由良
洲本バスセンター🚌由良🚶すぐ，または神戸淡路鳴門自動車道洲本IC🚗30分

古代淡路の玄関口 今も残る砲台跡

洲本市街から洲本温泉のホテル街やヨットハーバー(サントピアマリーナ)をすぎ，海岸に沿って5kmほどいくと，紀淡海峡に面し

由良湊神社

た由良港がある。

　奈良時代，都と四国とを結ぶ南海道の淡路の起点であった由良は，駅家がおかれ，淡路の玄関口として古くから栄えてきた。町の中央に，『延喜式』式内小社であった由良湊神社(祭神速秋津日古神・速秋津比売神・品陀別尊)がある。2月に行われる春祭りは「ねりこ祭り」といわれ，もともと数え年3歳の子ども(ねり子)が神輿のお供をして，約700m離れた若宮(恵比須神社内)まで練り歩くものであったが，いつしか「一番鈴」をめざして，ねり子をかついで激しく競走するようになった。しかし，近年はその光景もしだいにみられなくなっている。

　港をだくように横たわる，南北約2.6kmの成ケ島は「淡路橋立」とよばれ，希少種を含め，約250種の植物が自生する。もとは北部と南部で陸続きだったが，1765(明和2)年に北部で，1789(寛政元)年には南部で掘削工事が行われ，現在のような島になった。

　由良バス停のすぐ西にある古城山には，室町時代の豪族安宅氏の由良城(由良古城)があった。1350(観応元)年，室町幕府2代将軍足利義詮の命によって，淡路の南朝水軍を討伐するために来島した紀州熊野水軍の安宅氏は，由良城を拠点として島内に勢力をのばしたが，1581(天正9)年，羽柴秀吉に攻められ降伏した。城跡には往時をしのぶのはなにもない。

　1613(慶長18)年，淡路を領していた池田忠雄は，古城山の東，成ケ島の北部の山上に由良城(成山城)を

由良港周辺の史跡

生石公園

築いた。1615(元和元)年,阿波の蜂須賀氏は,淡路一国を加封されると,ここに城代をおいて,淡路支配の拠点としたので,城下町として賑わった。しかし,由良は地理的に不便だったので,1631(寛永8)年から1635年にかけて,蜂須賀氏は城館や武家屋敷・町家・寺などを洲本に移した。これを「由良引け」という。由良湊神社の西隣にある心蓮寺(真言宗)の山門は,由良藩邸の門を移築したもので,わずかに当時の面影を伝えている。

　幕末には,大阪湾を防衛するため,成ケ島南端の大規模な高崎台場をはじめ,付近に6カ所の台場が設けられたが,実戦には一度も使用されずに明治時代を迎えた。日清戦争(1894〜95年)後の1896(明治29)年には,由良要塞司令部がおかれ,成ケ島のほか,生石山・伊張山・赤松山に砲台が設置された。生石山砲台跡は現在生石公園として整備され,展望台からは太平洋や紀淡海峡を眺望できる。駐車場にはカノン砲の砲身の残骸がおかれ,すぐ下には生石山第1砲台の遺構が残っている。日露戦争(1904〜05年)で二百三高地攻撃の際,この砲台に設置されていた28cm榴弾砲が現地に運ばれ,おおいに威力を発揮したという。

千光寺 ㉖
0799-22-0281
〈M ▶ P.170〉洲本市上内膳2132　P
洲本バスセンター🚌先山口🚶50分,または神戸淡路鳴門自動車道洲本IC🚗20分

島民の信仰を集める淡路富士、霊峰先山

　車なら,洲本ICをでてすぐ左折し,下加茂交差点を左折して,中川原町安坂からのぼる。徒歩なら,先山口バス停からカンカン薬師道を50分ほどのぼる。この道は少し急で,下内膳からのぼる釈迦堂道の方がのぼりやすい。参道はほかに,北麓からのぼる塔下道などがある。

　先山は標高448mで,「淡路富士」とよばれる,淡路きっての名山

南海道

コラム

由良から福良へ 淡路を貫く古代の国道

　律令時代の淡路島は、小さいながらも１つの国で、津名と三原の２郡があり、国衙は南あわじ市市役所付近にあった。このころ、都と淡路・四国とを結ぶ官道が整備されたが、これを南海道といった。

　南海道は、紀州の加太（現、和歌山県和歌山市加太）から海上を由良（洲本市）につうじていた。由良は淡路の玄関口にあたるところから重視され、駅家と水門の神をまつる由良湊神社がおかれた。南海道は、由良から海岸沿いに北上し、洲本市小路谷から山をこえて千草、そして大野駅（洲本市大野）へはいった。さらに、南あわじ市広田から中山峠をこえて三原平野へはいり、神本駅に着いた。神本駅は榎列下幡多の神本寺の付近と思われる。近年、神本寺に近い幡多遺跡から大型の柱穴をもつ建物跡や硯・墨書土器が発掘され、神本駅に関連する遺跡として注目されている。神本駅から三原川を渡った南海道は、淡路国府そして福良へと進む。

　しかし神本駅は、768（神護景雲２）年、行程が近いという理由で廃止になった。神本駅廃止後は、おそらく中山峠から現在の国道28号線（旧道）に沿って、福良へとつうじていたと思われる。南あわじ市福良には福良駅があり、ここから海上を阿波の牟夜（現、徳島県鳴門市撫養町）へと渡った。福良駅は、市街地入口近くの「馬宿」付近にあり、波止場はその南方の「片上」近辺だと推定される。

　駅馬の数は道の等級（大路・中路・小路）によって定められていた。『延喜式』によると、南海道は小路だったので、由良・大野・福良の各駅には５疋の馬が用意されていた。

である。先山の西麓、奥畑には、節と節との間の芽溝部が黒くなるメグロチク（芽黒竹、県天然）という珍しい竹が群生している。

　先山の頂上に淡路西国三十三所巡礼の第１番札所、先山千光寺（真言宗）がある。本尊は千手観音。千光寺は、７間四面の本堂をはじめ、六角堂、三重塔などの伽藍

千光寺本堂とイノシシ像

洲本の辺り

が美しく配置され，淡路を代表する霊場として島民の信仰を集めている。とくに年末年始は多くの参拝者で賑わいをみせる。また，三十五日供養には，谷に向かって後ろを向き，団子を転がして極楽往生を祈る風習がある。

千光寺にはつぎのような縁起がある。901(延喜元)年に猟師忠太が播州の深山で為篠王という白い大きなイノシシに矢を射かけた。矢を負った為篠王は海を渡って，先山の大スギの洞に逃げ込んだ。忠太があとを追ってはいってみると，胸に矢をうけた観音様の姿があった。忠太はみずからの行いを悔い，名を寂忍と改めて出家し，寺をたてて千手観音をまつったという。この縁起にちなんで，本堂前には，狛犬のように一対のイノシシの石像がおかれている。

鐘楼にかかっている梵鐘(国重文)は，「弘安六(1283)年」の銘がある淡路最古の梵鐘で，室町時代の戦乱で売り払われたが，1519(永正16)年に炬口城主安宅秀興が買い戻し，千光寺に寄進した。「文保二(1318)年」銘の鉄製鋳造宝塔残欠(県文化)は，鉄の鋳造宝塔としては日本最古で，洲本市立淡路文化史料館で展示されている。縁起や参拝の人びとで賑わう様子を描いたとされる「参詣曼荼羅」は，安土・桃山時代の作と伝えられる。また，三重塔は島内唯一のもので，江戸時代末期に高田屋嘉兵衛らの尽力によって修築された。

④ 三原平野をめぐる

淡路島の南部，実り豊かな三原平野は，古代から中世にかけて淡路国の政庁がおかれたため，多くの史跡が点在する。

天明志士の碑 ㉗
0799-45-0136（大宮寺）

〈M ▶ P.170〉 南あわじ市広田広田898 [P]
洲本バスセンター🚌広田🚶5分，または神戸淡路鳴門自動車道洲本IC🚗5分

淡路最大の百姓一揆の義民をたたえる

　国道28号線の広田交差点を北西に進むと，突き当たりに広田八幡神社がある。その東の大宮寺（真言宗）境内の山手に，天明志士紀念碑と板垣退助が撰文した天明志士之碑がたっている。淡路最大の百姓一揆「天明の縄騒動」の犠牲者の顕彰碑である。

　江戸時代，財政窮乏に苦しんだ徳島藩は，収入をふやすため，つぎつぎと新法をだした。なかでも，荷づくり用縄の供出命令は農民を苦しめた。1782（天明2）年5月3日の夜，山添・上内膳・納3カ村の百姓が，下内膳村の組頭庄屋宅へ押しかけ，縄のかわりに筵でおさめることを認めてくれるよう陳情した。13日の夜には，大宮寺の鐘を合図に，広田宮・前平・池田・木戸・木戸新・木戸池ノ内の6カ村の百姓が，15日夜には6カ村のほか中筋・鮎屋・徳原の3カ村が加わって，中筋村の組頭庄屋宅へ押しかけて強訴した。藩は百姓の要求をうけいれて命令を取りさげたが，一方で一揆の主謀者として，広田宮村の才蔵と山添村の清左衛門を打ち首とした。

　五尺踊り（広田）と大久保踊り（八木大久保，県民俗）は，一揆の犠牲者を供養するためにはじまったといわれ，命日の3月23日には碑の前で天明志士春季大祭が行われ，五尺踊りが奉納されている。

　八幡神社と大宮寺の裏手には，淡路最大の梅林である広田梅林が広がる。

　広田から国道28号線を4kmほど福良方向にいくと，左手に上八木の八幡神社が

天明志士之碑（右）と天明志士紀念碑（大宮寺）

嗚呼此墓(安楽寺)

ある。その裏手が安楽寺(真言宗)で,本堂の右手前に「嗚呼此墓」ときざまれた供養碑がたっている。

江戸時代,上八木村の農民は,洲本・福良間を行き来する役人の荷物を,西は国衙まで約6km,東は広田中筋まで約3.3kmの道のりをわずかな賃銭で運ばなければならない,町送りの負担が課せられていた。困窮した村人は,町送りの廃止と賃銭の値上げを求め,1832(天保3)年11月17日,八十助と林太郎を中心として,洲本にあった徳島藩庁に強訴を企てた。これを町送りの一揆という。これによって,藩は賃銭を値上げしたが,八十助と林太郎の両名は郡外追放処分となった。碑は1903(明治36)年にたてられたもので,側面には,弥三助と林太の名がきざまれている。

成相寺 ㉘

〈M▶P.170〉南あわじ市八木馬回 394 P
洲本バスセンター🚌鳥井🚶30分,または神戸淡路鳴門自動車道 洲本IC🚗15分

淡路最古の仏像 伝説の蛇磨岩

国道28号線の鳥井交差点から大久保の集落をぬけ,馬回に至る成相川沿いは,両岸の山肌が迫り,古くは「成相渓」として知られたところである。大久保の集落をすぎる辺り,左手に門前池(上池・下池)がある。足利尊氏の命により,守護細川氏春が建立した安国寺は,かつてこの池の東にあった。日本の水墨画の基礎を築いた画僧明兆(兆殿司)は,現在の洲本市で生まれ,少年時代の十数年間をこの寺ですごした。

渓谷をぬけて馬回の集落にはいると,すぐ左手に成相寺(真言宗)の中門,右手の坂の上に大門がみえる。寺伝によれば,1243(仁治4)年,紀州根来寺(和歌山県岩出市)との争いで,淡路に流された高野山悉地院の実弘上人が,この地に寺をたてたのにはじまるという。しかし,1223(貞応2)年につくられた土地台帳である「淡路国大田文」に成相寺の名が記されているので,創建はもっと古く,

木造薬師如来立像(成相寺)

実弘上人は,高野山を模して大伽藍を造営した中興の祖と考えられる。寺には,室町時代後期の作といわれる「伽藍絵図」(県文化)が伝わっていて,かつての繁栄ぶりをよく示している。

本尊の木造薬師如来立像(国重文)は,高さ約1.6mの一木造。島内では最古の仏像で,厳しい顔つき,伏目ながら切れの深いまなざし,寄せ返す波を文様化した翻波式の衣文など,平安時代初期の作風をよく示している。境内には,高野山の守り神である天野・熊野・金峯3明神がまつられている。また,樹齢300年をこえるイブキの大樹があり,この辺り一帯4.4haは,兵庫県の自然環境保全地域に指定されている。

成相寺には,成相川に住む竜女の伝説があり,門前の川床には,流れをせき止めていた岩を竜が腹で削りとって,水害から寺を救ったと伝える蛇磨岩がある。

また,寺から南西へ200mほどいった民家の庭先には「石の湯釜」と言い伝えられてきた,直径1.4mで「応永廿三(1416)年」銘の石盤(県文化)があり,成相寺で使われた湯槽だと考えられている。

1950(昭和25)年,灌漑を目的として,成相川の上流に粗石モルタル造りのダム,成相池堰堤が完成した。戦後のダムとしては珍しい石張りダムであった。1999(平成11)年には,あらたに500m下流に成相ダムが,その東に北富士ダムが完成したが,歴史的ダム保全事業によって,成相池堰堤の一部が保存されている。

養宜館跡 ㉙

〈M▶P.170, 212〉南あわじ市八木養宜中191 P
洲本バスセンター🚌ファームパーク経由中八木🚶6分,または神戸淡路鳴門自動車道洲本IC🚗13分

中世,守護の居館跡
土塁に当時の面影

うずしおライン(県道126号線)の中八木交差点を北へと歩くと,左手に雑木のしげった土塁が道に沿って続く。ここが室町時代の淡路国の守護細川氏の居館であった養宜館跡(県史跡)で,地元では

三原平野をめぐる

養宜館跡

「大土居」ともよんでいる。平地に周濠を掘り，その土で土塁を築いたもので，東西約120m・南北約250mの長方形をしており，南方が大手であった。現在は，薬師堂や集会所・墓地などがたち，大部分が水田となっているが，東辺の土塁約200mと北辺の土塁約80mのほか，北辺には外堀の跡である帯状の水田が残っている。鎌倉時代の築城形式を伝えており，細川氏の入部以前は，鎌倉幕府の守護佐々木氏および長沼氏の居館だったのではないかと考えられている。

1340(暦応3)年，足利尊氏の命をうけた細川師氏は，阿波(現，徳島県)から淡路へ攻め入り，立川瀬の戦いで宇原兵衛ら淡路国人衆を破り，養宜館へはいった。以後，師氏の子孫がここにとどまり，淡路の守護大名として君臨した。しかし，1519(永正16)年，7代尚春が阿波の三好之長に殺されて，淡路細川氏は事実上滅亡し，この館も廃城となった。

館跡の西方には，「養宜館之碑」と記した大きな石碑がたち，その背後には，淡路細川氏2代氏春の「五月雨に　なほ水深き　みなと田は　いそぐ早苗も　とりそかねぬる」という歌碑がたっている。また薬師堂の境内には，幕末，尊王攘夷論の影響をうけて農兵隊を組織した，上八木村の庄屋武田萬太夫の碑がある。

国分寺 ㉚ 〈M▶P.170, 212〉南あわじ市八木国分331 [P]
洲本バスセンター🚌立石🚶12分，または神戸淡路鳴門自動車道西淡三原IC🚗10分

天平の法灯を伝える丈六の釈迦如来坐像

国道28号線の立石交差点を北に歩くと，国分寺(律宗)の白壁が目にはいる。養宜館跡からは，うずしおラインを西へ1.3kmほどいき，八木駐在所の交差点を左折する。ここは淡路国分寺の跡である。

741(天平13)年，聖武天皇は，仏教の力によって社会不安をしずめようと，諸国に国分寺と国分尼寺の建立を命じた。淡路国分

木造釈迦如来坐像(国分寺)

寺の創建年代はよくわかっていないが,『日本霊異記』に,775(宝亀6)年紀州の漁師が淡路島に漂着し,国分寺にはいって僧となったという説話があるので,このころにはあったと考えられる。境内から出土した古瓦も,奈良時代後期のものである。

最近の発掘調査によって,寺域は東西約171m・南北約218mにおよび,周囲に約2m幅の溝や築地塀がめぐらされていたことがわかった。門をはいってすぐ右手の大日堂のたっている付近が塔跡(国史跡)で,堂内に直径約1.36mの心礎(塔の心柱をささえた礎石)があり,堂の周辺には5個の礎石が残っている。

本尊の木造釈迦如来坐像(国重文)は,高さ2.36mの丈六の仏像で,胎内の墨書銘によると,1340(暦応3)年に海氏の女が大施主となって,阿波の命円という仏師が制作したとある。本尊の前にある高さ約43cmの黒みをおびた像は木造飛天坐像(県文化)で,雲の上に右ひざをたててすわり,空中をとんでいる姿である。両腕を肩のつけ根から失っているが,おだやかな顔つきや優美な姿など,藤原和様の典型的な仏像で,平安時代後期の作という。かつては本堂の壁か光背などに取りつけられていたと思われる。

淡路国分尼寺跡は,国分寺から北西約900mにある稲荷神社付近である。「尼寺」という地名があるほか,国分寺と同時期の瓦が多数出土し,版築状の整地層も発見されている。最近の調査で,寺域の東西端と思われる溝が確認され,東西幅が約105mであったことがわかった。また,国分寺から約150m西の国分遺跡からは,国分寺や国分尼寺の瓦を焼いた窯跡が2基発見されている。

平等寺 ㉛
0799-46-0046

〈M▶P.170〉南あわじ市倭文庄田355
洲本バスセンター🚌庄田🚶3分,または神戸淡路鳴門自動車道西淡三原IC🚗15分

古代の倭文織の里 薬師如来と大般若経

倭文という地名は古く,平安時代中期に書かれた『和名抄』に「倭文郷」の名がみえる。梶木や麻などで,筋や格子を織りだした

三原平野をめぐる　209

木造薬師如来立像(平等寺)

倭文織を生産したことに由来するといわれている。

国分寺の北方約4km，県道470号線沿い，倭文小学校の東に倭文の産土神である倭文八幡神社(庄田八幡。祭神八幡大御神・神功皇后・倭文明神・田心姫命ほか2柱)がある。1539(天文8)年に，阿波三好氏の重臣で，この地の豪族であった加地六郎兵衛・加地右京進らによって改築されたことが，神社に残っている文字瓦でわかる。

八幡神社のすぐ北に，別当寺であった平等寺(真言宗)がある。境内の薬師堂に安置されている木造薬師如来立像(県文化)は，もとは倭文八幡神社の本地仏として同社の薬師堂にまつられていたが，明治初年の神仏分離令のときに移された。ヒノキの寄木造で，高さ1.58m。ふくよかな顔立ち，丸くなだらかな肩の線，流れるような衣文の線など，藤原彫刻の特色をよく備え，制作時期は12世紀前半をくだらないと考えられている。ふだんは拝観できないが，毎年7月12日の縁日には開帳される。また平等寺には，1104(康和6)年に書写された大般若波羅蜜多経362巻が保存されている。もとは河内国大県郡(現，大阪府柏原市)法禅寺の二階御堂のものであったことが，奥書からわかる。

平等寺の北西約400mの水田のなかに，船越館(庄田城)跡がある。丘陵を背にし，三方を川と水濠で囲ったもので，戦国時代の土豪船越氏の居館であったが，遺構はなにも残っていない。

庄田から北2kmほどの安住寺の集落は，毎年正月11日に，五穀豊穣と無病息災を祈って，稲わらで大蛇をつくって練り歩く蛇祭り(蛇供養)が行われることで知られている。

大和大国魂神社 ㉜

〈M▶P.170, 212〉南あわじ市榎列上幡多857 P
洲本バスセンター🚌掃守🚶10分、またはJR東海道本線三ノ宮駅・JR山陽本線舞子駅🚌榎列🚶15分、または神戸淡路鳴門自動車道西淡三原IC🚗10分

一遍上人も詣でた淡路の二宮

　地元の人たちに「二宮」とよばれる大和大国魂神社(祭神大和大国魂命)は、掃守の交差点を東に500mほど進み、小高い丘をのぼったところにある。古代三原郡唯一の『延喜式』式内大社で、淡路国の二宮という高い社格をもっていた。今では、境内から出土したという平安時代初期に鋳造された大和社古印(県文化)のみが、由緒を物語っている。大和政権の淡路進出に伴って、大和坐大国魂神社(奈良県天理市)がここに分祀したものとされているが、海人族との関係なども考えられ、創建についてはよくわかっていない。

　賀集の護国寺に残されている1205(元久2)年の文書(「庁宣」)によると、毎年3月10日に行われた大和大国魂神社の桜会には、舞楽が奉納されていた。1289(正応2)年、時宗の開祖一遍上人は、死期迫る身でこの社に詣で、「名にかなう　心は西に　空蟬の　もぬけはてたる　声ぞ涼しき」という歌を書いた札を社の正面に打ちつけたという。『一遍聖絵』第11には、境内で念仏踊をする一遍一行の姿が描かれている。拝殿に向かって左手には花塚があり、「花ざかり　山は日頃の　あさぼらけ」という松尾芭蕉の句碑がある。

　鳥居の前からは、三原平野の眺望が開ける。左手にみえる朱色の大鳥居は、国生み神話を伝えるおのころ島神社(祭神伊弉諾命・伊弉冉命・菊理媛命。榎列下幡多)のもの。その右手の大榎列の集落には屯倉神社跡があり、石碑と小さな祠がたっている。仲哀天皇のころに設置された淡路の屯倉(天皇家の直轄領)は、この付近であったと考えられている。

大和社古印(大和大国魂神社)

三原平野をめぐる

市周辺の史跡

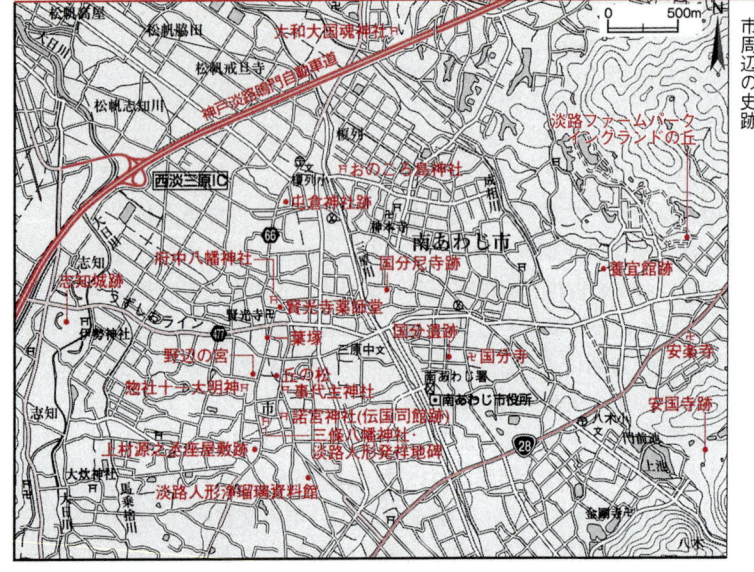

市周辺（いちしゅうへん） ❸❸ 〈M▶P.170, 212〉南あわじ市市

洲本バスセンター🚌 市 🚶12分、または神戸淡路鳴門自動車道西淡三原IC🚗 7分

古代国府の推定地　淡路人形発祥の地

　古代の淡路国府はどこにあったのか、考古学的に証明されていないが、南あわじ市の市周辺（市・三條（さんじょう）・十一ケ所（じゅういっかしょ））というのが通説になっている。この辺りには、国府に関係する伝承地が点在する。

　国道28号線の青木西交差点を北西へ800m余りいくと、中央公民館があり、この隣に淡路人形浄（じょう）瑠璃資料館がある。市三條は、淡路人形浄瑠璃（国民俗）の発祥地で、資料館には市村六之丞（いちむらろくのじょう）座の人形・道具一式が保存・展示されている。

　資料館から北北西約500m、畑のなかに諾宮神社（わかみや）の小さな石の祠（ほこら）があり、ここが国司館跡（こくしかんあと）と伝えられている。その南、農協市支所前の道を西に少し歩くと、県道66号線につきあたる。その正面が淡路人形座本上村源之丞（ぎもとうえむらげんのじょう）の屋敷跡である。上村源之丞座は淡路人形の元祖として各座を取り仕切ってきた由緒ある座本で、大正時代初期に徳島市に移転するまでは、ここを拠点に全国各地を巡業していた。

　県道66号線を北へ少しいくと、三條八幡神社（さんじょうはちまん）がある。この一画は古くから大御堂（おおみどう）とよばれ、淡路人形発祥地の碑がたっている。八

212　淡路

淡路人形浄瑠璃

コラム

芸

全国をめぐった商業劇団 各地に足跡を残す

　浄瑠璃と三味線と人形操りが結びついてうまれた人形浄瑠璃は、淡路を代表する民俗芸能である。

　淡路人形浄瑠璃（国民俗）の起源は定かではないが、少なくとも16世紀にさかのぼる。伝承によると、西宮戎神社につかえていた百太夫という傀儡師が、淡路の三條村（現、南あわじ市市三條）に人形操りを伝えたという。

　江戸時代になると、徳島藩の庇護もあって発展し、享保・元文のころ（18世紀前半）には、島内には40をこえる座があった。淡路の人形座はもともと職業的芸能集団で、各座は最新の外題をもって西日本を中心に全国を巡業した。その足跡は今も各地に残り、長野県伊那地方や四国・中国・九州などの各地に伝えられる人形芝居の多くは、淡路人形の強い影響をうけてうまれたものである。

　1987（昭和62）年には岩手県盛岡市で、江戸時代初期に淡路から伝わった人形が発見され、人形芝居のルーツとしての淡路人形が改めて注目されている。大阪の文楽も、淡路出身の植村文楽軒にはじまる。

　しかし、明治時代にはいると、近代化の波に押されて、淡路人形はしだいに衰退した。とくに第二次世界大戦後の衰亡は著しく、現在興行しているのは淡路人形座ただ1つになっている。

　淡路人形をまもるため、島をあげて保存活動が行われ、地元の小・中学校、高校や子供会、青年団体も淡路人形の伝承に取り組んでいる。祭りでは、浄瑠璃から派生しただんじり歌が盛んにうたわれ、人形浄瑠璃は今も、淡路の人びとの生活に深く結びついている。

　淡路人形浄瑠璃館（南あわじ市福良甲1528-1地先）では、淡路人形座が年末をのぞいて無休で上演している。また、南あわじ市淡路人形浄瑠璃資料館（市三條880）には、豊富な資料が展示されている。

淡路人形座による「賤ケ岳七本槍」（国立劇場）

幡神社社殿の隣の社が、淡路人形の祖先神である百太夫や道薫坊、戎をまつった戎社で、各座本は正月にこの社前で「三番叟」を奉

戎社の神像(左から秋葉・戎・百太夫・道薫坊)

納して巡業の無事を祈り,全国に旅立った。

さらに400mほど北へいくと,左手に野辺の宮がある。764(天平宝字8)年,藤原仲麻呂の乱によって淡路に流された淳仁天皇は,この地に幽閉されたと伝えられ,1223(貞応2)年の「淡路国大田文」にも「野辺宮一所」とある。野辺の宮の交差点を西へいくと,惣社十一大明神の裏手にでる。国司が,島内各地にある式内小社11社を巡拝する手間をはぶくため,11座を合祀したもので,淡路国総社である。

県道に戻って400mほど北へいくと,右手に,服部嵐雪の辞世の句「一葉散る 咄一葉散る 風の上」をきざんだ一葉塚がたっている。宝井其角とともに蕉門の双璧とたたえられ,のちに雪門の一派をおこした嵐雪は,1654(承応3)年,ここ小榎列村(現,榎列小榎列)のうまれといわれてきたが,近年,江戸湯島(東京都文京区)うまれとする説が有力である。嵐雪の父は小榎列村で育ち,叔父もこの地で酒造業を営んでいるのでゆかりは深く,五十年忌以後の俳諧興行は淡路で行われている。この句碑は1806(文化3)年,嵐雪百年忌のときにたてられたものである。

うずしおラインをこえたところにある府中八幡神社の秋祭りには,田楽の名残りをのこすささら踊り(県指定)が奉納される。神社の東,賢光寺薬師堂には,平安時代末期の作と考えられる高さ1.02m

惣社十一大明神

淡路

の木造薬師如来立像(県文化)が安置されている。

県道66号線から一筋東の県道477号線をとおって南へ引き返すと、途中、右手にはいったところに、こんもりとしげった丘の松がある。淳仁天皇の仮埋葬の地と伝えられ、陵墓参考地に指定されている。そこから南へ少しいくと事代主神社(戎神社)がある。この辺りが古代国府の市があったところと伝えられ、今も年末には市がたって賑わう。

志知城跡 ㉞

〈M ▶ P.170, 212〉 南あわじ市志知松本
JR東海道本線三ノ宮駅・JR山陽本線舞子駅🚌陸の港西淡🚶12分、または洲本バスセンター🚌陸の港西淡🚶12分、または神戸淡路鳴門自動車道西淡三原IC🚗5分

水軍の基地
加藤嘉明の居城

陸の港西淡バス停からうずしおラインを東へ進み、志知交差点を南へ170mほどいったところを左折すると、左手に雑木のしげった森がある。これが志知城跡である。車なら、城跡の東にある伊勢神社をめざすとよい。

大手があったという南側から城跡にはいる。城跡は石垣もなく、幅10mほどの内堀が、わずかに城の面影を残している。曲輪の縄張りは不明であるが、方形状の本丸台の北西、もしくは北東隅が天守台とも櫓台ともいわれ、南側の一段低くなったところが二の丸といわれる。現在、本丸や二の丸跡は、雑木林や農地となっており、「史跡志知城趾」ときざまれた石碑がたっている。

志知城は、鎌倉時代の初めに菅和泉守道忠によって築かれたという。1581(天正9)年、羽柴秀吉の淡路攻めにより志知城は開城し、城主野口長宗(菅氏を改称)は伊予(現、愛媛県)へ移ったといわれる。城跡の東に

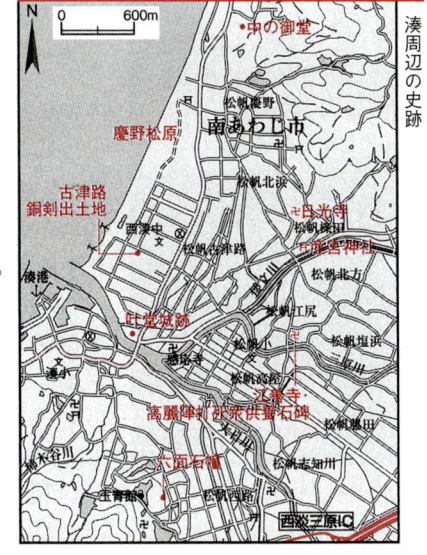

湊周辺の史跡

三原平野をめぐる

ある伊勢神社の「天正四(1576)年」銘の棟札に,「大檀那野口長宗」の名がみえる。1585年,秀吉は津名郡3万石を脇坂安治にあたえるとともに,三原郡1万5000石を加藤嘉明にあたえ,嘉明は志知城にはいった。志知城は,大日川によって瀬戸内海につうじており,水軍の基地でもあった。水軍を率いた嘉明は,秀吉にしたがって九州攻めや小田原攻めに参加したり,朝鮮出兵にも加わった。

1595(文禄4)年,嘉明は文禄の役の功で伊予松前城(現,愛媛県伊予郡松前町)へ転封となると,代官石川紀伊守は,新しい水軍基地として三原川河口に叶堂城を築き,志知城を廃した。このとき志知城の石垣を移したと伝えられているが,あきらかではない。叶堂城も関ヶ原の合戦(1600年)後に廃されたが,1621(元和7)年に城跡に感応寺がたてられ,穴太積みの石垣は長く残っていた。しかし,それも1984(昭和59)年の三原川の改修で姿を消し,その跡には「叶堂城跡の由来」碑が残るだけである。また,その際300mほど上流に移転された感応寺には,「穴太積の石垣」碑がたっている。

高麗陣打死衆供養石碑 ㉟

朝鮮出兵に動員戦死者の供養碑

〈M▶P.170, 215〉南あわじ市松帆江尻
洲本バスセンター🚌松帆橋🚶2分,または
神戸淡路鳴門自動車道西淡三原IC🚗8分

松帆橋バス停のすぐ西,三原川にかかる松帆橋から北へ少し歩くと,右手に江善寺(浄土宗)があり,境内に高麗陣打死衆供養石碑(県文化)がたっている。

1592(文禄元)年,豊臣秀吉の朝鮮出兵がはじまると,洲本城主脇坂安治や志知城主加藤嘉明は,水軍を率いてこれに参加した。日本水軍は,

高麗陣打死衆供養石碑(江善寺)

李舜臣率いる朝鮮水軍のために苦戦したが,なかでも脇坂水軍は,7月6日の合戦で大敗を喫した。江善寺の碑は,このときに戦死した江尻浦出身の水夫たちを供養するためにたてられたもので,名

銅鐸と銅剣

コラム

青銅器文化が栄える豊富な出土品

　淡路島は「銅鐸の島」とよばれるほど、兵庫県内でも銅鐸の出土数の多い地域である。そのほとんどは南淡路から出土している。江戸時代の地誌『淡路草』(1825年)によると、22～23個も出土しているというが、江戸時代までに出土した銅鐸の大半は所在不明になっている。

　1966(昭和41)年に、南あわじ市松帆古津路で銅剣14本が出土し、うち2本の銅剣は大分県大分市・広島県尾道市出土の銅剣と同笵であった。さらにその北約1kmからは、4個の銅鏃も出土し、1998(平成10)年には、銅剣出土の南東約4.5kmの幡多遺跡(榎列上幡多)から、2本以上の大阪湾型銅戈の破片が出土した。

　2015(平成27)年には、これまで例のない7個すべてに舌を伴う松帆銅鐸が発見された。淡路で発見される青銅器が海岸部に多いため、播磨灘を臨む海岸地帯を神聖な場所として埋納するあり方は、新たな祀りに海の民がたずさわったことを想像させる。

　松帆銅鐸のうち5号銅鐸が、島根県出雲市の荒神谷遺跡の6号と同じ鋳型でつくられ、松帆3号と、同県雲南市の加茂岩倉遺跡の27号が同笵であり、淡路と出雲が共通の工人集団や銅鐸の流通で広域につながっていたことが明確になっている。

　淡路と出雲では銅剣もみつかるなど青銅器の出土例が多く、銅鐸の複数埋納や入れ子など扱いにも共通点がみられる。このため、淡路もまた古代出雲同様に海上交通の要衝だったと考えられる。

慶野松帆銅鐸と舌

号と30人の法名がきざまれている。

三原平野をめぐる

日光寺 ㊱
0799-36-5169
〈M▶P.170, 215〉南あわじ市松帆櫟田1960　P
洲本バスセンター🚌松帆橋🚶15分，または神戸淡路鳴門自動車道西淡三原IC🚗10分

14 貴重な銅鐸 14世紀の石塔群

　江善寺から約600m北へ進み，松本橋を渡ると，右手に反正天皇生誕の伝説を伝える産宮神社があり，境内には天皇の産湯につかったという瑞井がある。その北250mのところに日光寺（浄土宗）がある。

　本堂横の墓地には，重厚な五輪塔（県文化）を中心に左右に２基ずつ宝篋印塔が並んでいる。五輪塔には「元亨二（1322）年」，その左右に隣接する宝篋印塔２基（ともに県文化）には「応安七（1374）年」の銘がある。墓地の西端には，昔ながらのサンマ（埋め墓）が残っ

五輪塔・宝篋印塔（日光寺）

左から隆泉寺銅鐸・日光寺銅鐸・慶野組銅鐸

218　淡路

淳仁天皇と淡路

コラム

悲劇の淡路廃帝　各地に残る伝承

　8世紀の中ごろ，孝謙天皇の庇護をうけて出世した藤原仲麻呂は，早世した長男の妻を嫁がせた大炊王を皇太子にたてるなど，いよいよ権力を独占していった。758(天平宝字2)年，孝謙天皇が譲位し，大炊王が天皇として即位すると(淳仁天皇)，仲麻呂は恵美押勝の姓を賜り，760年には太師(太政大臣)となった。

　ところが，このころから孝謙上皇の寵が，上皇の病をなおした僧道鏡に移っていった。仲麻呂は，764年，道鏡をのぞこうとしたが失敗し，近江(現，滋賀県)で捕らえられて斬死した(恵美押勝の乱)。仲麻呂との関係が深かった淳仁天皇は皇位を追われ，淡路公として生母の当麻山背とともに，淡路へ流された。その後は廃帝として幽閉状態にあったが，765(天平神護元)年10月22日，厳しい監視の目をかすめて脱出をはかったものの捕らえられ，その翌日，突然亡くなった。

　島内には，淳仁天皇にまつわる伝説が，今も各地に残っている。慶野松原(南あわじ市松帆)に上陸した廃帝は，高島宮から野辺の宮(市十一ケ所)に移され，ここで亡くなったという。また，野辺の宮で火葬にされ，約150m東にある丘の松(陵墓参考地)に埋葬されたともいわれている。さらに高島宮跡といわれる大炊神社(志知中島)境内には，廃帝を葬ったという天皇塚があり，地元の人びとが，霜がかからないようにと，菰でおおってまつっている。また，淡路市下河合の高島陵も古くから廃帝の陵墓と伝えられている。

　天皇陵の所在地については，江戸時代から諸説あったが，1870(明治3)年，廃帝に淳仁天皇の諡号が追号されるとともに，賀集の天王の森が淳仁天皇陵と治定され，周囲に堀と柵をつくって整備された。また，天皇陵の南1km余りのところにある小丘が，当麻夫人御墓と治定された。

淳仁天皇陵

ている。葬地と祭地とを別にする両墓制の遺風である。

　日光寺には，全国的にも貴重な，長さ11cmの銅製の舌を伴った袈裟襷文銅鐸(高さ22.4cm，国重文)がある。この銅鐸は，日光寺の北北西1.5km，慶野松原(国名勝)に近い中の御堂(県史跡)から，1686(貞享3)年に出土した8個のうちの1つだといわれ，当時の

「宝鐸御届写」も保存されている。松帆慶野地区が所有する袈裟襷文銅鐸（高さ32.9cm，国重文）もその8個のうちの1つといわれるが，江戸時代末期に中の御堂から出土したという説もある。現在は洲本市立淡路文化史料館で展示されている。

　また，津井の隆泉寺にも，元禄年間（1688～1704）に二ツ石村（現，洲本市中川原町）で出土したものとされる最古式の横帯文銅鐸（高さ24.4cm，国重文）がある。日光寺と隆泉寺の銅鐸は公開されていないが，複製を南あわじ市滝川記念美術館玉青館（松帆西路）でみることができる。さらに慶野松原の南の松帆古津路地区からは銅剣（県指定，出土地も県史跡）が，その北約1kmの慶野地区からは銅鏃が出土している。

賀集八幡神社と護国寺 ③⑦③⑧
0799-53-1625／0799-54-0259

〈M ▶ P.170〉南あわじ市賀集八幡734 P／賀集八幡732 P
洲本バスセンター🚌御陵前🚶9分，または神戸淡路鳴門自動車道西淡三原IC🚗7分

　御陵前バス停から西へいき，八幡の交差点を北へ進むと，左手に鳥居があり，長い参道の奥に賀集八幡神社（祭神応神天皇・天照大御神・仁徳天皇），その右手前に護国寺（真言宗）がみえる。

　賀集八幡神社の創建はあきらかではないが，1340（暦応3）年，足利尊氏の命で細川師氏が阿波（現，徳島県）から淡路に渡ったとき，この神前で戦勝を祈り，鏑箭を申しうけたといわれる。戦いに勝利し，淡路守護となった細川氏は当社を篤く崇敬し庇護したので，繁栄を続けた。本殿（県文化）は三間社流造で，1631（寛永8）年に徳島藩主蜂須賀忠英の命によって藩費で建立された。拝殿（県文

守護細川氏も崇敬重要文化財の大日如来

賀集八幡神社本殿

木造大日如来坐像(護国寺)

化)の建立年代はあきらかではないが、本殿に続いて造営されたと考えられる。境内には松尾芭蕉の句碑のほか、以前は参道にかけられていた、1878(明治11)年建造、アーチ式総御影石造りの八幡橋(めがね橋)が移築されている。

　護国寺は賀集八幡神社の別当寺で、本尊の木造大日如来坐像(高さ約1.2m、国重文)は、両手を膝の上で重ねた、法界定印を結んだ胎蔵界の大日如来である。平安時代後期の作で、おだやかなつくりに藤原和様の特色がよくでている。また、この寺には中世文書が多数保存されている。そのうち1205(元久2)年の「庁宣」は、淡路ではもっとも古い文書で、都在住の淡路国司が留守所(国司不在の国衙)にあて、淡路一宮(伊弉諾神宮)の法華会と二宮(大和大国魂神社)の桜会でもよおす舞楽の費用の調達について記したものである。そのほか、室町時代の文書から、舞楽やこの付近の開墾、土豪の動静などを知ることができる。書院の庭は江戸時代初期の池泉鑑賞式庭園である。また、護国寺は淡路七福神霊場の1つで、布袋尊をまつる。

　参道の脇には、この地出身の音響学者田中正平の顕彰碑がある。正平は1884(明治17)年8月、森鷗外らとともにドイツに留学し、正平が考案した純正調オルガンは、ドイツ皇帝ヴィルヘルム2世から「今世紀最大の発明」と絶賛された。

　また、ここから北へ1km余りの八幡北地区にある西山北古墳は、石室全長8.02m、淡路では最大級の横穴式石室をもつ、古墳時代後期の古墳である。

三原平野をめぐる

⑤ 南海岸に沿って

鳴門海峡から，灘，沼島にかけて，海岸線がとくに美しい。
淡路の最高峰，自然豊かな諭鶴羽山系が東西に連なる。

諭鶴羽神社 ㊴
0799-56-0315

〈M ► P.170〉南あわじ市灘黒岩472　P
洲本バスセンター🚌市🚶諭鶴羽ダム🚶90分，または福良乗換え🚌黒岩🚶90分，または神戸淡路鳴門自動車道西淡三原IC🚌50分

淡路島の最高峰　修験道の霊場

　淡路島の南端に横たわる諭鶴羽山は標高607.9m。島の最高峰で，東の柏原山(569m，洲本市)に連なり，諭鶴羽山系をなす。北側は比較的なだらかだが，南側は急斜面で海へおち込んでいる。諭鶴羽山系の南側が灘地区で，独自の民俗文化をはぐくんできた。

　諭鶴羽山上には諭鶴羽神社(祭神伊弉冉尊・速玉男神・事解男神)があり，古くから人びとの信仰を集めてきた。神社へは南からのぼる表参道(18町，1町は約109m)と，北からのぼる裏参道(28町)があり，これらの諭鶴羽古道は市の史跡になっている。裏参道の方がのぼりやすく，諭鶴羽ダム(神代浦壁)の堰堤の西側にある階段から山道にはいると，3.6kmほどで神社に着く。表参道は黒岩バス停から，急な斜面をつづら折りに2kmほどのぼっていく。普通車までなら，灘小学校前バス停からのぼることができる。

　山頂から少しくだったところにある諭鶴羽神社では，平安時代から諭鶴羽権現がまつられ，熊野系修験道の一大霊場として栄えた。とくに中世には，熊野信仰の隆盛に伴っておおいに発展し，15世紀中ごろには山上に18の建物が林立していたという。明治初年の神仏分離令によって，観音堂は山麓の黒岩へ移され，山上には諭鶴羽神社が残った。本殿・拝殿ともに後世のもので，境内や参道から発見

多宝塔板碑(諭鶴羽神社)

222　淡路

された数多くの町石や板碑が、かつての隆盛を物語っている。なかでも、「建武元(1334)年」銘の五輪卒塔婆町石は、在銘の町石では県内でもっとも古い。奥宮の近くに多くの板碑が集められているが、中央にあっていちばん大きいのが、「天文廿一(1552)年」銘のある多宝塔板碑で、全国的にみてもすぐれた石造遺品である。

山頂は四方に視界が開け、雄大な眺望を楽しむことができる。付近の山林には、アカガシの群落(県天然)やスダジイ・アオキ・ヒメユズリハなど、約60種の暖地性常緑樹が繁茂している。鳥やチョウ類も多く、また、イノシシ・シカ・サルなどが棲息する、淡路島ではもっとも自然が残されたところといってよい。

灘小学校前バス停から海岸線を東へ2.8kmほどいくと灘黒岩水仙郷がある。シーズンになると、急斜面に500万本ものスイセンが咲き乱れ、観光客で賑わう。そこから約5km東にいくと淡路島モンキーセンター、さらに8km余りいくと立川水仙郷がある。

沼島 ㊵ 〈M▶P.170, 223〉南あわじ市沼島

神戸淡路鳴門自動車道西淡三原IC🚗土生港⛴10分、または福良・洲本バスセンター🚌沼島汽船場前⛴10分

沼島水軍のふるさとみやびな文化財

淡路島の南に浮かぶ沼島は、周囲約10km・面積約2.63km^{2}の小島で、勾玉のような形をしている。土生からわずか3kmほどの距離だが、この間に中央構造線が走り、淡路本島とは地質的に異なる。島の周りは、上立神岩や鞘型褶曲などの奇岩や岩礁が多く、南岸には越冬のためにウミウ(海鵜、県天然)が飛来する。

沼島は古代、海人族の住んだ島で、「国生み神話」にでてくるオノコロ島は、ここだとも伝えられている。律令政治の衰退につれて、海人族のなかには海賊化する者もあったようで、『土佐日記』によれば、935(承平5)年1月30日、紀貫之は海賊の来襲におびえながら沼島沖

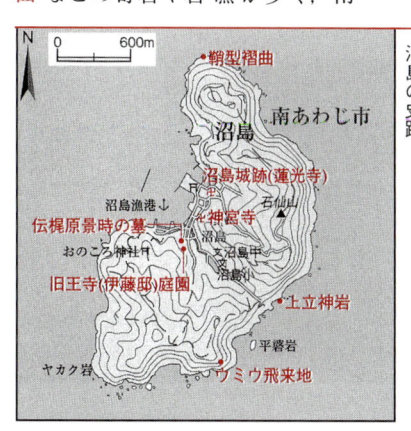

沼島の史跡

南海岸に沿って　223

伝梶原景時の墓(右側,神宮寺の墓地)

を通過している。
　源平合戦では,沼島水軍は源氏方の梶原景時にしたがって参戦した。この縁で,1200(正治2)年に景時が北条氏に討たれると,残党は沼島にもおちのびた。現在,蓮光寺のあるところが沼島城跡である。沼島城は,藤原純友の乱に加わり,940(天慶3)年に討死した武島五郎秀之や,梶原氏代々の居城であったといわれている。神宮寺(真言宗)の墓地には,梶原景時の墓と伝えられる鎌倉時代中期ごろの五輪塔(県文化)がある。また,神宮寺には,奥州藤原氏の初代清衡の発願によって書かれ,1126(大治元)年に中尊寺(岩手県西磐井郡平泉町)に奉納された一切経5300巻のうちの2巻と思われる,平安時代後期の紺紙金銀字入大乗論と,鎌倉時代後期の尊勝法華曼荼羅(ともに県文化)が伝えられている。本堂の裏手には,江戸時代初期の築山式枯山水庭園がある。
　南北朝時代には沼島水軍は南朝方についた。沼島の本田徳郎右衛門は金剛山の戦いで楠木正成を助け,感状と太刀をうけた。室町幕府10代将軍足利義稙は,一時沼島にいたという伝承がある。名園として知られた旧王寺(伊藤邸)庭園は,義稙ゆかりの庭園とも,江戸時代初期の作庭ともいわれている。
　豊臣秀吉の時代には,洲本城主脇坂安治にしたがった沼島水軍は,小田原攻めや朝鮮出兵に参加した。江戸時代の沼島は,廻船業や漁業でおおいに栄え,「沼

紺紙金銀字入大乗論(神宮寺)

島千軒，金の島」とうたわれた。徳島藩は淡路に3カ所の銀札場を設けたが，その1つが沼島におかれたことからも繁栄ぶりがうかがえる。沼島は，淡路に割りあてられていた藩御用の加子(水夫)のうち，最多の144人をだしていたので，どこよりも広い漁業権があたえられていた。他国への出漁も盛んに行われ，遠くは対馬や五島列島(現，長崎県)まででかけている。また，船頭源兵衛ら6人がウルップ島に渡海し，報償金があたえられた記録(1801〈享和元〉年か)が残っている。

亀岡八幡神社 ㊶
0799-55-0888

〈M▶P.170〉南あわじ市阿万上町385　P
福良🚌本庄　🚶すぐ，または神戸淡路鳴門自動車道西淡三原IC🚗20分

海人族ゆかりの神社 風流踊を伝える

「阿万」という地名は，古代に漁業や製塩・航海などに従事していた海人族に由来する。平城京跡から出土した木簡によると，天平宝字5(761)年に「三原郡阿麻郷」から調(特産物を貢納する一種の税)として，塩3斗を都へ送っていることがわかる。2006(平成18)年，八幡神社の南1.4kmにある九蔵遺跡から，奈良時代後半の製塩炉や官衙(役所)と推定される建物跡，さらに銀製の和同開珎が出土し，木簡との関係が注目されている。また，平安時代の『和名抄』には，三原郡7郷の1つとして「阿万郷」の名がみえる。

阿万の水軍は，源平の合戦では源氏に，南北朝時代の動乱では南朝に味方して活躍した。『平家物語』巻9に登場する「安摩六郎忠景」は，この地の土豪的な武士であったと考えられる。

本庄バス停のすぐ東側に，亀岡八幡神社がある。亀岡八幡神社の創建については諸説があるが，祭神6座のなかに海神玉依姫神があり，摂社には海人部を統率した阿曇氏の祖である松浦高良明神がまつられているので，この地の海人族との深い関係がうかがえる。春祭

風流踊り

南海岸に沿って

木造薬師如来坐像（正福寺）

りには，大きな赤い布団を重ねた屋根をもつだんじりが多数でて練りまわり，秋祭り（9月）には風流大踊・小踊（国民俗）が奉納される。風流踊りは，室町時代末期から安土・桃山時代のころにはじまったとされる雨乞いの踊りで，「百石踊」ともいわれる。

　神社の横を流れる本庄川を，約1.5kmさかのぼったところに正福寺（真言宗）がある。1249（建長元）年に，善慶という仏師が造立した，高さ1.07mの木造薬師如来坐像（県文化）が安置されている。現在，阿万上町の萬勝寺に移されている。

鳴門海峡と沖ノ島 ❷

〈M ▶ P.170, 228〉南あわじ市福良丙・伊毘
神戸淡路鳴門自動車道淡路島南IC🚗5分

鳴門のうず潮をのぞむ海人族の古墳群

　淡路の門崎と四国の孫崎の間の水路を鳴門海峡という。鳴門海峡を境とする播磨灘と紀伊水道は，干満の時刻が逆になるので，干満時には1.5mもの水位差ができる。そのため，幅わずか1.34kmの海峡では，平常で時速13〜15km，春秋の大潮のときには最大18〜20kmという激しい潮流がうまれ，この激流と特殊な海底の地形によって，直径15m以上にもなるうず潮が発生する。1985（昭和60）年に鳴門海峡をまたぐ，全長1629mの大鳴門橋が開通した。門崎の突端にある道の駅うずしおからは鳴門海峡を間近にみることができ，高台のうずの丘大鳴門橋記念館（うずしお科学館と絶景レストラン

鳴門海峡と沖ノ島

などがある)からは，雄大な眺望を楽しむことができる。

　門崎のすぐ北，伊毘漁港の沖に浮かぶ小島が沖ノ島で，全長100m・幅40mの無人島である。1960(昭和35)～61年に学術調査が行われた結果，17基の後期古墳が確認され，須恵器・土師器・玉類・鉄鏃・金環のほか，鉄製釣針・軽石製浮子・たこつぼ型土器・土錘などの漁具が発見された。この付近には古墳が多く，沖ノ島の対岸のシダマル古墳群のほか，沖ノ島の北方1.5kmにある阿那賀の鎧崎には鎧崎古墳群があった。これらの海辺の古墳は，『日本書紀』にその活躍ぶりが記される「淡路の御原の海人」たちの墳墓だと考えられる。古墳から共通して出土するものに，細長い棒状の石器(棒状石製品)がある。用途はあきらかではないが，製塩用具か漁具，または祭器ではないかといわれている。

　鳴門海峡を見下ろす阿那賀の鎧崎には桜ケ丘墓地公園がある。1945(昭和20)年8月2日，鳴門海峡を横断中，アメリカ軍機の攻撃をうけて亡くなった，10代の宝塚海軍予科練習生など82人の霊を慰めるために，彰忠碑と慈母観音像がたてられている。

福良港 ㊸　〈M ▶ P.170, 228〉南あわじ市福良
JR東海道本線三ノ宮駅・JR山陽本線舞子駅🚌福良，または洲本バスセンター🚌福良🚶すぐ，または神戸淡路鳴門自動車道西淡三原IC🚗13分

淡路の南の玄関口　南淡路の観光拠点

　波おだやかな福良湾は，淡路きっての天然の良港で，福良港は古くから四国阿波(現，徳島県)への渡船場であった。律令時代には南海道の駅家がおかれ，また江戸時代には，徳島藩の御屋敷や番所がおかれた。大鳴門橋の完成までは，四国と淡路を結ぶ汽船の発着港となるなど，長らく淡路の玄関としての役割をはたしてきた。

　福良は，沿岸漁業のほか，湾内ではタイやトラフグ，サクラマスなどの養殖漁業も盛んに行われている。淡路手延そうめんの製造は，福良が中心で，江戸時代以来の伝統と高品質を誇っている。湾岸には，水産物加工場や造船所などのほか，旅館・ホテルなどがたち，鳴門海峡をひかえた，南淡路の観光の拠点として賑わっている。

　かつては製塩や真珠養殖，タイル製造なども盛んに行われていた。製塩は，元禄年間(1688～1704)に4万㎡余りを干拓して塩田が営ま

南海岸に沿って

福良港周辺の史跡

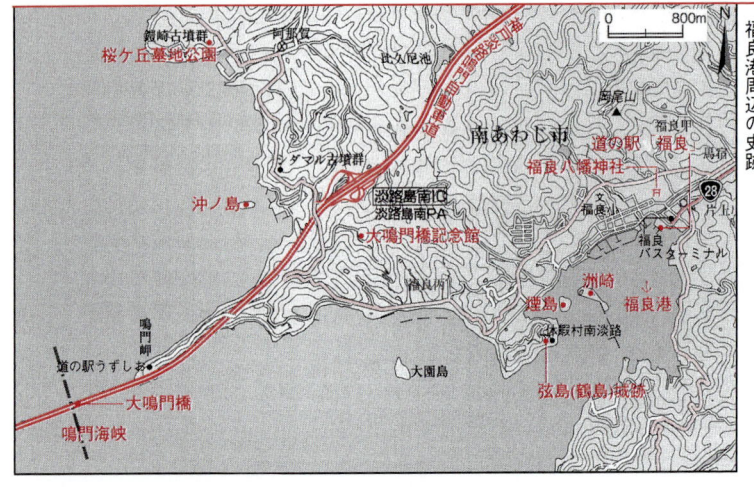

れ、明治時代末期まで続いた。

　淡路島を南北に走る国道28号線の最南端に道の駅「福良」がある。このエリアには、淡路人形浄瑠璃の劇場や、鳴門のうずしおを間近でみることができるうずしおクルーズ乗り場を有しているほか、農水産物及び加工品の販売所やレストラン、観光案内所、足湯施設を備えている。

　港から北方の小高い丘の上に福良八幡神社（祭神応神天皇・仲哀天皇・神功皇后・武内宿禰）がある。三間社流造の本殿（県文化）は淡路を代表する桃山時代の建築で、現存する棟札によれば、1575（天正3）年9月1日に上棟され、もとは桃山風に彩色されていた。拝殿は1620（元和6）年の建立である。

　福良湾の西、休暇村南淡路がある辺りは、かつて弦島（鶴島）城のあったとこ

福良八幡神社本殿・幣殿

228　淡路

平家伝説

コラム

語りつがれた平家の悲哀

　平家の勢力下にあった淡路の武士は，平家が西国へのがれるや，源氏によしみをつうじた。『平家物語』によると，源為義の末子だという加茂冠者義嗣と淡路冠者義久ら淡路の源氏方は，福良弦島城（鶴島城，南あわじ市福良）にいたが，能登守平教経に攻められ，義嗣は討死，義久は負傷したという（六ケ度の軍）。この福良を中心に，南淡路には平家にまつわる伝説が語り伝えられている。

　休暇村南淡路の真下にみえる煙島（竹島）には，敦盛塚があり，つぎのような話がある。一の谷の合戦で，平家の若武者平敦盛（平清盛の甥）を討った熊谷次郎直実は，敦盛の首級と横笛を，屋島へおちる途中福良湾にとどまっていた敦盛の父経盛に届けさせた。経盛は，この煙島で敦盛の首を荼毘にしたという。

　南あわじ市伊加利の山中にはお局塚があり，つぎのような話が伝えられている。平通盛（清盛の甥）の夫人小宰相の局は，宮中第一の美人といわれた人物で，通盛とは3年越しの恋愛で結ばれた仲であった。屋島へおちていく船中で，通盛の死を知らされた小宰相の局は，悲しみのあまり瀬戸内海に入水し，19歳の生涯をおえた。合戦後，小宰相の局と従者の遺体が海岸に流れ着くと，地元の人たちはこの山上に葬ったという。

　大正年間（1912〜26），この小宰相の局と6人の従者の墓と伝えられる塚の上に，一石五輪塔がたてられ，第二次世界大戦には，7人の霊をまつる船型の碑がつくられた。

　このほか，平家落人伝説は，淡路島南端の灘地区にも語り伝えられている。

ろで，源平合戦の伝承を伝える。そのすぐ下に，お椀を伏せたような美しい姿の煙島（竹島）がある。周囲約400mで原生林におおわれ，貴重な植物があるほか，一の谷の合戦で討たれた平敦盛の首を荼毘にふしたという首塚がある。隣に浮かぶ洲崎には，江戸時代，徳島藩の番所がおかれ，船の出入りを監視していた。

　町の背後の岡尾山（岡の原）からは福良湾が一望できる。岡尾山にのぼる道沿いにたっている新四国八十八所の石仏は，1788（天明8）年に，疫病によって福良の人口約3300人のうち3分の1以上が亡くなったとき，その供養のためにたてられたものである。

【兵庫県のあゆみ】

歴史の舞台

　兵庫県は，北は日本海，南は瀬戸内海および太平洋に面し，中央北寄りを東西に中国山地が連なっている。これを水源とする円山川などの河川が北流して日本海へ，武庫川・加古川・揖保川などが南流して瀬戸内海へとそそぎ，広狭さまざまの平野を各地に形成した。

　県域が広大なために自然条件も多様で，たとえば気候をみると，日本海側が雪におおわれているころ，瀬戸内側は晴天が続き，淡路島からは水仙の花便りが届く。自然条件が多様であるだけに，経済や文化，生活様式も多彩である。

歴史のあけぼの

　人類が日本列島で生活をはじめたのは約200万年前から1万年前にかけての更新世（洪積世）とされる。おもに打製石器を使用していたので，考古学上は一般に旧石器時代とよぶ。氷期と間氷期とが繰り返された時代で，氷期には海面がさがって日本列島は大陸と陸続きになった。そのためにナウマンゾウやオオツノジカなどの北方系の動物が南下し，これを追って人類が日本列島にきたと考えられている。1931（昭和6）年に直良信夫が，明石市の西八木海岸で発見した人骨はこの時期のものともいわれるが，実物が第二次世界大戦の戦災で失われ，その後の発掘調査でもあらたな発見はみられなかった。しかし，ナイフ形石器などが出土した丹波市の春日七日市遺跡や，局部磨製石斧などが多数発掘された篠山市の板井寺ヶ谷遺跡など，打製石器を伴う旧石器時代の遺跡の発見が近年あいついでいる。

　更新世がおわると日本列島は現在に近い気候条件になり，人類の活動は活発化し，人口も増加して縄文時代がはじまる。県域でも，サヌカイト製有茎尖頭器など縄文時代草創期の遺物が出土した丹波市の国領遺跡，西日本最大級の縄文遺跡といわれる淡路市の佃遺跡，屈葬された人骨が出土した姫路市の辻井遺跡・豊岡市の中谷貝塚など，各地から多数の遺物や遺跡が発見されている。

　弥生時代は紀元後3世紀前後まで続く。金属器を伴う稲作農耕が普及し，新しい文化が発展した時代である。この時代の遺跡も，また長期にわたって形成された複合遺跡が普通であるが，前期の遺物を伴った遺跡として，尼崎市の田能遺跡・神戸市の吉田中遺跡・姫路市の千代田遺跡・たつの市の新宮宮内遺跡などがある。中期になると，芦屋市三条町の会下山遺跡のように，おもに瀬戸内海沿岸地域で高地にある遺跡も発見されている。軍事的意味をもったものと推測され，『魏志』倭人伝にいう，倭国がおおいに乱れた時期にあたる遺跡と考えられている。後期を代表する遺跡である加古郡播磨町の大中遺跡は遺跡公園化され，2007（平成19）年度に隣接地に県立考古博物館が開館した。

　この時代の青銅器を代表する遺物に，銅鐸や銅戈・銅剣があるが，その出土は県

域の各地に広がっている。銅鐸の出土数は60点近くになり、全国の出土例の1割をこえている。また、銅鐸は単独で出土する例が多いが、神戸市桜ヶ丘遺跡は銅鐸14点・銅戈7点がまとまって出土したことで有名である。この時代の後半には、周囲に溝をもつ大型の墳墓があらわれるが、このことは副葬品の多様化とともに、社会階層の分化の進行を物語っている。

3世紀後半から7世紀後半にまたがる古墳時代は、その名のとおり古墳が築造された時代である。県域には1万7000基近い古墳があり、全国でも最多とされる。前期の古墳は、山や丘陵の頂上付近に築造された竪穴式の前方後円墳に代表される。この時期のものとしては、7面の三角縁神獣鏡や多数の鉄器が出土した神戸市の西求女塚古墳、5面の三角縁神獣鏡などが出土した、たつの市の権現山51号墳などがある。明石海峡をのぞむ神戸市垂水区の五色塚古墳は、中期へと移行する4世紀末から5世紀初めの築造とされ、県内でも最大の規模をもつ前方後円墳である。

中期になると、古墳は平地にも築造されるようになり、大型のものも多い。神戸市の処女塚古墳・篠山市の車塚古墳・姫路市の壇上山古墳・加西市の玉丘古墳などはこの時期のものである。

後期になると古墳は一般に小型化し、多数が集まって群集墳を形成するようになる。その分布は各地にみられるが、なかには姫路市の狭司六角古墳のように特殊な形状のものや、金製の耳飾や金装の馬具などの副葬品から、渡来系氏族との関連が指摘されるたつの市の西宮山古墳、戊辰年(548年あるいは608年が有力とされる)銘のある鉄刀が出土した養父市の箕谷古墳群(この鉄刀は2号墳から出土)などが築造されている。なお、前方後円墳の築造許可と銅鏡は、日本の統一を進める大和政権が、服属の代償として地方の有力者にあたえたものとするのが通説である。

大和政権の支配がさらに浸透すると、政権直轄地として屯倉や、山部・石作部など直属の部民が各地に配置された。『播磨国風土記』には、美嚢郡志深(志染)里(現、三木市)や賀毛郡玉野村(現、加西市)の条などにみえる山部の活動や、安閑天皇のときに屯倉とされたという越部里(現、たつの市)の記事など、この時代を反映する記述が数多くみられる。

古代国家の下で

飛鳥・白鳳時代以降は、隋・唐王朝に範をとった国造りが推進され、政治・経済・文化の各方面に新しい時代が訪れた。県域は摂津・播磨・丹波・但馬・淡路の各国、あるいはその一部となり、赤石の櫛淵(現、神戸市垂水周辺)から東は畿内とされた。また、律令国家の成立と前後して交通網の整備が進められた。

陸上では、都と地方を結ぶために、可能な限り直線に近く、一定の距離ごとに駅家を設けて馬を常備した駅路が敷設された。当時建設された6本の駅路のうち、県域には山陽駅路(都と大宰府を結ぶ)、山陰駅路(天引峠から篠山市にはいり但馬を通過する)、南海駅路(和歌山県から友ヶ島水道を渡って淡路島南部を通過し、徳島

県につうじる)が通過している。なかでも山陽駅路は唯一の大路とされ、『延喜式』によれば、各駅家におかれる馬も最多の20疋と規定されている。また、『日本後紀』806(大同元)年の記事によれば、駅館は外国からの使者の通行に備えて、当時ではまれな瓦葺きで、白壁の建物だったという。これを裏づけるように、たつの市揖西町小犬丸では、大規模な遺構をもつ布勢駅家が発掘調査によって確認されている。

　海上交通では、三善清行が、914(延喜14)年の「意見十二箇条」に「播磨五泊」と記している、室津(現、たつの市)や大輪田(現、神戸市)など、瀬戸内沿岸の港湾が繁栄した。その有様は、『万葉集』に収録された柿本人麻呂や山部赤人らの歌からもうかがえる。すでに9世紀初めには中国や朝鮮からの使節は、陸路ではなく瀬戸内海を船で通行するようになり、『類聚国史』に載せる文書では、山陽道の新任国司も西海道と同様に海路をとることになっている。また、赤穂の港に津長がおかれていたことを示す文書(「国郡判解状残欠」、793〈延暦12〉年)も残っている。日本海や主要河川を利用する交通もまた活発で、人や物だけでなく、文化の交流にはたした役割も大きかった。その一方で、道や駅家、あるいは港湾を維持するための負担に民衆は苦しんだ。

　文化の面では、仏教の広がりが顕著である。なかでも播磨国は渡来系の氏族が多く、初期の仏教受容に大きな役割をはたした。聖徳太子以来と伝えられる法隆寺領もあり、揖保郡太子町の斑鳩寺や加古川市の鶴林寺は、聖徳太子信仰の中心となった。国ごとに建立された国分寺や国分尼寺をはじめ、伊丹市の伊丹廃寺・丹波市の三ツ塚廃寺・小野市の広渡廃寺などの寺院跡や、加西市の古法華石仏(石造浮彫如来及び両脇侍像)などの仏像が残されている。

　古代国家の経済的基礎となったのが公地公民制であった。口分田を支給し、租・庸・調や雑徭などの租税を徴収するというこの制度も中国にならったものであるが、その実態の一部は、正倉院所蔵の「但馬国正税帳」や「淡路国正税帳」、あるいは各地で出土する木簡などによってうかがうことができる。また、条里制は口分田支給のために行われた土地区画の整備で、その後の耕地開発や最近の圃場整備などでかなりの部分は失われたが、それでも一辺を一町とする正方形の区画の名残りは今も各地にみられる。しかし、公地公民制はしだいに行き詰まり、すでに奈良時代には、三世一身法(723〈養老7〉年)に続く墾田永年私財法(743〈天平15〉年)が発布されて土地私有制が公認され、有力寺社や神社、貴族などの初期荘園が各地に出現した。

　平安時代の後半になると、貴族や寺社などへの寄進によってうまれた小規模な荘園が県域各地で増加する。このような律令体制の変質や経済的な変動のなかで、武士が実力をたくわえ、平安時代末期には、源氏と平氏という2つの武士団が政治の表舞台に登場してくる。

中世の兵庫

　10世紀,清和源氏の支流の源満仲は,河辺郡多田(現,川西市)に多田院を創建し,これを拠点に猪名川流域へ勢力を拡大して,多田源氏とよばれた。一方の平氏は清盛の時代に最盛期を迎えたが,その基盤は西日本にあり,ゆかりの荘園は福原荘(現,神戸市)をはじめ県域の各地に散在する。とくに清盛が修築した福原の大輪田泊は,日宋貿易の拠点として繁栄した。平治の乱(1159年)ののちに清盛は太政大臣にのぼり,福原に都を移そうとはかった。しかし反対も多く,計画は順調には進行せず,かえって政治は混乱した。また,清盛自身が1181(治承5)年に病死したことなどもあって,諸国の源氏の蜂起が続き,平氏の滅亡,源頼朝による鎌倉政権の樹立へと進む。この間,鵯越や須磨(ともに現,神戸市)など県域で行われた源平の合戦は,『平家物語』にも描かれて今に伝えられている。

　源頼朝は,守護・地頭設置の権限を得ることなどにより政権を確立し,県下では播磨に梶原景時,但馬に安達親長,淡路に佐々木経高といった有力御家人が守護として配置された。また,県内に多かった平氏の所領は没官領となり,承久の乱(1221年)の前後にかけて西遷地頭とよばれる東国出身の多数の武士たちが進出した。後白河法皇が頼朝に,播磨国における梶原景時以下の横暴を禁止するよう求めている(『吾妻鏡』)ように,混乱も多かったが,鎌倉幕府の統治はしだいに浸透していった。農業や手工業などの生産力が高まり,それを背景に交通が発達し,市場や宿場がうまれた。その名残りは,市や宿の名を冠した地名となって今も各地に残っている。また,女性も地頭になるなど活躍した時代で,たつの市の越部荘に隠棲した歌人越部禅尼,三木市の細川荘にかかわる訴訟のために鎌倉へ旅し,その紀行文を『十六夜日記』に残した阿仏尼ら,兵庫県ゆかりの女流文化人もあらわれた。仏教関係では旧来の各宗に加えて,浄土宗や禅宗が発展し,神戸市の太山寺本堂や如意寺阿弥陀堂・加西市の一乗寺三重塔・小野市の浄土寺浄土堂などの仏教建造物や,多数の絵画・彫刻類が県内各地に残されている。

　「諸国同時ト申ナガラ,当国ハ殊ニ悪党蜂起ノ聞ヘ候」。これは南北朝時代の播磨の地誌『峯相記』の一節であるが,1274(文永11)年および1281(弘安4)年のモンゴルの来襲(元寇)を機に,鎌倉幕府の基盤がゆらぐなか,悪党とよばれる新しい勢力が登場する。このような動きのなかで,赤松則村(入道して円心)は千種川中・下流から勢力を拡大して,鎌倉政権打倒の中心勢力の1つとなり,後醍醐天皇を中心にした建武政権を誕生させた。

　しかしこの政権は長続きせず,足利尊氏によって室町幕府が成立した。その過程では,政権に反旗を翻した足利尊氏を追って九州に向かおうとした新田義貞の軍勢を,赤松氏が上郡町の白旗山城や相生市の感状山城などの山城を拠点に迎え撃った合戦や,楠木正成が足利勢によって敗死した神戸の湊川合戦(1336年)などが県域でもおこっている。その後,しばらくは南北両朝が対立する南北朝時代が続く

兵庫県のあゆみ　　233

が，県域には播磨の赤松氏，但馬を本拠とする山名氏，淡路に進出した細川氏ら，室町幕府の有力者がみられる。

　南北朝の合体(1392年)前後には戦乱も少なくなり，村々では国人とよばれる有力者たちが成長したが，1441(嘉吉元)年に赤松満祐が，室町幕府6代将軍足利義教を殺しておこった嘉吉の変以後は再び混乱がはじまった。播磨では，満祐はたつの市の城山城で敗死して赤松氏が滅亡，かわって山名氏が進出した。その山名氏は応仁の乱(1467〜77年)で細川氏と対立し，細川氏と結んだ赤松氏の一族の赤松政則が播磨に復帰した。しかし，下剋上の風潮のなかでその勢力は回復せず，東播磨で別所氏，丹波で波多野氏，淡路で三好氏らがそれぞれ勢力の拡大をはかったが，尼子氏ら外部の勢力の干渉などもあって，強力な戦国大名として成長することはなかった。戦国時代も末期になると，西の毛利勢と東の織田勢が対抗する最前線となり，佐用町の上月城や三木市の三木城などを舞台に合戦が行われたのち，県域は織田信長・豊臣秀吉による支配の時代を迎えた。

幕藩体制の下で

　大坂夏の陣(1615年)で豊臣氏を滅ぼした徳川氏は，大坂城を中心に畿内を固め，さらに西国の安定的な支配をめざした。その初期には，大坂城に近い摂津は直轄領と譜代の大名を，播磨には外様である池田氏の姫路藩52万石をおくなどの大名配置を行った。その後しばらくは，大名の廃絶や転封などを繰り返し，県内諸藩の配置が一段落するのは，1640(寛永17)年前後のことである。

　最終的には，県域には18の藩がおかれ，幕府直轄領(天領)や県外に配置された大名の飛地が複雑に入り組む状況となった。姫路城や明石城・篠山城・出石城など，さまざまな特徴をもつ城郭はその支配の象徴であり，また近世の文化を代表する建造物である。赤穂城はこれらに遅れて1661(寛文元)年に完成したが，1701(元禄14)年に城主の浅野内匠頭長矩がおこした刃傷事件にはじまる，いわゆる「忠臣蔵」の舞台としても知られる。

　政治の安定とともに農業をはじめ産業が発達し，伊丹や灘の酒造業，三木の金物，龍野の醬油，赤穂の塩，豊岡の杞柳細工など，現在までうけつがれている特産物が各地にうまれた。生産力の向上に伴って，各藩の城下や交通の要地には町場がうまれ，流通経済が活発化した。交通面では，陸上交通とともに加古川や揖保川など多くの河川が開削されて，高瀬舟や筏が運行した。また，鎖国により貿易はできなくなったものの，本州をめぐる廻船の発達などで，日本海や瀬戸内海に港が栄えた。

　文化面では，淡路の人形浄瑠璃や西宮の操り人形が盛んに興行され，各地に農村舞台がたてられて，庶民も歌舞伎を楽しんだ。俳諧や和算の盛行は，各地の神社に奉納された絵馬からもしのばれる。学問や教育の発達もめざましく，各藩が藩校をつくり，町や村には寺子屋がうまれた。江戸や大坂の学者に師事した例や，長

崎で蘭学を学んだ例も多い。『播磨鑑』や『但馬考』『淡路草』など，多くの地誌の編纂が行われている。

幕藩体制をささえた鎖国は，欧米列強の船の来航を機に大きくゆらいだ。尊王派と攘夷派の対立で混乱するなか，1858(安政5)年には列強との間に修好条約が結ばれた。1863(文久3)年には神戸海軍操練所が開設され，沿岸部では西宮砲台など各地に海防施設が設置された。神戸港は，修好条約によって開かれた5港のうちの1つとなった。1868(慶応4)年，西宮の守備を命じられた岡山藩兵が神戸を行進中，前方を横切った外国人に発砲し，英・仏・米の守備隊がこれに応戦した神戸事件などもおこったが，神戸は国際港として発展をはじめた。

新しい時代へ

最初の兵庫県は，1868(明治元)年の府藩県三治制によってうまれた。管地は摂津国および播磨国の旧天領の村々6万6800石であったが，1870年に多可郡・加西郡の80カ村を，1871年には津名郡43カ村を編入するなど変更が続いた。1871年の廃藩置県後の府県統合で第2次の兵庫県が誕生し，摂津国西部の川辺・武庫・八部・菟原・有馬の5郡を管轄した。播磨の姫路県(1週間で飾磨県と改称)，但馬・丹波地域は豊岡県，淡路は名東県に属したが，さらに1876年の再度の府県統合によって，第2次の兵庫県と飾磨県・豊岡県のうち，但馬全域と丹波の氷上・多紀郡，名東県のうち淡路が統合されて現在の兵庫県が誕生した。

廃藩置県・地租改正・学制の公布などさまざまな変革は，一方で国民の不満をうみ，県域でも一揆がおこった。しかし産業の近代化は急速に進み，県域では，紡績などの軽工業が急速に発展した。日露戦争(1904～05年)前後からは，重工業が発達し，とくに県域の東南部は，隣の大阪府とともに阪神工業地帯を形成した。また，このような経済の発展に伴って，貿易港としての神戸港の地位はさらに高まった。市内に点在する異人館など近代初期の洋風建築は，開港以来の神戸港の繁栄をしのばせている。また，1889年の東海道線全線開通に続いて，鉄道や道路網も整備された。

第一次世界大戦と戦後恐慌・日中戦争ののち，第二次世界大戦によって産業や県民生活は大きな打撃をうけた。その後，朝鮮戦争(1950～53年)による特需などもあって，戦後の日本は，高度経済成長で奇跡的な復興をとげた。兵庫県もこれと歩調をあわせて復興し，鉄鋼・造船などを基幹として，昭和30年代には戦前をしのぐ状況となった。阪神工業地帯に加えて，明石市から赤穂市にいたる瀬戸内海沿岸に，播磨臨海工業地帯も発展した。さらに現在では，IT関連産業など先端技術部門の発達も著しく，大型放射光施設(スプリングエイト)を備えた科学公園都市の整備が，相生市・たつの市・佐用町・上郡町にまたがる西播磨の高原で進められている。アパレル産業など，伝統的産業の革新も著しい。山陽自動車道など高速道路網の整備や山陽新幹線の開通，伊丹(大阪国際)空港・但馬(コウノトリ)空港・神戸空港の

兵庫県のあゆみ 235

開港，明石海峡大橋の完成など，交通の発達も顕著である。
　こうして先人が築いてきた現在の社会にも，環境問題，過疎化，過密化，さまざまな分野における地域間格差の拡大など，問題は山積している。阪神・淡路大震災(1995〈平成7〉年)の傷跡も完治したわけではない。しかし，県民の英知を集めて課題を克服し，明るい未来に向かって兵庫県は今も歩み続けている。

【地域の概観】

神戸地区

　神戸市は六甲山と瀬戸内海にはさまれた地域にあり，市町村合併を繰り返して現在の市域へと拡大した。この地に人類が生活をはじめたのは，大歳山遺跡出土の石器などからみて，旧石器時代と考えられる。また，神戸の歴史には海が大きな役割をはたしてきたが，五色塚古墳も立地条件から農業だけではなく，むしろ明石海峡を支配することで勢力を伸ばした有力者にかかわるものと推測される。

　神戸港の前身といえる大輪田泊は，「摂播五泊」の1つとして，古代から瀬戸内海水運の要地で，平清盛はここを日宋貿易の拠点とした。また，わずかな期間ではあったが，清盛は現在の兵庫区を中心にした福原京を都とした。そのためもあって，続く源平合戦では，神戸市域でも激しい合戦が行われた。

　中世には，経済の発展に伴って，海陸の交通がさらに発達した。当時の神戸港の賑わいは，「兵庫北関入船納帳」にみることができる。また，中国や朝鮮，さらに戦国時代以降は，西洋諸国への窓口にもなった。ここを通過する山陽道の利用も活発で，市が開かれ，また各地に関が設けられた。

　江戸時代にはいると，鎖国により外国との交渉は断たれたが，大坂や江戸を結ぶ海上輸送の拠点の1つとなった。1867（慶応3）年には兵庫が開港場となり，翌年には神戸で各国に王政復古を通告，居留地の工事が行われ，1871（明治4）年には和田岬灯台が完成するなど，日本最大の貿易港の1つとしての地位を占める歩みが続いた。当時の面影は，異人館など市内に残る当時の建造物にしのぶことができる。また，周辺地域の生産活動も向上し，交通面でも1874年に神戸・大阪間の鉄道が開通するなど，近代化が進んだ。1889年の市制・町村制施行時には，人口も13万人になった。

　しかし，1938（昭和13）年に阪神大水害がおこり，さらに第二次世界大戦の空襲で，市の中心部がほとんど壊滅状態になった。戦後は朝鮮戦争特需，さらに高度経済成長によって急速に復興し，1966年にはポートアイランドの埋立て工事，1972年には六甲アイランドや西神ニュータウンの造成工事などがはじまった。1981年にはポートアイランドが竣工し，博覧会「ポートピア81」が開催された。1985年にはユニバーシアード神戸大会が開催され，1988年にはグリーンスタジアム神戸が完成した。1977（昭和52）年前後には異人館ブームがおこり，文化面では1979年に神戸フィルハーモニックが誕生，1982年には市立博物館が，1987年には海洋博物館や須磨海浜水族館がオープンした。

　1995（平成7）年の阪神・淡路大震災によって，神戸は大きな被害をうけた。その後，同年に神戸市復興計画が策定されるなど，種々の事業によって復興が進み，被害をうけた港湾施設も復旧，アジアのマザーポートづくりが進められている。さらに2006年には神戸空港が開港するなど，あらたな発展への取り組みが行われている。

阪神地区

　兵庫県の南西部に位置して大阪府に隣接し、近世以前は摂津国に属した地域である。武庫川・猪名川・神崎川などが南に流れて瀬戸内海にそそぎ、南に大阪湾、北・東には六甲山などの山々が連なっている。平野部が多く、瀬戸内の温暖な気候にも恵まれている。

　この地における人類の歴史は古く、芦屋市の山芦屋遺跡からは、約8000年前の土器が発見されている。多数の古墳も築かれたが、開発によって失われたものも少なくない。律令国家が成立すると、摂津国に属して畿内に位置づけられた。『万葉集』をはじめ、古典文学にもしばしば登場する地域である。785（延暦4）年の長岡京遷都に際して、神崎川と淀川をつなぐ水路が開削されると、神崎川河口に開かれた川尻泊は、都の海の玄関口として賑わった。古代の山陽駅路以来、山陽道（西国往還）が通過して、盛んに利用された。また、耕地の開発が進むとともに、長洲荘（尼崎市）や橘御園（伊丹・宝塚・川西・尼崎などに散在）など、各地に荘園がうまれた。古代末期になると、北部の多田郷（川西市）に源氏が勢力を扶植し、多田源氏とよばれた。

　源氏と平氏の抗争、南北朝の対立や戦国時代などの争乱の時代には、都に近く海陸交通の要地であったこの地域は、戦乱の舞台になることも多かった。中世末期には四国の細川氏や周防など4カ国守護の大内氏ら各地の勢力の進出もあって、支配者がしばしば交代した。戦国大名のように強力な勢力は出現しなかったが、尼崎のように自治的な町もうまれ、織田信長に対抗する一向一揆の拠点となった。

　江戸幕府は、大坂を中心に西国支配のため、幕府の直轄地や譜代大名を配置した。1617（元和3）年には戸田氏鉄を尼崎に配置し、尼崎城の築城を行わせている。中世に続いて新田開発が進み、大坂や京都などの大消費地がひかえているという立地条件もあって、綿花や菜種などの商品作物が栽培され、西宮や伊丹の酒、名塩（現、西宮市）の和紙など、特産物の生産も盛んに行われた。

　明治維新後は、しばしば行政区画が変更された。たとえば現在の芦屋市をみると、1871（明治4）年の廃藩置県によって、兵庫県の管轄になった芦屋・打出・三条・津知の4カ村が、1889年の市制・町村制の施行によって合併して精道村となり、その後さらに合併を繰り返して現在の姿になった。

　昭和時代にはいると、海岸部を中心に重化学工業化が進み、また田園地帯に住宅街が開発されるようになる。開発に伴う都市問題や社会問題がおこり、労働運動や農民運動も盛んになった。第二次世界大戦末期には空襲にあい、とくに1945（昭和20）年6月の爆撃では大きな被害をうけた。戦後は経済の復興とともに再起し、阪神工業地帯の一角として発展したが、深刻な公害に苦しんだ地域も少なくなかった。阪神・淡路大震災（1995〈平成7〉年）で大きな被害をうけたが、ほぼ震災以前の水準に回復し、さらなる発展へと向かっている。

淡路地区

　淡路島1島からなる地区である。瀬戸内海国立公園の東部に位置し、南は太平洋に面している。四国との間の鳴門海峡には、太平洋と瀬戸内海の干満の差でおこるうず潮がみられる。北部では津名丘陵が南北に、南部には諭鶴羽山地が東西に走っている。中部から南部にかけては三原平野が広がり、三原川や洲本川が流れている。周囲には沼島などの島嶼が散在し、海岸線は山地が迫って断崖になり、あるいは砂浜や砂州を形成するなど、多彩な景観をみせている。気候は瀬戸内型で冬季も温暖なため、水仙の花便りが早い春の訪れを告げる。

　イザナギ・イザナミの二神が海水をかきまわして最初の島であるオノコロ島をつくり、そこで日本列島を生んだという神話があり、その島が淡路島近辺だと古くから伝えられてきた。大和政権の本拠地に近く、瀬戸内海の交通の要地であったので、早くからその支配下にはいったようである。律令体制下では、朝廷に食料を供給する国であったという。南部には南海駅路がとおって、本州と四国とを結んでいた。

　中世には淡路水軍が活躍し、瀬戸内海中・西部の水軍と競った。また、戦国時代の三好氏のように、四国の勢力が都へ進出するための経路として重要な地域でもあった。鎌倉時代の状況を伝える大田文が残されている。

　関ヶ原の戦い以前から脇坂氏が洲本にはいっていたが、その後、池田氏の支配を経て徳島藩（蜂須賀氏）の領地になり、明治維新まで続いた。農業や漁業だけでなく海運業も盛んで、幕末には、日露間の紛争を解決するなど、海外でも活躍した高田屋嘉兵衛のような豪商をうんだ。

　1871（明治4）年の廃藩置県で兵庫県と徳島県に二分されたが、同年に全島が名東県に属し、1876年の府県統合で兵庫県となった。京阪神に近いという地理的条件をいかして、花卉や野菜の栽培、漁業、淡路瓦に代表される窯業などが伝統的に盛んである。1995（平成7）年の阪神・淡路大震災では、北部を中心に大きな被害をうけ、北淡震災記念公園（淡路市）には、この地震でうまれた断層の一部が保存されている。1985（昭和60）年に大鳴門橋が完成、さらに1998（平成10）年には明石海峡大橋が開通し、四国・本州とが結ばれた。2000年には「淡路花博ジャパンフローラ2000」が開催された。豊かな自然をいかして、「公園島淡路」をめざしている。

【文化財公開施設】　　　　　　　　　　　　　　　　　①内容，②休館日，③入館料

神戸ファッション美術館　〒658-0032神戸市東灘区向洋町中2-9-1　TEL078-858-0050　①ファッション関係資料，②月曜日，年末年始，③有料

白鶴美術館　〒658-0063神戸市東灘区住吉山手6-1-1　TEL078-851-6001　①中国陶磁器・古代経巻・中近東の絨毯，②冬季・夏季，月曜日，③有料

白鶴酒造資料館　〒658-0041神戸市東灘区住吉南町4-5-5　TEL078-822-8907　①酒造道具，②盆，年末年始，③無料

菊正宗酒造記念館　〒658-0026神戸市東灘区魚崎西町1-9-1　TEL078-854-1029　①酒蔵・酒造道具，②年末年始，③無料

香雪美術館　〒658-0048神戸市東灘区御影郡家2-12-1　TEL078-841-0652　①彫刻・絵画・茶道具，②月曜日，③有料

神戸深江生活文化史料館　〒658-0021神戸市東灘区深江本町3-5-7　TEL078-453-4980　①生活用具，②月～金曜日，③無料

神戸大学海事博物館　〒658-0022神戸市東灘区深江南町5-1-1　TEL078-431-3564　①海事関係資料・和船，②火・木・土・日曜日，祝日，盆，年末年始，③無料

神戸市立小磯記念美術館　〒658-0032神戸市東灘区向洋町中5-7　TEL078-857-5880　①小磯良平作品，②月曜日，年末年始，③有料

沢の鶴資料館　〒657-0852神戸市灘区大石南町1-29-1　TEL078-882-7788　①酒蔵・酒造道具，②水曜日，8月中旬1週間，年末年始，③無料

旧ハンター住宅　〒657-0838神戸市灘区青谷町1-1-4 王子動物園内　TEL078-861-5624（王子動物園）①異人館，②公開期間中は水曜日，③有料

神戸市立博物館　〒650-0034神戸市中央区京町24　TEL078-391-0035　①考古資料・南蛮美術・古地図，②月曜日，年末年始，③有料

人と防災未来センター　〒651-0073神戸市中央区脇浜海岸通1-5-2　TEL078-262-5050　①震災関係資料，②月曜日，年末年始，③有料

神戸らんぷミュージアム（休館中）　〒650-0034神戸市中央区京町80　TEL078-220-0086　①行灯・ランプなどあかりに関するもの，②月曜日，年末年始，③有料

神戸華僑歴史博物館　〒650-0024神戸市中央区海岸通3-1-1　TEL078-331-3855　①華僑関係資料，②月・火・日曜日，祝日，年末年始，③有料

神戸海洋博物館　〒650-0042神戸市中央区波止場町2-2　TEL078-327-8983　①神戸港関係資料，②月曜日，年末年始，③有料

相楽園　〒650-0004神戸市中央区中山手通5-3-1　TEL078-351-5155　①旧小寺家厩舎・旧ハッサム住宅・船屋形，②木曜日，年末年始，③有料

竹中大工道具館　〒650-0056神戸市中央区熊内町7-5-1　TEL078-242-0216　①大工道具，②月曜日，年末年始，③有料

湊川神社宝物殿　〒650-0015神戸市中央区多聞通3-1-1　TEL078-371-0001　①楠木正成関係資料，②木曜日，③有料

兵庫県立美術館　〒651-0073神戸市中央区脇浜海岸通1-1-1　TEL078-262-0901　①美術品，②月曜日，年末年始，メンテナンス時，③有料

長田神社宝物庫　〒653-0812神戸市長田区長田町3-1-1　TEL078-691-0333　①神事・民俗

資料，②年末年始，③無料

須磨寺宝物館　〒654-0071神戸市須磨区須磨寺町4-6-8　TEL078-731-0416　①源平合戦史料，②なし，③有料

孫文記念館(移情閣)　〒655-0047神戸市垂水区東舞子町2051　TEL078-783-7172　①孫文関係資料，②月曜日，年末年始，③有料

神戸市立埋蔵文化財センター　〒651-2273神戸市西区糀台6丁目 西神中央公園　TEL078-992-0656　①市内の遺跡からの出土品，②月曜日，年末年始，③無料(特別展のみ有料)

太閤の湯殿館　〒651-1401神戸市北区有馬町1642　TEL078-904-4304　①湯船の遺構・出土品，②第2水曜日，③有料

尼崎市立田能資料館　〒661-0951尼崎市田能字中ノ坪384-2　TEL06-492-1777　①弥生時代の埋蔵文化財，②月曜日，祝日，年末年始，③無料

近松記念館　〒661-0977尼崎市久々地1-4-38　TEL06-491-7555　①近松の遺品・広済寺の寺宝，②水曜日，年末年始，③有料

尼崎市立文化財収蔵庫　〒660-0825尼崎市南城内10-2　TEL06-6489-9801　①尼崎市内の埋蔵文化財や歴史・民俗・美術資料，②月曜日，年末年始，③無料

伊丹市立博物館　〒664-0898伊丹市千僧1-1-1　TEL072-783-0582　①郷土資料・酒造道具，②第1・3日曜日，③無料

伊丹市立伊丹郷町館　〒664-0895伊丹市宮ノ前2-5-28　TEL072-772-5959　①近世の郷土資料，②月曜日，年末年始，③無料

柿衞文庫　〒664-0895伊丹市宮ノ前2-5-20　TEL0727-82-0244　①俳諧関係資料，②月曜日，年末年始，③有料

伊丹市立美術館　〒664-0895伊丹市宮ノ前2-5-20　TEL072-772-7447　①ドーミエの作品など，②月曜日，年末年始，③有料

川西市歴史民俗資料館　〒666-0151川西市美山台3-5-1　TEL072-740-1244　①農業関係民俗資料，②月〜金曜日，12〜2月，③無料

川西市郷土館　〒666-0107川西市下財町4-1　TEL072-794-3354　①銅山関係資料・箸コレクション，②月曜日，年末年始，③有料

川西市文化財資料館　〒666-0026川西市南花屋敷2-13-10　TEL072-754-8624　①考古資料，②月曜日，年末年始，③無料

静思館　〒666-0244川辺郡猪名川町上野字町廻り22　TEL072-766-0001　(猪名川町農林商工課)　①近代の生活用具，②月曜日，祝日，年末年始，③無料

猪名川町立ふるさと館　〒666-0225川辺郡猪名川町木津字八十19-2　TEL072-768-0389　①文化財・民俗資料，②月曜日，年末年始，③無料

宝塚市立歴史民俗資料館　〒669-1211宝塚市大原野字松尾1　TEL0797-91-0314　①江戸〜昭和時代初期の生活用具，②水曜日，年末年始，③無料

鉄斎美術館　〒665-0836宝塚市米谷清荒神1　TEL0797-84-9600　①富岡鉄斎の書画，②月曜日，夏期・冬期休館有り，③有料

西宮市大谷記念美術館　〒662-0952西宮市中浜町4-38　TEL0798-33-0164　①近代フランス・日本の美術品，②年末年始，③有料

西宮市立郷土資料館　〒662-0944西宮市立川添町15-26　TEL0798-33-1298　①郷土資料，②月曜日，年末年始，③無料

白鹿記念酒造博物館　〒662-0926西宮市鞍掛町8-21　TEL0798-33-0008　①酒造道具・書画・工芸品・笹部コレクション，②火曜日，年末年始，③有料

滴翠美術館　〒659-0082芦屋市山芦屋町13-3　TEL0797-22-2228　①陶磁器・カルタ類，②月曜日，8月，③有料

淡路市北淡歴史民俗資料館　〒656-1741淡路市浅野南240　TEL0799-82-2177　①歴史民俗資料，②月曜日，年末年始，③有料

北淡震災記念公園　〒656-1736淡路市小倉177　TEL0799-82-3020　①野島断層・震災関係資料，②無休，③有料

史跡五斗長垣内遺跡(国指定)　〒656-1601淡路市黒谷1395-3　TEL0799-70-4217　①五斗長垣内遺跡活用拠点施設，②月曜日，祝日の翌日，年末年始，③無料

洲本市立淡路文化史料館　〒656-0024洲本市山手1-1-27　TEL0799-24-3331　①歴史民俗資料・書画・直原玉青記念美術館併設，②月曜日，祝日の翌日，年末年始，③有料

高田屋嘉兵衛翁記念館　〒656-1301洲本市五色町都志241　TEL0799-33-0464　①高田屋嘉兵衛関係資料，②月曜日，年末年始，③有料

高田屋顕彰館・歴史文化資料館菜の花ホール　〒656-1301洲本市五色町都志1087　TEL0799-33-0354　①高田屋嘉兵衛関係資料，②不定期，③有料

南あわじ市歴史民俗資料館　〒656-0511南あわじ市賀集八幡654　TEL0799-43-5232（南あわじ市教育委員会〈直〉）　①民俗資料，②市教育委員会に開館依頼，③有料

南あわじ市淡路人形浄瑠璃資料館　〒656-0661南あわじ市市三條880　TEL0799-43-5037　①人形など一式・浄瑠璃本，②月曜日，祝日の翌日，年末年始，③無料

淡路人形座・淡路人形浄瑠璃館　〒656-0501南あわじ市福良甲1528-1地先　TEL0799-52-0260　①民俗芸能資料・人形浄瑠璃上演，②水曜日，祝日の場合は翌日，年末(12/17～31日)，③有料

若人の広場公園　〒656-0543南あわじ市阿万塩屋町2658-7　TEL0799-54-0155　①永遠の灯・戦没学徒遺品のパネル展示，②若人の広場公園管理事務所に問い合わせ(0799-55-2520)，③有料

南あわじ市瀧川記念美術館「玉青館」　〒656-0314南あわじ市松帆西路1137-1　TEL0799-36-2314　①日本南画家・直原玉青の絵画，②月曜日，祝日の翌日，年末年始，③有料

＊休館日は変更になる場合があります。

【無形民俗文化財】（国・県指定のもの。◎は県指定もうけている）

国指定
車大歳神社翁舞　　神戸市須磨区車字松ヶ原551　車大歳神社翁舞保存会　1月14日
淡路人形浄瑠璃　　南あわじ市市三條880　公益財団法人淡路人形協会　淡路人形座で定時公演
阿万風流大踊小踊　　南あわじ市阿万上町　阿万風流踊保存会　亀岡八幡神社秋祭り（9月）

国選択
兵庫県の酒造習俗

県指定
長田神社古式追儺式　　神戸市長田区長田町3-1-1　長田神社旧氏子　2月3日
淡河八幡神社御弓神事　　神戸市北区淡河町勝雄35　淡河八幡神社御弓神事氏子会　2月17日
摂州兵庫功徳盆踊　　伊丹市南野宮前391　むぎわら音頭保存会　8月15・16日
大久保踊　　南あわじ市八木大久保　大久保踊保存会　11月3日前後
ささら踊り　　南あわじ市榎列小榎列　ささら踊り保存会　府中八幡神社秋祭り（9月）

【おもな祭り】

温泉入初式　　神戸市北区有馬町　有馬温泉　1月2日
もちつき神事　　神戸市須磨区多井畑　多井畑厄除八幡宮　1月18・19日
南京町春節祭　　神戸市中央区栄町通　南京町　旧暦元旦前後
神戸まつり　　神戸市内各所　5月
祇園まつり　　神戸市兵庫区上祇園町　祇園神社　7月13〜20日
千燈祭　　神戸市中央区下山手通　生田神社　7月15日
施餓鬼　　神戸市中央区中山手通　関帝廟　旧暦7月13〜15日
秋祭り（船渡御）　　神戸市垂水区宮本通　海神社　10月10〜12日
10日戎　　西宮市社家町　西宮神社　1月9〜11日
おこしや祭　　西宮市社家町　西宮神社　6月14日
初厄神　　西宮市門戸西町　門戸厄神東光寺　1月18・19日
紙祖まつり　　西宮市名塩　教行寺　9月23日
節分会（壬生狂言）　　尼崎市寺町　大覚寺　2月3日
貴布禰神社祭礼　　尼崎市西本町　貴布禰神社　8月1・2日
星下り大会式　　宝塚市中山寺　中山寺　8月9日
源氏祭　　川西市多田　多田神社周辺　4月第2日曜日
粥占め　　淡路市多賀740　伊弉諾神宮　1月15日
淡路祖霊社大祭　　淡路市多賀740　伊弉諾神宮　4月21・22日
浜芝居　　淡路市岩屋799　岩屋神社　3月の第2日曜日
水かけ祭り　　淡路市仮屋242　戎神社　9月の第3日曜日
伊勢の森例祭（梯子獅子）　　淡路市中田1402-1　伊勢の森神社　4月の第1もしくは第2日曜日
春祭り　　南あわじ市沼島（八幡神社〜厳島神社）　沼島八幡神社　5月3・4日の2日間

夏祭り(つかいだんじり)　　洲本市五色町都志万蔵975　長林寺　7月17日
島祭り　　洲本市市役所周辺から海岸にかけて　8月の第1金・土・日曜日の3日間
火祭り　　洲本市下内膳(盛光寺近く)　8月16日
巡遷弁財天　　淡路島　12月6～8日

【有形民俗文化財】

国指定

灘の酒造用具　　神戸市灘区魚崎西町1-9-1　菊正宗酒造株式会社
下谷上の舞台　　神戸市北区山田町下谷上字砂川139　下谷上農村歌舞伎舞台保存会

県指定

沢の鶴株式会社大石蔵　附・灘の酒造用具一式　　神戸市灘区大石南町1-29-1　沢の鶴株式会社
農村歌舞伎舞台(長床)　　神戸市北区淡河町北僧尾字坊垣内　北僧尾区
灘の酒造用具一式　　西宮市浜町4-10　財団法人白鹿記念酒造博物館
酒樽・桶づくり用具一式　　伊丹市千僧1-1(伊丹市立博物館)　伊丹市
淡路人形かしら　　神戸市中央区下山手通5-10-1　兵庫県(姫路市本町68　兵庫県立歴史博物館)
淡路人形浄瑠璃の人形・カシラ(首)・道具一式　　南あわじ市市三條880　公益財団法人淡路人形協会

【無形文化財】(国・県指定のもの)

国指定

人形浄瑠璃文楽人形　　西宮市川東町5-3　塚本和男(吉田文雀)
人形浄瑠璃文楽人形　　芦屋市朝日ヶ丘町15-10-616　平尾勝義(吉田簑退)
古典落語　　尼崎市武庫之荘5-7-2　中川清(桂米朝)
名塩雁皮紙　　西宮市名塩2-2-23　谷野武信

県指定

須磨琴(一弦琴)　　神戸市須磨区須磨寺町4-6-8　小池美代子
有馬筆(書画用)技術　　神戸市北区有馬町1091-2　有馬筆(書画用)技術保存会
名塩紙技術　　西宮市名塩2-2-23　名塩紙技術保存会

【散歩便利帳】

神戸国際観光コンベンション協会　〒650-0046神戸市中央区港島中町6-9-1
　　TEL078-367-4325
西宮観光協会　〒662-0918西宮市六湛寺町10-3　TEL0798-35-3321
芦屋観光協会　〒659-0064芦屋市精道町7-6　TEL0797-38-2033
伊丹市観光物産協会　〒664-0845伊丹市東有岡1-6-2　TEL072-770-7060
宝塚市国際観光協会　〒665-0032宝塚市東洋町1-1　TEL0797-77-2012
川西市観光協会　〒666-0016川西市中央町12-1　TEL072-740-1161
猪名川町観光協会　〒666-0244川辺郡猪名川町上野11-1　TEL072-766-8709
有馬温泉観光協会　〒651-1401神戸市北区有馬町790-3　TEL078-904-3450
淡路島観光協会　淡路島ポータルサイト（あわじナビ）　http://www.awaji-navi.jp/
　洲本観光案内所（本部）　〒656-0027洲本市港2-43
　　　　　　　　　　　　　　　　洲本バスセンター内　TEL0799-25-5820
　淡路SA観光案内所　〒656-2401淡路市岩屋2568
　　　　　　　　　　　　　　淡路サービスエリア下り線内　TEL0799-72-0168
　岩屋観光案内所　〒656-2401淡路市岩屋925-27
　　　　　　　　　　　　　　　　岩屋ポートビル１階　TEL0799-72-3420
　南あわじ観光案内所　〒656-0501南あわじ市福良甲1528-4地先
　　　　　　　　　　　　　うずしおドームなないろ館内　TEL0799-52-2336

〔教育委員会〕

兵庫県教育委員会文化財課　〒650-8567神戸市中央区下山手通5-10-1　TEL078-362-3783
神戸市教育委員会文化財課　〒650-8570神戸市中央区加納町6-5-1　TEL078-322-5798
阪神教育事務所教育推進課　〒662-0854西宮市櫨塚町2-28　TEL0798-39-6153
尼崎市教育委員会社会教育部　〒661-0013尼崎市栗山町2-26-3　TEL06-6429-0362
西宮市教育委員会事務局社会教育・文化財グループ　〒662-0944西宮市川添町15-26
　　TEL0798-33-1298
芦屋市教育委員会文化財課　〒659-8501芦屋市精道町7-6　TEL0797-31-9066
阪神北教育事務所教育推進課　〒665-0841宝塚市御殿山2-1-1　TEL0797-85-9053
伊丹市教育委員会社会教育課　〒664-8503伊丹市千僧1-1　TEL072-784-8090
宝塚市教育委員会社会教育課　〒665-0032宝塚市東洋町1-1　TEL0797-77-2029
川西市教育委員会生涯学習部生涯学習推進室社会教育課　〒666-8501川西市中央町12-1
　　TEL072-740-1244
三田市教育委員会生涯学習振興課　〒669-1595三田市三輪2-1-1　TEL079-559-5145
猪名川町教育委員会生涯学習課　〒666-0243川辺郡猪名川町柏梨田字前ヶ谷158-1
　　TEL072-767-2600
淡路教育事務所教育振興課　〒656-0021洲本市塩屋2-4　TEL0799-22-3541
淡路市教育委員会社会教育課　〒656-2225淡路市生穂新島8　TEL0799-64-2520（直）
洲本市教育委員会社会教育課　〒656-8686洲本市本町3-4-10　TEL0799-24-7631（直）
南あわじ市教育委員会社会教育課　〒656-0492南あわじ市市善光寺22-1
　　TEL0799-43-5232（直）

散歩便利帳

【参考文献】

『在りし日の街道風景をたどる 神戸・西国街道まわり道』 神戸市都市計画局計画部まち作り支援室編 2001
『淡路島の民俗』 和歌森太郎編 吉川弘文館 1964
『淡路の古墳時代』 洲本市立淡路文化資料館編 洲本市立淡路文化史料館 1992
『淡路の伝統芸能と文化』 淡路県民局編 兵庫県立淡路文化会館 2004
『淡路の仏教美術』 洲本市立淡路文化資料館編 洲本市立淡路文化史料館 1992
『生田神社略史』 加藤隆久編 生田神社社務所 2004
『伊丹・城と酒と俳諧と』 安達文昭 近代文芸社 1983
『一宮町史』 一宮町史編集委員会編 一宮町 1999
『猪名川町史』 猪名川町史編纂委員会 猪名川町 1987
『歌枕神戸』 野中春水 和泉書院 1987
『海と山と花の島 淡路の歴史と文化』 淡路の歴史と文化展実行委員会編 兵庫県立歴史博物館 2000
『川西市文化財ウォーキング』 川西市教育委員会編 川西市教育委員会 1988
『九十歳の微笑仏・猪名川木喰由来考』 牧野正恭 兵庫県民芸協会 1981
『近畿自然歩道 ひょうごの自然歩道ガイド』 兵庫県自然環境保全課編 神戸新聞出版センター 2004
『近世淡路史考』 武田清市 近代文藝社 1989
『源平と神戸ゆかり50選 歴史と観光の散策ガイド』 神戸新聞社編 神戸新聞出版センター 2004
『神戸市文化財マップ』 神戸市教育委員会編 神戸市教育委員会 2004
『神戸の神社』 兵庫県神社庁神戸市支部編 神戸新聞出版センター 2000
『神戸の地理 風土と暮らしを読む』 田中真吾編 神戸新聞出版センター 1984
『五山禅僧伝記集成』 玉村竹二 講談社 1983
『五色町史』 五色町史編集委員会編 五色町 1986
『史跡加茂遺跡』 川西市編 川西市 2000
『史跡洲本城』 「史跡洲本城展」準備委員会 洲本市立淡路文化史料館 1999
『新西宮の文化財』 西宮市教育委員会編 西宮市教育委員会 2004
『新版兵庫県の歴史散歩』上・下 兵庫県高等学校教育研究会歴史部会編 山川出版社 1990
『図説 尼崎の歴史(上・下)』 尼崎市立地域研究史料館編集 尼崎市発行 2007(Web版もある)
『洲本市史』 洲本市史編纂委員会 洲本市 1974
『西摂大観』(復刻) 仲彦三郎編著 中外書房 1976
『西淡の文化財』 西淡町教育委員会編 西淡町 1998
『宝塚の文化財』 宝塚市教育委員会編 宝塚市教育委員会 1989
『宝塚の文化財ガイドブック』 宝塚市教育委員会編 宝塚市教育委員会 1997
『たどる調べる 尼崎の歴史(上・下)』 尼崎市立地域研究史料館編集 尼崎市発行 2016
『探訪ひょうごの天然記念物』 須田京介・北村泰生 神戸新聞出版センター 1998

『津名町史』　津名町史編集委員会編　津名町　1988
『伝統芸能　淡路人形浄瑠璃』　淡路人形浄瑠璃編集委員会編　三原町教育委員会　2002
『灘の酒博物館』　講談社編　講談社　1983
『南淡町文化財あれこれ』　藤平明編　南淡町教育委員会　2004
『西宮神社』　西宮神社編　学生社　2003
『西宮の文化財』　西宮市教育委員会編　西宮市教育委員会　1982
『西宮の歴史』　西宮市教育委員会編　西宮市教育委員会　1989
『西宮の歴史と文化』　西宮市立郷土資料館編　西宮市立郷土資料館　1985
『日本城郭大系12　大阪・兵庫』　日本城郭大系編集委員会編　新人物往来社　1981
『日本地名大辞典28　兵庫県』　日本地名大辞典編集委員会編　角川書店　1991
『日本の名景―洋館』　高井潔　光村推古書店　2001
『日本文芸史』Ⅱ　小西甚一　講談社　1985
『日本歴史地名大系29　兵庫県の地名』Ⅰ・Ⅱ　今井林太郎監修　平凡社　1999
『阪神間の文学』　武庫川女子大学国文学科編　和泉書院　1998
『阪神間モダニズム』　阪神間モダニズム展実行委員会編　淡交社　1997
『東浦町史』　東浦町史編纂委員会編　東浦町　2000
『東灘歴史散歩　新版』　田辺真人　東灘区役所　1992
『兵庫県史』　兵庫県史編集専門委員会編　兵庫県　1974-98
『兵庫県神社誌』(復刻)　兵庫県神職会編　臨川書店　1984
『兵庫県大百科辞典』上・下　神戸新聞出版センター編　神戸新聞出版センター　1983
『兵庫県の中世城館・荘園遺跡』　兵庫県教育委員会編　兵庫県教育委員会　1982
『兵庫県の博物館』　兵庫県博物館協会編　神戸新聞出版センター　1987
『兵庫県の百年』　前嶋雅光・蓮池義治・中山正太郎　山川出版社　1989
『兵庫県の歴史』　今井修平・小林基伸・鈴木正幸・野田泰三・福島好和・三浦俊明・元木泰雄　山川出版社　2004
『兵庫県文化財事典』　西日本文化財保護協会編　現代創造社　1986
『兵庫県文化財調査報告書』　兵庫県教育委員会編　兵庫県教育委員会　1962-
『兵庫県民俗芸能誌』　喜多慶治　錦正社　1977
『兵庫探検』　神戸新聞社学芸部編　神戸新聞社　1971-81
『ひょうご地名考』　落合重信　後藤書店　1983
『ひょうごの街道いまむかし』　神戸新聞社編　神戸新聞出版センター　1986
『ひょうごの地名再考』　落合重信　神戸新聞出版センター　1988
『ひょうごの地名を歩く』　有井基　神戸新聞出版センター　1989
『兵庫のふるさと散歩』1-6　ふるさと散歩編集委員会編　21世紀ひょうご創造協会　1978
『副葬品は語る　淡路の古墳』　波毛康宏・永田誠吾　教育出版センター　1991
『ふるさと西区歴史たんけん』　神戸市西区役所編　神戸市西区役所　2004
『三原郡史』　三原郡史編纂委員会　三原町村会　1979
『みはらの文化』　三原町教育委員会編　三原町教育委員会　1992
『洋館を訪ねる』　妹尾高裕　青春出版社　2003
『歴史が語る湊川　新湊川流域変遷史』　新湊川流域変遷史編集委員会編　神戸新聞出版センター　2002

【年表】

時代	西暦	年号	事項
旧石器時代			明石人骨発見(1931年に腰骨発見)
			春日七日市遺跡(丹波市春日町)・板井寺ヶ谷遺跡(篠山市西紀町)など
縄文時代		早期	国領遺跡(丹波市)・タツガ平遺跡(美方郡香美町)など
		前期	大歳山遺跡(神戸市垂水区)など
		中期	辻井遺跡(姫路市)など
		後期	元住吉山遺跡(神戸市西区)など
弥生時代		前期	吉田遺跡(神戸市西区)・上ノ島遺跡(尼崎市)など
		中期	加茂遺跡(川西市)・会下山遺跡(芦屋市)など
		後期	田能遺跡(尼崎市)・大中遺跡(加古郡播磨町)など。各時期の複合遺跡
			桜ケ丘(神戸市灘区)・気比(豊岡市)・中ノ御堂(南あわじ市)などから銅鐸が出土
古墳時代		前期	万籟山古墳(宝塚市)・吉島古墳(たつの市)など。三角縁神獣鏡出土
		中期	五色塚古墳(神戸市垂水区)・車塚古墳(篠山市)・壇場山古墳(姫路市)・玉丘古墳(加西市)・御願塚古墳(伊丹市)など
		後期	西宮山古墳(たつの市)・狭戸六角古墳(姫路市)・焼山群集墳(小野市)など
		(崇神10)	丹波道主命,四道将軍として丹波を平定,死後,車塚(篠山市)に葬られるという
		(垂仁3)	新羅の王子天日槍命来朝,但馬出石(豊岡市)にとどまるという
		(景行2)	天皇,播磨稲日大郎姫(印南別嬢)を皇后にするという
		(仲哀2)	淡路に屯倉をおくという
		(清寧2)	美嚢郡縮見屯倉(三木市)で,億計・弘計2皇子を発見,のちに仁賢・顕宗天皇になるという
飛鳥時代	593	推古元	聖徳太子,政治に参画
	603	11	舎人皇女播磨赤石に死し,檜笠岡に葬る。今の吉田王塚(神戸市西区)という
	605	13	聖徳太子,播磨に土地を賜り,斑鳩寺に施入するという
	646	大化2	大化改新の詔。赤石の櫛淵を畿内の西限とする
奈良時代	710	和銅3	平城京遷都
	712	5	『古事記』完成
	713	6	諸国に『風土記』編纂が命じられる
	716	霊亀2	太山寺(神戸市西区)創建という
	726	神亀3	行基,摂津河辺郡に昆陽布施院を創建するという
	733	天平5	廣峯神社(姫路市)創建という

	756	天平勝宝8	摂津河辺郡猪名荘,東大寺に施入
	764	天平宝字8	淳仁天皇を廃して,淡路に配流
	770	神護慶雲4	畿内との境10カ所に疫神をまつる(神戸市多井畑疫神塚など)
平安時代	794	延暦13	平安京遷都
	812	弘仁3	大輪田泊(神戸市)を修築
	832	天長9	魚住泊(明石市)を修築
	842	承和9	平城天皇の皇子阿保親王死し,阿保親王塚(芦屋市)に葬る
	845	12	丹波国大山荘(篠山市)を東寺に施入
	901	延喜元	淡路千光寺(洲本市)を創建するという
	927	延長5	『延喜式』完成
	970	天禄元	摂津国守源満仲,多田院(川西市)を創建
	985	寛和元	摂津守藤原秀孝,書写山(姫路市)に法華堂を建立
	1084	応徳元	鴨社領長洲御厨(尼崎市)成立
	1086	3	白河上皇,院政を開始
	1098	承徳2	祇園社領波々伯部保(篠山市)成立
	1108	天仁元	平正盛,但馬守となる
	1112	天永3	鶴林寺法華堂(太子堂,加古川市)建立
	1156	保元元	平清盛,播磨守となる
	1167	仁安2	平清盛,太政大臣となる
	1171	承安元	一乗寺三重塔(加西市)建立
	1173	3	平清盛,大輪田泊(神戸市)に経ケ島を築く
	1180	治承4	高倉上皇,寺江山荘(尼崎市)に1泊,室津(たつの市)などを経て厳島参詣。福原京(神戸市)遷都。源頼朝挙兵・侍所設置
	1184	寿永3	三草山合戦(社町)・一の谷合戦(神戸市)
	1185	文治元	源義経,頼朝に追われ大物浦(尼崎市)からのがれる。源頼朝,諸国に守護・地頭をおく
鎌倉時代	1192	建久3	源頼朝,征夷大将軍となる。僧重源,大部荘(小野市)に浄土堂・薬師堂を建立
	1221	承久3	承久の乱。雅成親王,但馬に配流
	1223	貞応2	淡路国大田文作成
	1242	仁治3	定慶,石龕寺(丹波市)の金剛力士像をつくる
	1244	寛元2	証空,摂津生瀬(宝塚市)に浄橋寺を建立
	1265	文永2	大川瀬住吉神社(三田市)本殿建立
	1274	11	蒙古襲来(文永の役)
	1277	建治3	阿仏尼,鎌倉にいき細川荘(三木市)の所領争いについて幕府に提訴
	1281	弘安4	蒙古再度来襲(弘安の役)
	1285	8	但馬国大田文作成
	1286	9	清盛塚十三重石塔を造立
	1289	正応2	一遍上人,兵庫の観音堂(神戸市,現,真光寺)で死す

	1294	永仁2	悪党垂水繁昌ら大部荘(小野市)に乱入
	1316	正和5	遠谿祖雄, 高源寺(丹波市)を開く
	1333	正慶2 (元弘3)	赤松則村(円心), 護良親王の令旨により, 苔縄城(赤穂郡上郡町)で挙兵。鎌倉幕府滅亡
南北朝時代	1334	建武元	建武の新政
	1336	3 (延元元)	赤松則村, 白旗城(赤穂郡上郡町)で新田義貞を撃退。湊川合戦(神戸市), 楠木正成敗死
	1337	4 (2)	但馬守護山名時氏, 伯耆守護をかねる。山陰諸国を制圧
	1338	暦応元 (3)	足利尊氏, 征夷大将軍となる。各地で戦乱続く
	1339	2 (4)	細川師氏, 淡路守護となる
	1385	至徳2 (元中2)	如意寺三重塔(神戸市)建立
	1391	明徳2 (8)	山名氏清, 幕府に叛く(明徳の乱)
	1392	3 (9)	南北朝合一
戦国時代	1407	応永14	大山荘一印谷(篠山市)の農民, 代官の非法をあげて逃散
	1428	正長元	正長の土一揆
	1429	永享元	播磨土一揆。赤松満祐, 鎮圧のために帰国
	1441	嘉吉元	嘉吉の変。赤松満祐, 6代将軍義教を暗殺し城山城(たつの市)で滅亡。山名氏, 播磨を支配
	1467	応仁元	応仁の乱おこる。赤松政則, 細川氏と結んで復活
	1543	天文12	ポルトガル船種子島に漂着, 鉄砲伝来
	1549	18	フランシスコ・ザビエル鹿児島にきて, キリスト教を伝える
	1567	永禄10	織田信長, 花隈城(神戸市)を築く
	1573	天正元	織田信長, 将軍義昭を追放し, 室町幕府滅亡
安土・桃山時代	1575	3	明智光秀, 丹波に進出
	1577	5	羽柴秀吉, 但馬に進出
	1578	6	三木城(三木市)の別所長治・有岡城(伊丹市)の荒木村重, 信長に叛く
	1579	7	有岡城・八上城(篠山市)落城
	1580	8	三木城落城。羽柴秀長, 但馬を征服
	1581	9	岩屋城(淡路市)・由良城(洲本市)落城。秀吉, 淡路を征服
	1582	10	本能寺の変。光秀の攻撃で信長自殺
	1590	18	秀吉, 全国統一
	1592	文禄元	文禄の役に淡路の水軍も従軍
	1595	4	小出吉政, 龍野から出石に移封

	1600	慶長5	関ヶ原の戦い。池田輝政姫路へ移封
	1601	6	池田輝政,播磨一国検地を開始。また姫路城築城開始
江戸時代	1603	8	徳川家康,征夷大将軍となる。江戸幕府開設
	1609	14	松平康重,西国大名の助役で篠山城を築城。姫路城完成
	1615	元和元	大坂夏の陣で豊臣氏滅亡。徳島藩主蜂須賀至鎮に淡路加封,稲田氏家老となる。本多忠政,姫路へ移封
	1617	3	尼崎城築城を戸田氏鉄に命ずる
	1618	4	明石城築城を小笠原忠真に命ずる
	1627	寛永4	蜂須賀氏,淡路総検地および棟付改を実施
	1631	8	由良城を廃し,洲本城(洲本市)を築く(「由良引け」)。このころ赤穂で入浜式塩田はじまる
	1633	10	九鬼久隆,三田へ移封
	1635	12	青山幸成,尼崎へ移封
	1636	13	一柳直家,藩主となり小野藩成立
	1645	正保2	浅野長直,赤穂へ移封
	1668	寛文8	京極高盛,豊岡へ移封
	1672	12	脇坂安政,龍野へ移封
	1682	天和2	松平直明,明石へ移封
	1695	元禄8	織田信休,柏原へ移封。このころ,伊丹などを中心に江戸積み酒造業盛んになる
	1702	15	赤穂浪士,吉良邸に討入り
	1706	宝永3	森長直,赤穂へ移封。仙石正明,出石へ移封
	1707	4	西宮の酒造業者,江戸積み輸送開始
	1716	享保元	徳川吉宗,将軍となる。享保の改革
	1748	寛延元	青山忠朝,篠山へ移封
	1749	2	姫路全藩一揆。酒井忠恭,姫路へ移封
	1756	宝暦6	龍野醬油造元仲間発足
	1769	明和6	西宮・兵庫・灘筋の村々,天領になる
	1771	8	篠山藩全藩一揆
	1772	安永元	田沼意次,老中となる
	1777	6	北僧尾農村舞台(神戸市北区)完成
	1786	天明6	田沼意次失脚
	1787	7	松平定信,老中となる
	1792	寛政4	ラクスマン根室に来航し,通商を要求
	1799	11	淡路の高田屋嘉兵衛,択捉航路を開く
	1802	享和2	但馬の上垣守国,『養蚕秘録』をあらわす
	1809	文化6	赤穂藩,塩の専売制を開始
	1821	文政4	姫路藩,木綿会所を設置
	1833	天保4	加古川筋百姓一揆
	1835	6	出石藩の騒動表面化(「仙石騒動」)

	年	元号	事項
	1837	天保8	小野藩, 藩校帰正館を設置。西宮で宮水発見
	1840	11	下谷上農村舞台(神戸市北区)完成
	1841	12	水野忠邦, 天保の改革を開始
	1847	弘化4	池田草庵, 青谿書院(養父市)を開く
	1850	嘉永3	尼崎藩, 名塩紙の専売を計画
	1854	安政元	日米和親条約締結。ロシア軍艦, 大阪湾に進入。沿岸に砲台築造
	1855	2	網屋吉兵衛, 神戸小野浜にドックを起工
	1863	文久3	勝海舟, 神戸海軍操練所を建設
	1866	慶応2	西宮砲台完成
	1867	3	兵庫居留地を神戸村内に定める。兵庫の開港を勅許。大政奉還, 王政復古
明治時代	1868	明治元	神戸事件。兵庫鎮台設置(1月。翌月兵庫裁判所と改称)。兵庫県(第1次)成立
	1870	3	稲田騒動(庚午事変)
	1871	4	播但一揆。廃藩置県。兵庫県(第2次)・豊岡県・姫路県・名東県成立
	1874	7	神戸・大阪間の官営鉄道開業
	1876	9	豊岡県など4県を統合し, 兵庫県(第3次)成立
	1877	10	神戸でマッチの製造はじまる
	1886	19	官営兵庫造船所払下げ, 川崎兵庫造船所となる
	1888	21	民営山陽鉄道神戸・姫路間開通
	1889	22	大日本帝国憲法発布。東海道線全線開通。尼崎紡績会社設立
	1893	26	阪神鉄道株式会社設立
	1894	27	日清戦争勃発
	1896	29	生野鉱山, 三菱合資会社に払下げ。鐘紡兵庫工場創業開始
	1897	30	姫路に第10師団設置
	1904	37	日露戦争勃発
	1905	38	阪神電鉄神戸・梅田間開業。神戸三菱造船所開業。鈴木商店, 神戸製鋼所を経営
大正時代	1912	大正元	第1次護憲運動。山陰線香住・浜坂間開通, 出雲まで全線開通
	1914	3	第一次世界大戦勃発
	1918	7	摂津紡績・尼崎紡績が合併し, 大日本紡績となる。米騒動, 県下各地に波及。友愛会神戸連合会設立
	1920	9	阪急電鉄神戸・梅田間開業
	1921	10	川崎・三菱両造船所で大争議
	1924	13	第2次護憲運動, 政党政治時代へ。甲子園球場完成
昭和時代	1927	昭和2	金融恐慌。兵庫電気軌道(兵庫・明石間)・神戸姫路電鉄(明石・姫路間)合併
	1928	3	神戸有馬電鉄, 湊川(神戸市)・有馬間開通

	1929	昭和4	世界恐慌。不況が深刻化し,争議続発
	1931	6	満州事変勃発。西八木海岸で明石人骨発見
	1937	12	日中戦争勃発
	1938	13	阪神地方に豪雨,神戸大水害
	1939	14	日鉄姫路広畑製鉄所,溶鉱炉火入れ式
	1941	16	太平洋戦争勃発
	1945	20	神戸・尼崎・姫路など空襲で大被害,敗戦
	1946	21	農地改革
	1947	22	日本国憲法発布
	1950	25	朝鮮戦争勃発
	1951	26	サンフランシスコ講和会議で,対日平和条約締結
	1964	39	播磨臨海工業地帯,工業整備特別地域に指定。名神高速道路,西宮まで開通
	1966	41	神戸ポートアイランド造成工事着工
	1970	45	新公害防止条例制定。加古川バイパス・第2神明道路・高速神戸西宮線全線開通。中国自動車道宝塚・豊中間開通。兵庫県立近代美術館開館(神戸市灘区)
	1972	47	瀬戸内海水質汚濁総合調査
	1974	49	県立図書館開館(明石市)
	1975	50	中国自動車道,県内全線開通。姫路バイパス開通。芦屋シーサイドタウン造成工事着工
	1976	51	大鳴門橋架橋工事着工。鶴林寺太子堂で,平安時代末期の壁画発見
	1977	52	神戸市営地下鉄西神・山手線開通。遠坂トンネル(但丹国境)開通
	1978	53	淡路人形浄瑠璃ヨーロッパ公演
	1979	54	箱木千年家復元
	1980	55	神戸異人館街,国重要伝統的建造物群保存地区に指定。葺合区と生田区が合併,中央区となる(神戸市)
	1981	56	ポートライナー開通,ポートピア博覧会開催
	1982	57	神戸市立博物館開館
	1983	58	姫路市立博物館・兵庫県立歴史博物館開館(姫路市)
	1984	59	別府鉄道廃業
	1985	60	大鳴門橋開通,「くにうみの祭典」(淡路島)
	1986	61	明石海峡大橋着工。福知山線宝塚・新三田間電化
	1987	62	神戸開港120年式,神戸海洋博物館開館
	1988	63	「ホロンピア88」開催(北摂津・丹波)
平成時代	1990	平成2	神戸新交通六甲アイランド線開通
	1991	3	姫路市立姫路文学館開館
	1992	4	兵庫県立人と自然の博物館開館(三田市)

1993	平成5	姫路城,世界文化遺産に登録
1994	6	但馬(こうのとり)空港開港。豊岡市で「大但馬展」開催
1995	7	阪神・淡路大震災
1997	9	JR東西線開通,山陽自動車道全線開通
1998	10	明石海峡大橋開通
1999	11	神戸空港着工
2000	12	「淡路花博ジャパンフローラ2000」開催
2004	16	台風23号で但馬・淡路などに大被害
2005	17	平成の大合併,県内29市12町へ

【索引】

ア

嗚呼此墓 …………………………………… 206
青木茂七郎の碑 ……………………………… 182
明石海峡大橋 ………………………………… 173
赤松範資 ……………………………………… 24
赤松則村(円心) ………… 21, 37, 46, 68, 100
安倉高塚古墳 ………………………………… 140
浅野公園 ……………………………………… 185
朝日ケ丘遺跡 ………………………………… 159
足利尊氏 …… 24, 45, 68, 94, 119, 131, 177, 206, 208, 220
足利直義 …………………………… 24, 94, 119
足利義稙 ……………………………………… 224
芦屋会下山弥生時代住居跡 ………………… 164
芦屋市谷崎潤一郎記念館 …………… 166, 167
芦屋市立美術博物館 …………………… 164-166
芦屋神社 ……………………………………… 160
芦屋神社境内古墳 …………………………… 160
芦屋廃寺跡 …………………………………… 165
安宅秀興 ……………………………… 200, 204
安宅冬秀 ……………………………………… 191
敦盛塚 ……………………………… 81, 85, 86, 229
阿保親王塚古墳 ……………………… 158, 159
尼崎城跡 ……………………………………… 111
尼崎市立農業公園 …………………………… 129
尼崎市立文化財収蔵庫 ……………………… 112
尼信記念館 …………………………………… 110
尼信博物館(尼信会館) ……………… 111, 113
天彦根神社 …………………………………… 60
安摩六郎忠景 ………………………………… 225
荒木村重(道薫) …… 17, 18, 21, 117, 122, 127, 139
荒田八幡神社 …………………………… 44, 45, 47
有岡城跡 ……………………………… 117, 121
有馬温泉 ………………… 70-73, 75, 82, 142
有馬街道(有馬道) …… 34, 43, 47, 119, 142, 143
在原業平 ……………… 21, 83, 159, 165, 166
在原行平 ………………………………… 81-84, 97

淡路国分寺跡 ………………………………… 208
淡路国分尼寺跡 ……………………………… 209
淡路市北淡歴史民俗資料館 ………………… 184
『淡路新聞』 ………………………………… 199
淡路鉄道株式会社 …………………………… 199
淡路人形座 …………………………………… 213
淡路人形浄瑠璃資料館 ……………… 212, 213
淡路人形発祥地の碑 ………………………… 212
安徳天皇行在所址 …………………………… 45
安徳宮(宗清稲荷社) …………………… 84, 85
安養院の庭園 ………………………………… 101
安楽寺 ………………………………………… 206

イ

生田神社 …………………… 4, 8, 9, 22, 29, 39, 41, 56
生田の森 ………………………… 9, 10, 81, 87
池田輝政 ……………………………… 51, 176
池田信輝 ………………………………… 18, 51
伊弉諾神宮 …………………………… 188, 189, 221
石の寝屋古墳群 ……………………… 174, 187
倚松庵(谷崎潤一郎旧邸) …………………… 33
移情閣 ………………………………………… 91
和泉式部の墓 ………………………………… 121
伊勢久留麻神社 ……………………………… 177
伊勢の森 ……………………………………… 185
伊丹郷町館 …………………………… 117, 118, 121
伊丹市立博物館 ……………………… 119, 122
伊丹廃寺跡 …………………………… 120, 121
伊丹緑道 ……………………………… 119, 121
板宿八幡神社 ………………………………… 95
一の谷合戦 … 9, 10, 58, 59, 81, 87, 97, 98, 229
厳島神社(洲本市) …………………………… 196
『一遍聖絵』 …………………………… 182, 211
一遍廟所 ……………………………………… 54
稲田氏公邸(向屋敷)跡 ……………………… 195
稲田氏歴代当主の墓 ………………………… 198
猪名寺廃寺跡 ………………………… 124, 125
猪名野古墳群 ………………………… 124, 127, 128
猪名野神社 …………………………………… 121

索引　255

今津小学校六角堂	149, 150
今津灯台	150, 151, 155
今津砲台	155
石上神社	184, 190
岩上神社	189
岩楠神社	175
岩屋城跡	176
石屋神社	176
引攝寺	180, 181

―ウ―

上島鬼貫の墓	120
上村源之丞の屋敷跡	212
植村文楽軒の供養塔	176
うずしお科学館	226
打出小槌遺跡	160
菟原処女	26, 30, 31
産宮神社	218
うろこの家(旧ハリヤー邸)	5

―エ―

江井	190
栄根寺廃寺遺跡	133, 137, 138
益習館跡	196
会下山遺跡	161, 164, 165
江埼灯台	174, 183
絵島	175, 181
恵日寺	178
戎社(南あわじ市)	213
円城寺	178

―オ―

生石山砲台跡	202
御井の清水	178
淡河八幡神社	68
大炊神社	219
大久保踊り	205
大阪青山歴史文学博物館	133
大歳山遺跡公園	92
大鳴門橋	173, 226
大鳴門橋記念館	226
大物主神社	115
大輪田泊	41, 175
大輪田橋	57
岡方惣会所跡の碑	49
緒方八重の胸像	145, 146
丘の松	215, 219
翁舞	103
沖ノ島	227
沖ノ島古墳群	187, 227
億川百記	145
男狭磯の墓	174
お局塚	229
『お登勢』の碑	196
処女塚古墳	28-30
おのころ島神社	211
小林聖心女子学院本館	157
温泉寺	70, 71, 72, 75

―カ―

海岸ビル(旧三井物産神戸支店)	10
海岸ビルヂング	15
外国人墓地	24
海神社	86-88
柿衞文庫	118, 121
覚住寺	181
風見鶏の館(旧トーマス住宅)	6
賀集八幡神社	220
梶原景季	9
梶原景時	9, 224
加藤嘉明	216
金津山古墳(黄金塚・金塚)	158
叶堂城跡の由来碑	216
金谷経氏	65, 68
鐘淵紡績株式会社洲本工場(第2工場)跡	198
加納宗七	13
甲山	156
上立神岩	223
亀岡八幡神社	225
加茂遺跡	133, 136
鴨神社	136, 137
萱の御所跡の碑	54
枯木神社	191

河合浩蔵	11, 15
河内國魂神社(五毛天神)	38, 40
川西市郷土館	133
川西市文化財資料館	133, 136, 137
川向家住宅	67
河原霊社	10
歓喜寺	23
神崎の渡し	115
観正	198
関西学院キャンパス	157
関帝廟	18
神呪寺	155, 156
感応寺	216

― キ ―

祇王と祇女の五輪塔	50
祇園遺跡	47
祇園神社	43
菊正宗酒造記念館	32, 33
北風正造顕彰碑	48
北僧尾農村歌舞伎舞台	61, 69
北野天満神社	6
北野物語館(旧M.J.シェー邸)	4
北向八幡神社	96
木接太夫(坂上善太夫頼泰)彰徳碑	138
貴船神社遺跡	184, 187
希望の船出の碑	16
旧尼崎警察署	113
旧尼崎高等女学校	113
旧尼崎尋常高等小学校	113
旧石橋家	117, 118
旧王寺(伊藤邸)庭園	224
旧大庄村役場(尼崎市立大庄公民館)	116
旧岡田家	117, 118, 121
旧海軍操練所跡の碑	13
旧神戸居留地十五番館	11
旧小寺家厩舎	19
旧辰馬喜十郎住宅	154
旧ハッサム住宅	19
旧原家住宅	184
旧ハンター住宅	40
旧平賀家邸	133
旧平安家邸	133
旧和田家住宅	142
行基	54, 67, 70, 71, 75, 95, 122, 137, 138, 165
教行寺(名塩御坊)	145
教善寺	121
清荒神清澄寺	141, 142
清盛塚	52, 53, 57
金天閣	196

― ク ―

空海(弘法大師)	23, 38, 58, 67, 155, 186
久々知須佐男神社	125
傀儡師故跡の碑	153
楠・荒田町遺跡	47
楠木正成	24, 25, 46, 177, 224
楠木正季	24
九蔵遺跡	187, 225
熊谷次郎直実	81, 86, 229
車大歳神社	103
グルーム	39
呉川遺跡	166
郡家古墳(荒神山古墳)	186-188

― ケ ―

契沖の顕彰碑	113
慶野松原	192, 219
煙島(竹島)	228, 229
賢光寺薬師堂	214
源平勇士の墓	58
監物太郎の碑	58

― コ ―

江国寺	197, 198
庚午志士之碑	197, 198
庚午事変(稲田騒動)	196-198
広済寺	125, 126
幸寿丸の墓	132
毫摂寺(小浜御坊)	142, 143
香雪美術館	35
江善寺	216, 218
皇太神社	143

索引 257

広徳寺	110
鴻池稲荷社	118
神戸外国人居留地跡	10
神戸海洋博物館	16
神戸華僑歴史博物館	15
神戸事件発生の地	9
神戸女学院キャンパス	157
神戸市立博物館(旧横浜正金銀行神戸支店)	11-13, 93
神戸震災メモリアルパーク	16
神戸ポートタワー	16
神戸ムスリムモスク	8
神戸らんぷミュージアム	12
高師直	94, 119
高麗陣打死衆供養石碑	216
御願塚古墳	124, 127, 128
国司館跡(〔伝〕。南あわじ市)	212
国分遺跡	209
国分寺(南あわじ市)	208-210
極楽寺	72, 73
護国寺	211, 220, 221
小宰相の局	229
五色塚古墳(千壺古墳)	88-90, 93, 175
五尺踊り	205
後醍醐天皇	46, 54, 177
小壺古墳	90
事代主神社(戎神社)	215
小浜	142-144, 147
昆陽池	121-123
昆陽寺	122, 123
金剛寺	181

―― サ ――

西国街道(本街道, 浜街道)	9, 10, 14, 18, 28, 29, 33, 41, 45, 46, 48, 58, 87, 115, 119, 121, 123, 143
栄根遺跡	138
鷺森八幡神社	35
桜井神社	113
桜ケ丘墓地公園	227
笹部さくら資料室	154
「細雪」碑	161, 166
佐々成政の墓	110
鞘型褶曲	223
猿丸翁(猿丸又左衛門安時)頌徳碑	161
猿丸太夫の墓〔伝〕	160
沢の鶴資料館	27, 28
早良親王(崇道天皇)	185
三條八幡神社	212
残念さん(山本文之助)の墓	114, 115
三宮神社	9, 10, 14, 28, 48

―― シ ――

修法ケ原	24
塩屋橋	176
静御前の墓〔伝〕	180
静の里公園	180
志知城跡	215
志筑神社	182
倭文八幡神社(庄田八幡)	210
下谷上舞台	60, 61
石峯寺	67
蛇磨岩	207
蛇祭り	210
シュウエケ邸	8
十輪院	67
淳仁天皇	189, 214, 215, 219
春陽荘	200
浄橋寺	147
正玄寺	127
招魂碑	197, 198
商船三井ビル(旧大阪商船神戸支店)	11
淨瀧寺	179
小童寺	131, 132
浄土寺	181
正福寺	226
勝福寺(神戸市)	94, 95
勝福寺(淡路市)	176
常隆寺	184-186
白巣城跡	191
神宮寺	224
真光寺	53, 54, 182

親王寺	158
新兵衛石	62
心蓮寺	202

―ス―

瑞宝寺公園	74
瑞ヶ池	121
菅の井	79
菅原道真	40, 78, 79
鈴木重胤	185
須磨琴	81
須磨寺(福祥寺)	80
須磨の関屋跡	77
須磨離宮公園	12, 82, 83
住吉神社	28
洲本城(上の城)跡	194, 195
洲本城(下の城)跡	195
洲本市立淡路文化史料館	195, 204, 220
洲本八幡神社	196
洲本文武学校跡	196

―セ―

静思館(旧富田邸)	133
世界の貯金箱博物館	111
関守稲荷神社	77
千光寺	181, 186, 200, 202-204
善光寺	37
先山(淡路富士)	202, 203
専称寺	197, 198
全昌寺	110
専念寺(赤門の寺)	110
千福寺	198
善福寺	70, 71
泉隆寺(若菜寺)	22, 23

―ソ―

惣社十一大明神	214
相楽園	19, 20
息游軒(熊沢蕃山)の遺跡	102
孫文記念館	90, 92

―タ―

大覚寺	109
大観楼跡	150
大宮寺	205
太閤の湯殿館	73
太山寺	99-101, 104
多井畑厄除八幡宮	84, 96, 97
当麻夫人御墓	219
大物崩れの碑	115
平敦盛	52, 81, 86, 228, 229
平清盛	9, 37, 43, 45-47, 50, 52, 54, 58, 59, 64, 72, 81, 84, 86, 87, 95, 175, 229
平重衡とらわれの遺跡	81
平忠度の腕塚・胴塚	59
平経正	52
平頼盛(池大納言)	45, 47
大龍寺	23, 24, 39
高崎台場	174, 202
高島陵	185, 189, 219
高田屋嘉兵衛	193, 204
高田屋嘉兵衛翁記念館	193
高田屋顕彰館・歴史文化資料館	193
宝塚温泉	144, 146
宝塚市立小浜宿資料館	143, 144
宝塚市立手塚治虫記念館	144
宝塚大劇場	144, 146
滝善三郎の供養碑	48
滝山城跡	21
武田萬太夫の碑	208
竹中大工道具館	20
炬口城跡	200
炬口八幡神社	198
多田街道	119, 121
戦いの浜	84, 85
多田銀銅山の青木間歩	135
多田銀銅山悠久の館	135
多田神社	119, 131
立川水仙郷	223
田中正平の顕彰碑	221
田能遺跡	124, 129
田能資料館	124
多聞寺(神戸市北区)	75, 76
多聞寺(神戸市垂水区)	98

索引 259

丹生神社	64
だんじり歌	213

―チ―

近松記念館	126
近松研究所	126
近松門左衛門の墓	125
竹林寺	67
稚児ケ墓山	65
中国街道	115, 116
町送りの一揆	206
長遠寺	109
長泉寺	178

―ツ―

塚口御坊	127
塚口城	127
月若遺跡	160
辻の碑	117, 119, 121
綱敷天満宮	78-80
弦島城(鶴島城)	228, 229

―テ―

滴翠美術館	161
鉄斎美術館	142
天王の森(淡路市仁井)	185
天王の森(南あわじ市賀集)	219
転法輪寺	97
天明の縄騒動	205
天明志士之碑	205

―ト―

東光寺	134
東山寺	181, 185, 186, 190
湯泉神社	72, 73, 75
切利天上寺	38, 39
徳照寺	25
徳本寺	36
戸田氏鉄	108, 110, 112
徳光院	22
富松城跡	128
富松神社	130
豊歳神社	76
豊臣(羽柴)秀吉	25, 65, 66, 70-76, 88, 110, 117, 135, 173, 191, 194, 201, 215, 216, 224
鳥飼八幡宮	192

―ナ―

長田神社	39, 56
中務仲光の墓	132
中の御堂	219
中山荘園古墳	140
中山寺	138, 139
名塩和紙学習館	145
那須神社	96
那須与一の墓	96
灘黒岩水仙郷	223
灘五郷発祥の地	29
灘の一つ火	34
生瀬宿	142, 144, 147
成相池堰堤	207
成相寺	181, 206, 207
成ケ島(淡路橋立)	201, 202
鳴門海峡	226, 227
南街道	201, 203, 228
南京町	16, 17

―ニ―

西宮市立郷土資料館	147
西宮神社	152, 153
西宮砲台	154, 155
西求女塚古墳	26, 30
西山北古墳	221
日光寺	218
新田義貞	30, 65, 68, 198
日本近代洋服発祥の地	14
若王子神社	61, 62
如意寺	104
仁西	70, 71, 75

―ヌ―

鵺塚	166
沼島	223-225
沼島城跡	224
布引の滝	20-23

―ネ・ノ―

ねりこ祭り	201
念仏寺	73
農人橋	198
能福寺(兵庫大仏)	46, 48, 49
野島断層	174, 183, 184
野島の海人	184
野辺の宮	214, 219

―ハ―

白鹿記念酒造博物館(酒ミュージアム)	153
白鳥塚古墳	139
白鶴酒造資料館	32
白鶴美術館	36
箱木千年家	66
走水神社	14, 15
橋本関雪の旧別邸	141
幡多遺跡	217
八浄寺	178
蜂須賀斉裕	197
服部嵐雪	214
花隈城跡	17
阪神甲子園球場	148, 149, 162, 163
阪神電鉄旧発電所	111
万籟山古墳	140

―ヒ―

東求女塚古墳	30
東遊園地	13, 14, 24
髭の渡し	119
臂岡天満宮	121
美女丸の墓	132
人と防災未来センター	42
一葉塚	214
神籠石	190
百太夫神社	153
兵庫県公館	20
兵庫県立美術館芸術の館	42
兵庫県里程元標	14
兵庫城跡	51, 52
平等寺	209, 210
広田神社	153, 156, 157
琵琶塚	52, 53

―フ―

福海寺	45
福厳寺	46, 54
福良港	227
福良八幡神社	228
再度山	23, 39
札場の辻跡	48-50
府中八幡神社	214
舟木遺跡	184
船越館(庄田城)跡	210
船屋形	19, 20
風流大踊・小踊	226

―ヘ・ホ―

別所長治	76
遍照院	198
法園寺	110
法薗寺	125
宝光寺	181
宝地院	44, 45
宝満寺	58
墨染寺	120
北淡震災記念公園	183, 184
保久良神社	34, 35, 39
星下り祭り	139
細川氏春	206, 208
細川高国	115
細川尚春	178, 208
細川師氏	208, 220
細川頼春	186
法華寺	190
ホルトノキ	192
本興寺	108

―マ―

舞子浜遺跡	92
舞子ビラ神戸(旧有栖川宮熾仁親王別荘)	92
舞子砲台の跡	92
松王丸の供養塔	50
松風村雨堂	83

索引 261

松永久秀	21
松帆神社	177
松帆台場跡	174
松帆銅鐸	217
松帆の浦	172, 174
マナイタ山城	172
摩耶山	37-39
摩耶山史跡公園(旧天上寺跡)	38
満願寺	132
満泉寺	181

── ミ ──

三熊山	194, 195
瑞井	218
湊川神社	14, 24, 25
湊川のつけ替え	53
みなと元町駅(旧第一銀行神戸支店)	15
南あわじ市淡路人形浄瑠璃資料館	212, 213
南あわじ市滝川記念美術館玉青館	220
南僧尾観音堂	69
源満仲	70, 119, 131, 132, 137
源義経	81, 84, 87, 97, 115, 131, 180
源頼朝	63, 131, 157, 180
源頼政	166
敏馬神社	28, 39, 41
宮川石írestaurant	
宮川石仏館	133, 136
屯倉神社跡	211
みやのまえ文化の郷	121
宮水庭園	151
宮水発祥の地	151, 152
妙勝寺	177
明神崎	191
妙法寺	95, 96
明満	134
明兆(兆殿司)	206

── ム ──

武庫川女子大学甲子園会館(旧甲子園ホテル)	157
武庫庄遺跡	130
無動寺	61-63
村上帝社	77

── メ・モ ──

明要寺跡	64
売布神社	140, 141
メリケンパーク	15, 16
萌黄の館(小林家住宅・旧シャープ住宅)	6, 8
本住吉神社	33
元町通	14
師直塚	119

── ヤ ──

養宜館跡	207, 208
厄神宮本殿	37
薬仙寺	54, 57
八衢神社	181
柳原(西)惣門跡	45, 46
柳原蛭子神社	45
山芦屋遺跡	160
大和大国魂神社	211, 221

── ユ・ヨ ──

遊女塚	115
雪見御所旧跡	43, 44
諭鶴羽古道	222
諭鶴羽山	222
弓弦羽神社	35
諭鶴羽神社	181, 222
ユニチカ記念館	114
湯山御殿	72
由良港	200, 201
由良城(成山城)跡	201
由良城(由良古城)跡	201
由良引け	195, 202
由良湊神社	201, 203
ヨドコウ迎賓館(旧山邑家住宅)	160, 161

── ラ・リ・レ・ロ ──

来迎寺(築島寺)	50
ラインの館(旧ドレウェル邸)	4
隆泉寺	220
歴史の散歩道	116
蓮光寺	181
蓮如	23, 145

煉瓦造下水道……………………………11
六条八幡神社…………………………61-63
六甲山……………………34, 35, 39, 91, 159, 164
六甲八幡神社……………………………37

―ワ――――――――――――

若菜の里阯の碑…………………………23
脇坂安治………………………195, 216, 224
和田岬砲台……………………………55, 56

【写真所蔵・提供者】(五十音順，敬称略)

尼崎市教育委員会	善福寺
有馬温泉観光協会	高田屋顕彰館・歴史文化資料館
淡路瓦工業組合	宝塚歌劇団
淡路市教育委員会	炬口八幡神社
淡路市役所	東山寺
淡路人形座	長田神社
伊丹市教育委員会	成相寺
猪名川町教育委員会	南京町商店街振興組合
イメージナビ株式会社	西田商店
引攝寺	日光寺
えびす宮総本社西宮神社	日本芸術文化振興会
海神社	能福寺
温泉神社	白鹿記念酒造博物館
賀集八幡神社	萩原重幸
株式会社便利堂	八浄寺
株式会社ほくだん	阪神甲子園球場
亀岡八幡神社	兵庫県教育委員会社会教育課文化財室
川西市産業観光課	兵庫県教育委員会埋蔵文化財調査事務所
車大歳神社翁舞保存会	兵庫県線香協同組合
神戸市教育委員会文化財課	兵庫県立歴史博物館
神戸市立博物館	平等寺
国分寺	北方歴史資料館
国立歴史民俗博物館	宝満寺
護国寺	本州四国連絡高速道路株式会社
駒澤琛道	南あわじ市教育委員会
財団法人辰馬考古資料館	南あわじ市役所総務部情報課
シーサイドホテル舞子ビラ神戸	南あわじ市埋蔵文化財調査事務所
ジョイポート南淡路	妙勝寺
淨瀧寺	武庫川女子大学
正福寺	無動寺
神宮寺	大和大国魂神社
洲本市教育委員会	夢野台高等学校
洲本市立淡路文化史料館	隆泉寺
孫文記念館	

本書に掲載した地図の作成にあたっては，国土地理院長の承認を得て，同院発行の50万分の1地方図，20万分の1地勢図，5万分の1地形図，数値地図25000(空間データ基盤)，数値地図2500(空間データ基盤)を使用したものである(平15総使，第46-3094号)(平15総使，第47-3094号)(平15総使，第48-3094号)(平15総使，第108-3094号)(平15総使，第184-3094号)。

【執筆者】(五十音順)

編集・執筆

岩井忠彦 いわいただひこ(元県立夢前高校)
上村真理子 うえむらまりこ(元県立伊川谷北高校)
川田良一 かわたりょういち(元県立姫路西高校)
岸本兼英 きしもとかねひで(県立西脇工業高校)
齋木俊城 さいきとしき(神戸大学附属中等教育学校)
中西英夫 なかにしひでお(元県立淡路特別支援学校)
正木宏 まさきひろし(県立上野原特別支援学校)
矢野信隆 やののぶたか(元県立川西北陵高校)

執筆

今井豊 いまいゆたか(県立加古川東高校)
勝男義行 かつおよしゆき(県立三田祥雲館高校)
衣笠晴彦 きぬがさはるひこ(県立いなみ野特別支援学校)
久保哲成 くぼてつなり(県立柏原高校)
小山真永 こやましんえい(県立北はりま特別支援学校)
澁谷義人 しぶたによしひと(県立出石高校)
関山哲郎 せきやまてつろう(県立尼崎小田高校)
西田寛 にしだひろし(県立星陵高校)
濱田明利 はまだあきとし(県立相生産業高校)
深田勇 ふかだいさむ(豊岡市教育委員会)
前田拓也 まえだたくや(県立淡路三原高校)
正岡茂明 まさおかしげあき(元県立尼崎北高校)
水嶋正稔 みずしままさとし(県立芦屋国際中等教育学校)

歴史散歩㉘
兵庫県の歴史散歩 上　神戸・阪神・淡路

2006年6月30日　1版1刷発行　　2018年3月10日　1版2刷発行

編者―――兵庫県の歴史散歩編集委員会
発行者――野澤伸平
発行所――株式会社山川出版社
　　　　　〒101-0047　東京都千代田区内神田1-13-13
　　　　　電話　03(3293)8131(営業)　　03(3293)8135(編集)
　　　　　https://www.yamakawa.co.jp/　　振替　00120-9-43993
印刷所――図書印刷株式会社
製本所――株式会社ブロケード
装幀―――菊地信義
装画―――岸並千珠子
地図―――東京地図出版株式会社

Ⓒ　2006　Printed in Japan　　　　　　　　　ISBN 978-4-634-24628-7
・造本には十分注意しておりますが，万一，落丁・乱丁などがございましたら，
　小社営業部宛にお送りください。送料小社負担にてお取り替えいたします。
・定価は表紙に表示してあります。

新 版 県 史 全47巻

古代から現代まで、地域で活躍した人物や歴史上の重要事件を県民の視点から平易に叙述する、身近な郷土史読本。充実した付録も有用。

四六判　平均360頁　カラー口絵8頁　　本体各2400円+税

- 1　北海道の歴史
- 2　青森県の歴史
- 3　岩手県の歴史
- 4　宮城県の歴史
- 5　秋田県の歴史
- 6　山形県の歴史
- 7　福島県の歴史
- 8　茨城県の歴史
- 9　栃木県の歴史
- 10　群馬県の歴史
- 11　埼玉県の歴史
- 12　千葉県の歴史
- 13　東京都の歴史
- 14　神奈川県の歴史
- 15　新潟県の歴史
- 16　富山県の歴史
- 17　石川県の歴史
- 18　福井県の歴史
- 19　山梨県の歴史
- 20　長野県の歴史
- 21　岐阜県の歴史
- 22　静岡県の歴史
- 23　愛知県の歴史
- 24　三重県の歴史
- 25　滋賀県の歴史
- 26　京都府の歴史
- 27　大阪府の歴史
- 28　兵庫県の歴史
- 29　奈良県の歴史
- 30　和歌山県の歴史
- 31　鳥取県の歴史
- 32　島根県の歴史
- 33　岡山県の歴史
- 34　広島県の歴史
- 35　山口県の歴史
- 36　徳島県の歴史
- 37　香川県の歴史
- 38　愛媛県の歴史
- 39　高知県の歴史
- 40　福岡県の歴史
- 41　佐賀県の歴史
- 42　長崎県の歴史
- 43　熊本県の歴史
- 44　大分県の歴史
- 45　宮崎県の歴史
- 46　鹿児島県の歴史
- 47　沖縄県の歴史

歴 史 散 歩　全47巻(57冊)

好評の『歴史散歩』を全面リニューアルした、史跡・文化財を訪ねる都道府県別のシリーズ。旅に役立つ情報満載の、ハンディなガイドブック。
B6変型　平均320頁　2〜4色刷　税別各1200円+税

1　北海道の歴史散歩
2　青森県の歴史散歩
3　岩手県の歴史散歩
4　宮城県の歴史散歩
5　秋田県の歴史散歩
6　山形県の歴史散歩
7　福島県の歴史散歩
8　茨城県の歴史散歩
9　栃木県の歴史散歩
10　群馬県の歴史散歩
11　埼玉県の歴史散歩
12　千葉県の歴史散歩
13　東京都の歴史散歩 上 中 下
14　神奈川県の歴史散歩 上 下
15　新潟県の歴史散歩
16　富山県の歴史散歩
17　石川県の歴史散歩
18　福井県の歴史散歩
19　山梨県の歴史散歩
20　長野県の歴史散歩
21　岐阜県の歴史散歩
22　静岡県の歴史散歩
23　愛知県の歴史散歩 上 下
24　三重県の歴史散歩

25　滋賀県の歴史散歩 上 下
26　京都府の歴史散歩 上 中 下
27　大阪府の歴史散歩 上 下
28　兵庫県の歴史散歩 上 下
29　奈良県の歴史散歩 上 下
30　和歌山県の歴史散歩
31　鳥取県の歴史散歩
32　島根県の歴史散歩
33　岡山県の歴史散歩
34　広島県の歴史散歩
35　山口県の歴史散歩
36　徳島県の歴史散歩
37　香川県の歴史散歩
38　愛媛県の歴史散歩
39　高知県の歴史散歩
40　福岡県の歴史散歩
41　佐賀県の歴史散歩
42　長崎県の歴史散歩
43　熊本県の歴史散歩
44　大分県の歴史散歩
45　宮崎県の歴史散歩
46　鹿児島県の歴史散歩
47　沖縄県の歴史散歩

兵庫県全図
都道府県界
市郡界
町村界
区界
新幹線
JR線
私鉄線
高速道路
都市高速
有料道路
国道
県庁
兵庫県
鳥取県
京都府
鳥取市
岩美町
新温泉町
香美町
美方郡
豊岡市
京丹後市
宮津市
与謝野町
福知山市
綾部市
京丹波町
南丹市
篠山市
丹波市
西脇市
朝来市
養父市
多可郡
多可町
神河町
神崎郡
市川町
宍粟市
佐用郡
佐用町
西粟倉村
智頭町
若桜町
八頭町
奈義町
勝央町
氷ノ山
1510
扇ノ山
1310
三室山
1358
段ヶ峰
1103
妙見山
1139
藤無山
1139
神鍋山
469
東床尾山
839
粟鹿山
962
日名倉山
1047
那岐山
鳥取砂丘コナン空港
コウノトリ但馬空港
湖山池
矢田川
円山川
八東川
由良川
梶並川
久美浜湾
はまさか
かすみ
きのさきおんせん
とよおか
ようか
わだやま
いくの
ふくちやま
あやべ
みやづ
ささやまぐち
たにかわ
とっとり
こおげ
ちず
山陰本線
京都丹後鉄道
若桜鉄道
智頭急行
播但線
福知山線
北近畿豊岡道
播但連絡道路
京都縦貫自動車道
綾部Jct
佐用Jct